解读《幼儿园园长专业标准》引领专业成长

园长成长记
——幼儿园管理典型案例处理与反思
下册

主　编　刘晓娟
副主编　王秋霞　姜　玲　原　媛
编　者　（按姓氏笔画排序）

于丽岢	马　丽	马晓红	王　沁	王　妮	王玉丽
王庆娜	王春芳	王淑艳	王淑娟	王露荣	石　月
卢跃明	包坤艳	朱晓华	全　玲	刘　丹	刘　锦
孙秀娟	芦　宁	杜　萍	李从玉	李艳艳	肖　文
宋清豪	张丽红	陈　怡	陈　辉	陈思佳	岳凤霞
郑　宏	赵一力	荣丽馨	聂　森	贾洪杨	徐亚玲
徐凌霞	郭红伟	黄光翔	鄂　冰	潘丽新	

辽宁师范大学出版社

·大连·

ⓒ 刘晓娟　2018

图书在版编目（CIP）数据

园长成长记：幼儿园管理典型案例处理与反思. 下册 / 刘晓娟主编. — 大连：辽宁师范大学出版社，2018.4
ISBN 978-7-5652-2612-0

Ⅰ. ①园… Ⅱ. ①刘… Ⅲ. ①幼儿园 - 教育管理 - 案例 Ⅳ. ①G617

中国版本图书馆CIP数据核字(2018)第059569号

Yuanzhang Chengzhang Ji —— You'eryuan Guanli Dianxing Anli Chuli Yu Fansi

园长成长记——幼儿园管理典型案例处理与反思·下册

出 版 人：	王　星
责任编辑：	孙晓艳
责任校对：	衣媛媛
装帧设计：	周佰惠

出 版 者：	辽宁师范大学出版社
地　　址：	大连市黄河路850号
网　　址：	http://www.lnnup.net
	http://www.press.lnnu.edu.cn
邮　　编：	116029
营销电话：	（0411）84206854　84215261　82159912（教材）
印 刷 者：	大连图腾彩色印刷有限公司
发 行 者：	辽宁师范大学出版社

幅面尺寸：	170mm×240mm
印　　张：	14
字　　数：	336千字

出版时间：	2018年4月第1版
印刷时间：	2018年4月第1次印刷
书　　号：	ISBN 978-7-5652-2612-0
定　　价：	55.00元

前言

自《国家中长期教育改革和发展规划纲要（2010—2020年）》和《国务院关于当前发展学前教育的若干意见》（国发〔2010〕41号）颁布以来，我国学前教育事业取得了长足发展，普及程度不断提高。近几年，在建设规模迅速扩大的过程中，幼儿园办园质量和管理问题日益凸显。众所周知，一所幼儿园办学层次的高低，不能仅看其硬件的好坏，从根本上说还取决于园长的管理水平，只有具备专业化素质的园长，才能促进幼儿园朝着优质的方向发展。2015年1月10日，教育部颁布了《幼儿园园长专业标准》（以下简称《园长标准》）。《园长标准》是对幼儿园合格园长专业素质的基本要求，是引领幼儿园园长专业发展的基本准则。深入学习、理解《园长标准》，不断提升专业素养，成为优秀的教育专业人员，是社会和职业发展对现代园长的要求。

园长专业成长，是园长的内在专业结构不断更新、演进和丰富的过程，是园长个体专业持续发展、日臻完善的过程。每个园长的专业成长都离不开长期不断的学习和反思，典型案例是学习他人、反思自我的有效载体，因为它是园长生活情境中重要的组成部分，是园长的主要经历。它既记录了园长的成长和变化，也反映出影响园长专业成长的因素。学习典型案例，可以帮助我们了解更多优秀园长的管理方法和策略，达到"不出户，知天下；不窥牖，见天道"。分析典型案例，可以帮助我们找出工作和事物发展的规律，从而掌握并运用这些规律。通过"案例分析和迁移"的学习方法，我们可以较快掌握更多解决问题的经验技巧和方法，做到"闻一以知十"。

为了引领园长在管理岗位上主动、健康、快速地成长，我们对照《园长标准》的六大方面60个条目，选取了79个典型案例，采用易于轻松阅读的方式并借鉴同行经验，通过"案例描述+思考与行动+成长心语"的体例，集中呈现了园长作为幼儿园核心管理者在统筹全园发展、营造育人文化、服务队伍建设、提升办园水平、协调内外关系等管理实践中遇到的困境和问题，并提出了符合当前幼儿园教育发展实际的管理理念与方法建议。其中"案例描述"部分，再现了园长专业标准所涉及的普遍存在的、大家关心的、比较重要的问题；"思考与行动"部分，分享了优秀园长对这些问题、事件分析处理的过程及取得的经验、教训与成果；"成长心语"部分，讲述的是园长对解决此类问题的感悟、体会和建议。此外，我们在每一编的开篇部分还设计了"专业解读"，结束部分设计了"资源链接"（选取了若干与各编内容相关的管理方法、心理测试、团训游戏等），旨在帮助园长进一步理解标准，丰富策略，拓宽视野，做到"学"有理论引领，"做"有案例、资源辅助。"一道天河长如许，开得源头水不绝"，研读这些案例会让你积累和熟悉更多的管理情景、困境以及解决问题的办法，学会在纷繁复杂的情境下如何去思考，如何做决策，进而锻炼分析能力、判断能力，提升自身管理智慧。

但典型案例不是"万能公式"，典型案例给予各位园长的是一种学习思路、一种原理方法、一种研究过程，在分析具体案例时，必须结合本园实际，避免陷入"套版反应"。同时，建议大家在借鉴学习他人的同时，认真反思和自我检核，评估自己的强项和弱项，所谓"缺什么就补什么，差什么就修炼什么"，只有自我不断地学习与探究，反思与实践，才能有效拓展专业内涵，提高管理水平，逐步达到专业成熟的境界。

8844.43米，这是珠穆朗玛峰的海拔。那么，幼儿园管理的"珠峰"高几许？其实，幼儿园管理没有止境，也不存在"珠峰"的说法，如果有，那就是无数敬业奉献的幼儿园园长用他们的精神、事业、成就和生命构成的高度。希望所有幼儿园园长在学前教育改革与发展的大潮中，在持续发展的专业成长之路上，不断走出幼儿园管理的新高度！

刘晓娟
2017年9月于沈阳

目 录

第一编 引领教师发展

专业解读 ·· 1

案例分享 ·· 6

"红花""绿叶"一样美 ·· 6

我的想法我做主——由教师外出学习引发的思考 ················ 10

"职业倦怠"中的教师专业发展共同体激励策略 ·················· 14

研讨师德师风,规范教师行为 ·································· 18

90后的"正面管教" ·· 22

青年教师 "因材施培" ·· 28

掌握教师专业发展规律 提高保育教育质量 ····················· 34

"翻牌课"中的教师自我成长 ·································· 39

助力非专业教师之专业成长 ···································· 42

助力新教师 专业促成长 ······································ 49

关注实践,构建教研训一体的培训 ······························ 53

开学第一课 ·· 59

用爱陪伴,共同成长 ·· 63

新老教师对峙后的薪酬改革 ···································· 72

快乐工作 幸福前行 ·· 80

资源链接 ·· 84

找到工作乐趣的八大定律 ······································ 84

第二编 优化内部管理

专业解读 ·· 87

案例分享 ·· 94

网上投诉风波 ·· 94

以德治园 传递榜样力量 ······································ 96

用民主化管理提高教师工作热情 ································ 101

用法律手段维护幼儿园的权益 ·································· 105

ISO国际管理认证体系在幼儿园管理中的运用 ···················· 109

1

芝麻卷过敏事件 ·· 121
打造"四先四型"领导班子,形成凝聚力 ······················ 124
被"细化"的保教结合 ··· 126
我们为聘用教师投上一票 ······································· 131
安全工作警钟长鸣 ··· 134
消防安全突发事件应急演练 ···································· 137

资源链接 ·· 140
　园长应知道的法律法规 ·· 140
　团队凝聚力小游戏 ·· 142

第三编　调适外部环境

专业解读 ·· 156
案例分享 ·· 161
　一位外婆的来信 ··· 161
　从"反对者"到"同盟军" ······································· 164
　幼儿园开放日活动引发的思考 ································ 169
　树根与地砖的斗争 ·· 174
　社会中的真学习 ··· 177
　"有毒"的小木床 ·· 183
　养老主题园区里的幼儿园 ····································· 186
　面对问题儿童 ·· 189
　师友互助　快乐成长 ··· 193
　共享型幼儿园的应用探索和路径设计 ······················· 199
　走进消防队 ··· 204
　皮影戏走进了幼儿园 ··· 212
　突如其来的群体发热事件 ····································· 215

资源链接 ·· 217
《幼儿园教育指导纲要(试行)》中关于幼儿园与家长、社区的关系与调适内容 ·· 217
《国家中长期教育改革和发展规划纲要(2010—2020年)》中在学前教育中关于政府职责的阐述 ······························· 218

第一编　引领教师发展

专业解读

教育是一个系统庞大的社会工程，起着传承人类文明、继承民族文化、促进社会发展进步的作用，肩负着育人育才的重任。基于此，从事教育工作的教师队伍素养显得尤为重要。

自从国家颁布《学前教育三年行动计划》以来，学前教育事业如沐春风。政府的高度重视，促进了学前教育事业的快速发展。高品质的民办幼儿园雨后春笋般拔地而起，重品牌的公办幼儿园在政府的扶持下焕然一新，公办、民办幼儿园投入大量财力、物力，硬件设施条件备受社会关注。然而，相对于物质文明建设而言，以教师队伍建设为代表的精神文明建设或者以幼儿园管理为代表的软件建设相对滞后，教师成长无法与快速发展的幼儿教育硬件更新同步。因此，对引领教师成长这项"人的培养"的工作，园长必须提高紧迫感，用先进的理念、科学的方法、适切的手段去促进教师发展，使之与当下学前教育的节奏相匹配，与社会关注度和期望值相吻合。

一、教师成长的内涵

关于教师成长，1966年联合国教科文组织与国际劳工组织的《关于教师地位的建议》提出："应当把教师职业视为专门的职业，这种职业要求教师经过严格的、持续的学习，获得并保持专门的知识和特别的技术。"1980年以后教师专业化已成国际性趋势，人们高度重视教师专业化问题，如1980年的《世界教育年鉴》即以"教师专业发展"为主题。

教师成长的研究始于20世纪60年代末的美国，兴盛于七八十年代的欧美。这是由于随着教育改革浪潮的兴起，人们逐渐认识到教师在教育、教学中起着至关重要的作用。而教师作为从事教育教学工作的专业人员，通常要经历由不成熟到相对成熟的发展过程，需要通过不断的学习与实践来提高专业水平。因此，只有研究教师职业的专业发展特点，才能改进教师的培养方式与培训方法，才能促进教师的专业发展，进而提高教育质量。

从现有的研究成果来看，研究者对"教师专业成长（发展）"的界定是多种多样的：

一是霍伊尔（Hoyle, E）认为，教师专业发展是指在教学职业生涯的每一阶段教师掌握良好专业实践所必备的知识和技能的过程。

二是富兰和哈格里夫斯（Fullan, M. &Hargreaves, A.）指出，教师专业发展这一词汇，既指通过在职教师教育或教师培训而获得的特定方面的发展，也指教师在目标意识、教学技能和与同事合作能力等方面的全面的进步。

三是格拉特霍恩（Glatthorm, A.）认为，教师发展即"教师由于经验增加和对其教学系统审视而获得的专业成长"。

四是佩里（Perry, P.）认为，就其中性意义来说，教师专业发展意味着教师个人在专业生活中的成长，包括信心的增强、技能的提高、对所任教学科知识的不断更新、拓宽和深化，以及对自己在课堂上为何这样做的原因、意识的强化。就其最积极的意义来说，教师专业发展包含着更多的内容，它意味着教师已经成长为一个超出技能范围的且有艺术化表现的人，成为一个把工作提升为专业的人，把专业知能转化为权威的人。

五是利特尔（Litle, J.W.）明确指出，对教师专业发展的研究有两种截然不同的路径：其一是教师掌握教室复杂性的过程，这些研究主要关注特定的教学法或课程革新的实施，同时也探究教师是如何学会教学的，是如何获得成熟的知识专业的，以及如何长期保持对工作的投入等；其二是侧重研究影响教师动机和学习机会的组织和职业条件。

六是我国台湾学者罗清水认为，教师专业发展乃是教师为提升专业水准与专业表现而经自我抉择所进行的各项活动与学习的历程，以其促进教师成长，改进教学效果，提高学习效能。

从以上各种论述中可以看出，"教师专业发展"这一概念归纳起来有两种基本观点：一是指教师的专业成长过程；二是指促进教师专业成长的过程（即教师教育）。作为专业成长过程，教师专业发展是多侧面、多等级层次的发展过程；作为教师教育过程，教师专业发展也具有多种层次。两种基本理解及其相应各个侧面、层次的次级理解的不同组合，形成了对"教师专业发展"丰富多彩的诠释。

二、引领教师专业成长的核心内容

（一）保障教师身心健康，树立良好师德师风

作为园长专业标准的六项专业职责之一，引领教师专业成长首先要求园长要保障教师的合法权益，尊重和保护教师的身心健康。人的发展是通过生理、心理以及社会实践的相互作用实现的。保障教师在社会群体中能够发挥积极影响，势必要满足其身心及周围文化环境的健康和良好。遵从《中华人民共和国教师法》的各项条例，积极维护教师的合法权益，保障教师待遇和社会地位的不断提高；加强教师队伍的规范化管理，确保教师队伍整体素质不断优化和提高。

在立德树人的大教育理念下，积极培养幼儿园教师的优良师德师风。师德是教师的灵魂，是未来社会的灵魂导向，树立优良的师德是做好教育的第一步。在实践中不断创新教育，加强宣传，努力成为有理想信念、有道德情操、有扎实学

识、有仁爱之心的党和人民满意的好老师,让立德树人理念根植于心,成为教师的核心价值理念。

(二)尊重教师专业发展规律,激发教师发展内驱力

教师是幼儿教育中不可或缺的重要资源,为了更好地发挥这一资源的最大效益,园长应该充分尊重教师专业发展的规律,鼓励教师自主学习,积极主动地寻求专业提升,为园所发展贡献力量,推动教育事业的不断发展。

园长要根据教师专业成长的基本规律和教师专业发展的不同需求,采取不同方式鼓励教师在专业化发展上更进一步。教师的专业发展大致分为以下四个阶段:一是职前储备阶段——虚拟关注期,二是入职调整阶段——求生关注期,三是巩固稳定阶段——任务关注期,四是创新成熟阶段——自我更新关注期。在这四个阶段中教师关注的层面并不相同,园长需适时分析每个教师的成长阶段,给予不同教师不同的关注和鼓励,让教师充分发挥自身的优长,帮助教师克服专业发展中出现的困难,推动教师的整体专业化发展。

自主学习是以内在驱动力为导向的具有主动性和持久性的自我管理和自我指导行为,是当今学习型社会所倡导的学习理念,也是教师提升自身专业能力和水平的强而有效的途径。园长需要积极引导与鼓励这种学习方式,建立有效的学习共同体,调动教师在不同层面、不同领域的自主学习积极性,满足教师自我价值的实现,提升教师的职业幸福感。

(三)鼓励教师参与研训,积极提升教师专业水平

园长要做教师专业提升的支持者,积极鼓励教师参与各种研训活动,不断提高教师的师德修养和专业水平,努力培养一支师德高尚、业务精湛、结构合理、充满活力的高素质专业化的教师队伍。

园长应积极构建和完善园本教研体系,完善教研训一体机制,充分发挥骨干教师的引领辐射作用,定期开展幼儿园教研工作,培养幼儿园教师的科研意识和教学创新能力,帮助全体幼儿园教师实现自我专业发展。此外,《幼儿园工作规程》(以下简称《规程》)等相关文件已经明确幼儿园要将部分经费用于教职工培训,国家和地方各级财政也在《学前教育三年行动计划》中设有专项的幼儿园教师培训支持计划及相应的经费计划。因此,园长还应支持教师进行多样化的园外学习和交流,给予教师更多外出学习的机会,以开阔教师眼界,扩展教师经验,吸纳先进的经验和成果,促进教师不断学习,激发教师专业发展的内在动力。

三、园长引领教师专业成长的意义

(一)提升保教品质,促进幼教可持续发展

"术业有专攻",专业的本质就是各阶段教学各有其特殊规律及独特性。幼儿教师职业实践的对象虽是幼儿,可许多科学实验和经验都证明了幼儿期对人一生发展的重要性和易被忽视性。幼儿期的生命特性使幼儿园教师的作用和责任比

其他任何阶段都更显重要。因此，幼儿教师的专业发展程度深刻影响着每个幼儿的成长，关系到幼儿教育的整体质量。专业发展程度较高的幼儿教师能够很好地掌握幼儿身心发展规律，采取科学的保教方法，拓展丰富幼儿经验的空间和可能，优化幼儿生活情感体验，促进幼儿的发展。

（二）明晰教师专业标准，合理规划职业发展

在学前教育基本满足教师数量的前提下，人们越来越关注教师的"质"。教师的专业化水平是衡量幼儿园保教质量的重要指标。近年来，国内外也在教师专业发展理论与实践方面有了大量的研究，我国也相继出台了《幼儿园教师专业标准（试行）》（以下简称《专业标准》）和《幼儿园园长专业标准》（以下简称《园长标准》）等，对幼教行业的从业者有了法规性的正面要求。园长对教师的专业引领可以说对教师的专业发展起着至关重要的作用。

幼儿园应当加深认识，加大投入，通过加强教师的学习与培训，帮助教师深入了解《专业标准》中关于教师角色、专业能力的界定和内涵，并学会适时转换这些角色，理解这些能力，以此作为评价幼儿教师专业能力的背景与依据。在利用《专业标准》为教师提供专业能力发展方向和目标的同时，增加教师提升自身专业能力的信心和动力。

《专业标准》要求每一位幼儿园教师都要具有终身学习与可持续发展的意识和能力。教师成长的前提是专业发展意识，即清晰自身的专业水平，并拥有不断向社会及自身所需求的方面靠拢的精神追求。园长通过制订与实施教师集体和个人的专业发展规划，引领教师不断得到专业发展。制订明晰的职业规划有利于增进教师专业发展的主动性，有利于教师正确认识自身在专业发展上存在的不足，在不断的反思、实践中实现内在职业发展，进而向专家型教师迈进。对于教师的个人规划与专业发展，园长从职业生涯规划到具体发展计划的全程指导，能更进一步确保每位教师专业发展的实现。

（三）唤醒教师主体意识，提升教师职业幸福感

目前，社会受传统思维影响，认为幼儿教师的学历和专业化水平比其他任何一个学龄段的教师都要低，这种偏颇之见本身就忽视了幼儿教师知识的综合性、基础性和广博性特点，更从情感上打击了幼儿教师的自信心。同时，幼儿教师的薪酬待遇、社会地位均普遍低于其他学段，使得高压下的幼儿教师职业幸福感缺失。面对现状，园长作为教师群体的直接领导者，必须以昂扬的姿态带领教师们寻找自我发展之路。以专业思想、专业知识、专业能力的引领为载体，为教师们提供展示自己专业素养的平台，让幼儿教育工作的专业性为家长、社会所了解、被认同，进而提高教师薪酬待遇，提升教师职业幸福感。

四、引领教师专业成长的重要途径

（一）把握角色，做好引领者和促进者

园长是教师发展的引领者和促进者。园长在教师专业发展方面应该率先垂范，

引领发展，通过落实相关政策、构建相关激励制度、采用多种举措，促进教师专业发展。

园所文化是幼儿园的灵魂，积极向上的文化氛围是园所发展的不竭动力，更是每个教师专业成长的基础。园长作为园所文化的播种者和重要建构者，起着统领和指引的重要作用。在实践中，园长要努力成为一个终身学习者，以自身的学习行动来引领教师的学习和发展，将学习纳入到自己的专业生活中，使学习成为教师的经常性行为。同时还要成为一个教育教学的研究者，在深入实践中观察与学习，在研究活动中引领教师学习、反思、实践。牢固树立立德树人的思想，深入学习学前教育相关知识，贯彻落实学前领域的各项法规政策，把教师的工作业绩和专业成长放到同样重要的位置，既要合理利用教师资源，也要不断深化教师资源，重视整个教师团队的发展，要将积极向上的发展观念和发展意识内化为全体教师的共识和习惯，为教师的终身发展创造机会和条件。

作为促进者，园长要为教师专业发展提供各种各样的支持，为教师创设一个良好的学习环境。一方面，积极建立引领教师专业发展的组织，为教师的交流、合作和共同发展搭建平台，如通过教师专业共同体、传帮带等为教师的专业发展提供平台及资源，营造良好的发展氛围，使每个教师都能在与组织的交流合作中学习与成长。另一方面，认真落实园本教研培训制度。重点以本园为师资培训基地，教学研究、教育科研相融合，根据园所自身发展的需要，在对教师的现状与潜力进行深入分析的基础上，充分利用内外的各种资源，通过自行规划设计或与专业研究人员合作等方式，开展以提高教师教育教学能力为主要目标的培训活动。园本研训应立足于幼儿园，直接指向促进教师专业发展，充分发挥园所自身在培训师资方面的职能。不断激发教师研究的兴趣，培养教师的探究态度、理论自觉态度、反思态度，提高教师解决问题的能力，不断提升教师的可持续发展能力和自我更新能力，提高教师的职业幸福感，发挥教师共同体的集体智慧和力量，促进教师整体的专业发展与进步。

（二）深入调研，建立多维度的学习共同体

学习型组织与学习共同体是园长引领教师成长的重要平台。因此，园长要大力倡导自由、民主、合作的园所文化，积极融入一线教师的教育教学中。在学习共同体中，积极发挥学习的榜样作用，与教师建立良好的合作关系；做学习表率，为整个园所内部的学习建立学习氛围；与此同时，在实践中的持续学习，也可以为教师提供更多的学习策略；在实践中与教师建立合作发展关系；为教师创造各种学习机会等。

在实践中不断深入教师队伍，了解教师的专业发展状况，预估其发展趋势，客观全面地分析每一位教师的专业发展需求、优长与短板，合理地将教师组成不同的专业发展共同体。如不同年龄阶段、不同工作年限、不同学科领域、不同兴趣爱好、不同学习需求的学习和研修小组。以牢固的共同愿景为理想信念，以合作、交流为核心，以共同解决教育实践中存在的问题为目的，提升教师自身的理论知识和实践技能，促进学习共同体在专业化的道路上稳固迅速发展。

此外，在不同的学习共同体中，要赋予教师一定的权力，大力培养教师领导者，帮助教师更好地参与幼儿园管理，为幼儿园的整体发展出谋划策。同时，这也满足了教师专业发展的内在要求，是提升园所专业发展的一个新策略。

（三）引领反思，逐步提升研究能力

舒尔曼曾说，专业人员需要培养从自身经验中学习和对自身实践加以思考的能力。可见，反思是提升个人专业发展的关键。教学反思也被认为是教师专业发展和自我成长的核心因素。反思是指教师以自己的保教活动为思考对象，对自己的保教行为及结果进行审视和分析的过程。

有的老师从教几十年，不可谓没有认识，也不可谓没有经验。然而，很不幸的是他们从不整理自己的经验，也不反思自己的认识，所有的经验和认识都呈一盘散沙。由于没有经过去粗取精，所有的认识也都留存在最原始的粗浅状态。因而，绝谈不上自己的教学思想，更谈不上自己的教学体系。因此我们说，凡是优秀的教师，绝不放弃反思自己的机会。相反，他们会创造一切有利条件使自己从直观的教学上升为理性的教学，上升为抽象的、理论化的教学，将自己定位于理论家的角色，从而在自身发展上实现质的飞跃。

在此过程中，园长要积极引领教师反思教育实践，保证园所具备反思的环境。大力加强对教师的道德教育与专业培训，时刻提醒教师要向专业化方向发展；组织有序的、多样的反思性教研活动，帮助教师反思自身在教育实践上存在的问题，积极讨论与解决问题；在适当的评价机制下树立教师榜样，满足教师自身的自我效能感，增强教师反思自身专业发展的内部动力；培养教师的反思意识，无论职前还是职后，时刻提醒教师要以研究者的身份参与到教育实践中，适时抽离实践对教育教学中的各个要素进行分析，不断对自身已有的教育理念、教育假设和教育行为进行批判性反思。

"红花""绿叶"一样美

❀【案例描述】

在幼儿园保教工作中，教师与保育员常被比作"红花"和"绿叶"。人们常常认为教师的教育教学工作比较重要，是"红花"；保育员的保育工作则不那么重要，是辅助陪衬的"绿叶"。就在这样的传统认知里，隐藏着影响保育人员归属感、积极性、自信心和与教师齐心协力共促幼儿健康发展的大问题。

故事一：保育员的"自我防卫"。一天上午，保健医例行查班，在走廊窗台上发现了一个装有半瓶消毒液的矿泉水瓶，保健医认为这是巨大的安全隐患，找到当事人进行提示，令保健医大跌眼镜的是，那名保育员觉得保健医大惊小怪，态度淡漠地说："哪有那么巧，照你这么说什么都是安全隐患。"然后，自顾自干活去了。我得知后认为这件事发生在这位保育员身上很反常，她虽是一名外聘保育员，但平时对待工作非常认真，很有责任心。于是，我找到她谈心，还没等我说话，她就主动承认了错误，说由于自己上午心情不好，故意和保健医抬杠。和她深入交谈后才知道，她的情绪来源是班级在开家长会时，班长在会上过多强调的是主班工作和家长与主班教师的沟通，丝毫未提及她的存在，之后家长也有了她只是打扫卫生的"阿姨"的议论。保育员觉得幼儿园一直强调保教并重，自己也很用心，不应被排除到沟通之外，家长的评价更让她伤心之余觉得自尊受到了极大伤害，产生了自卑感，没有了工作的积极性，保健医的提示也被理解成看不起她，觉得自己在幼儿园低人一等。

故事二：保育员的心声。为了调动教师队伍专业发展的积极性，我们设立了绩效评优制度，学期末评选出的前三名教师可以外出学习。这一举措的推出极大鼓舞了教师的工作积极性，但也悄悄搅动了保育人员内心的平静。表现出来的是保育员配班工作跟进不那么主动了，个别保育员还以清洁工作没干完为理由拖延配班工作；园里统一组织的演讲比赛，她们推脱说自己水平不行，都不愿参加。保育员的变化让我疑惑。于是我找到了保育员大组长，组长道出了保育员的心声，她们认为幼儿园的教育工作保育员也有一份责任，但在实际工作中重教轻保，给教师的机会更多，保育员群体未受到平等对待，保育员也有自己的专业，也需要专业提升。

❀【思考与行动】

一、分析与思考

《园长标准》有这样的阐述：尊重、信任、团结和赏识每一位保教人员，促进保教人员的团结合作。以上事件的发生让我对保教工作的管理及保教队伍的引领产生了诸多的思考。

（一）坚持"教养并重、保教结合"，才能避免观念与行为的脱节

近年颁布的管理幼儿园的两大法规《规程》和《幼儿园管理条例》（以下简称《条例》）都明确指出，"幼儿园应当贯彻保育和教育相结合的原则，创设与幼儿发展相和谐的环境"，"促进幼儿身心和谐发展"，从而明确了保教结合是幼儿园教育工作的根本原则。保教结合体现了教育对个体发展的整体性影响；保教结合可以较好地适合幼儿在生活中学习的特点。虽然保教结合的观念在幼儿园人人皆知，但在实践过程中，幼儿园更多地把注意力放在教师完成保育方面的工作上，较少关注和要求保育员也要发挥教育者的作用这一角度。梳理原因主要包括:园所导向、观念的扭转不够,使全体保教人员对保教结合意义认识理解得不充分;幼儿园激励制度推出覆盖维度不全面,不利于激发全体保教人员的积极性;教师团队有一定的优越感,导致保教孤立进行,保育员缺少存在感,打击了保育员团队的协作积极性。综上所述,幼儿园在管理上需要纠正偏差,要注意发挥正确的管理导向作用,使保教结合这一原则真正贯彻执行,从而促进教师的团结协作和幼儿的全面发展。

(二)加强"团结协作、和谐尊重",才能避免保育与教育的分家

教师的学历、专业知识、岗位分工都让他们拥有十足的优越感,而保育员对幼儿身心发展特点、身体健康和心理健康的统一规律缺乏深刻理解,也导致实际操作中保育员只管打扫卫生、教师只管教学,两者分岗过于明确;另外,教师在指导幼儿教育教学活动的时候,保育员无法介入配合的现象也反映出了教师与保育员的合作问题。这就要求管理者必须帮助教师和保育员树立科学的保育观念,提升保育员的保育知识和水平,与教师建立团结协作、互相尊重的工作关系,共同担负起对幼儿的教育责任,对幼儿全面发展负责。

(三)崇尚"专业成长、责任担当",才能避免主体与客体的徘徊

保育员对自己工作的重要性认识不到位,加上社会对保育工作存在偏见,因而保育员自信心不足,认为自己是"三把手"(放下扫把,拿起拖把,放下拖把,到处抹一把),把自己的工作职责简单理解为搞好班级卫生,照顾好幼儿的吃喝拉撒。因此,准确专业定位,引领保育员的专业成长,将是改变以上现象的好办法,让保育员全面了解自己的工作职责,除了负责环境卫生、配合教师组织活动、执行幼儿园安全和卫生保健制度、妥善保管幼儿衣物和本班设备及用具,还要在身体保健上注重幼儿的疾病预防、加强幼儿的营养和锻炼、搞好幼儿的安全护理、促进幼儿身体健康成长,在心理保健上注重幼儿的情感保护、培养幼儿良好的情绪和个性、促进幼儿心理健康水平的提高,在社会保健上改善幼儿的生活环境、培养幼儿探索环境和适应社会的能力、增进幼儿的人际交往能力。保育员正确认识自己的工作任务,才能关注自我成长,知道没有保育员的"保",幼儿园的"教"会缺少色泽,教师以教促研、以教兴园,保育员能以保促教、以保助教。以此来树立保育员的专业信心,增强保育员的责任担当,使保育员从教育的客体转向教育的主体,充分发挥保育团体的教育作用。

二、行动与策略

(一)专业引领、制度保障,促进保教人员均衡发展

以《幼儿园保育工作指南》《保育员应知应会》《幼儿教育》中的"保育之窗"为主要内容,让保育员掌握幼儿生活管理技能及教育活动配合工作,掌握安全工作及卫生消毒工作技能,从而使保育员懂得幼儿生理及动作发展的特点,知道环境的保育、教育活动的保育、户外活动的保育、生活活动的保育、营养的保育、体弱儿童和肥胖儿童的保育、疾病和事故的预防与处理等。

开展保育教研活动，为保育员搭建发展平台，及时发现保育工作和保育员成长中的实际问题，并一起磋商、探讨、碰撞，凝聚集体的智慧去解决共同的问题；外出观摩，向其他示范园学习先进的保育经验，做好笔记，回园实践并交流；切实提高保育员的专业技能技巧；定期组织保育员召开反思交流会，让保育员通过反思，体会到工作的意义，因而敬业并努力进取，因为进取而不断领略到保育工作的博大精深和崇高价值，从而使敬业精神又上升到新的境界。

让园所绩效激励等政策面向全体，推出了保育员绩效管理制度。让"保教并重"的育人理念不仅仅停留在口头上，而是不断内化到园所的管理内涵中，从制度上认可保育工作与教育工作结合的重要性；在工作安排上做到教中有保，保中有教，二者紧密结合，相互渗透，在一日生活中由始至终贯彻保育与教育相结合的原则。学期末根据平时绩效考核成绩奖励前三名外出学习，这一举措极大地鼓舞了保育员工作的积极性，学习回来的同志给全园汇报学习内容和心得，让她们有了专业的追求、专业的自信，促进了保育队伍与教育队伍的均衡发展。

（二）融情互动、欣赏赞美，促进保教人员情感融合

虽然保育员与教师的职责不同，但应做到分工不分家，在工作中密切协调合作，共同完成对幼儿进行保教结合全面发展的教育任务。为了强化这一意识，促进保教人员间的岗位认可度及情感融合度，以"三八妇女节"为契机，我们开展了"你是我的天使"活动。通过抽签方式让保育员与教师互选一名同志作为自己的"关注天使"，时限为一周，为保持神秘感，谁也不透露自己的"关注天使"是谁，只是默默关注寻找她身上的美与闪光点。同时为自己的"关注天使"准备一份礼物，一周后，我们开展了"你是我的天使"特别活动，活动中每个人上台发表了自己对"关注天使"的关注感言，内容真挚、细腻、感人，本次活动让很多人看到了优秀的自己，得到了同伴的认可，每个人都在赞美与被赞美中感动着别人，感动着自己，认可着别人，增强着自信。交流会上，很多人哭了，那眼泪是感动的泪，感动于被关注，感动于被认可，感动于那个被别人发现的优秀的自己。活动后大家把关注感言挂在了园里制作的"赞美树"上分享，活动的开展让保教人员的感情更加亲密了，对彼此的工作更加认可了，大家的工作积极性也越来越高了。以此为契机，我们又相继开展了"夸夸我的好搭档"交流会、"记录最美瞬间"摄影展等系列活动，促进保教人员之间互相欣赏、互相信任和互相融合，为保教工作的融合提供了心理支持，提升了保教工作的质量。

（三）舆论导向、专业宣传，赢得家长群体尊重与信任

利用家长会、家长开放日向家长宣传"一日生活皆教育"的理念，让家长充分认识保育工作的重要性，摒弃"教师是教本领的""保育员是干活的"等错误观念，让家长看到保育员所能给孩子施加的教育影响，如生活习惯的培养、卫生习惯的养成、自理能力的提升等。让家长切实感受保育工作对孩子未来发展的意义。向家长展示保育员培训活动纪实、专业竞赛图片、读书心得、为孩子制作的

教具等，让家长看到保育员的专业、能力和不断的成长，让家长萌生由衷的赞许，从而让保育员获得来自家长的信任、尊重与支持。

❀【成长心语】

园长在日常工作中要有透过现象看本质的"慧眼"，细心体察每一名保教人员的工作状态、心理需求，以尊重之心、关爱之心、呵护之心维护她们的自尊、树立她们的自信；以公平之心、助力之心、成就之心帮助每一个群体的专业成长，让每一名保教人员在充分被尊重、被信任、被赏识的团队氛围中，获得存在感，拥有归属感，真正觉得自己是单位的主人，是教育工作的主体，从而不断追求专业的精深和自我价值的实现，最终才能转化为要给予孩子高质量的保育和教育的不竭动力，从而促进幼儿全面和谐的发展。

（北部战区空军直属机关幼儿园 芦宁）

我的想法我做主
——由教师外出学习引发的思考

❀【案例描述】

为促进教师的专业发展，提升教师的素质和能力，每学期我园都会积极为教师创设条件和机会，组织教师赴北京、上海、广州、深圳、南京等幼教理念先进的城市进行观摩学习。近期，又有一个外出学习机会，虽说是好事，却令我和负责主任面面相觑、愁眉蹙额。其主要缘由：

缘由一：人选的确定。以往都是根据教师在整个队伍中的工作业绩来确定人选，业绩突出者方可获得学习资格。可如今这些业绩突出的教师们已多次外出学习，若把机会再给她们，势必会削减那些业绩平平，但态度端正、勤恳踏实的教师的工作热情与积极性。若机会不给她们，又违背了外出学习政策的相关规定。

缘由二：行动的效度。以往教师外出学习后，都会在全体教师业务学习会议上交流学习后的收获与感悟，在思想层面上收获较大，看到了，听到了，也学到了。但在实践层面上落实还不到位、不及时、不深入，行动力不强，效度不高，未能真正做到学以致用、学有所用、学用结合。

那么，如何合理地确定学习人选，怎样才能让老师们学成归来提升行动力、提高行动的效度是亟待我们解决的问题。于是，我立即召开领导班子会议，集中大家智慧，共同商讨新办法、新政策。

❁【思考与行动】

一、分析与思考

教师是园所发展之根本。在教师专业化发展的道路上，园长除了引领者、观察者、评价者等身份外，还扮演着支持者的角色。作为园长，应积极为教师创设各种有利于他们走向专业化的条件和机会，给予物质与精神支持，促进教师的专业成长。走出园门、外出观摩学习便是促进教师专业成长的好途径。通过外出学习，聆听专家讲座、实地参观考察、现场观摩教学活动、座谈研讨等形式，能够拓宽教师视野、拓宽教学思路、学习先进经验、感受前沿理念，有效促进教师专业水平的快速提升。

因此，园长一定要多为教师提供机会，让教师们走出去，目睹名园风采，领略名家风范，"采他山之石，纳百家之长"，不断学习、感悟与思考，将新的理念、新的思想渗透到自己的教育教学实践中，提升教育教学认知水平，促进自身的专业成长。

园长怎样科学合理地安排教师外出观摩学习，怎样才能让观摩回来的教师将自己的收获真正付诸实践，的确值得深思。上述案例中，在外出学习人选的确定上，如果总是把机会留给那些工作业绩突出的教师，最终会导致整个教师队伍专业发展的不均衡性，产生严重的两极分化，优者越优，差者越差，极不利于教师的专业成长、教师的队伍稳定和幼儿园的长远发展；在学习归来行动的效度上，若只是停留在让教师分享学习后的收获与感悟层面，而不具体落实到检查教师的行动力上，那就失去了观摩学习的真正意义。基于此，我们对以往教师外出学习的相关政策与规定进行了大幅度的调整与改变，使其更趋于科学合理，更具有计划性与目的性，更注重针对性与实效性。

二、行动与策略

（一）学习频次、人次的改变——大力投入创条件

为加快教师专业化发展，为他们的专业成长铺路，在师资培训方面，我们进一步加大了经费投入，多方面创造条件为教师提供外出学习的机会。从组织学习的频次和选派的人次上都有所增加：以往每学期组织教师外出学习1~2次，现调整为3~4次；选派教师5~10人，现调整为15~20人。力争让更多的教师走出去，提升自己的专业素质和教育教学水平，促进教师的专业发展。

（二）人员选派方法的改变——权力下移益处多

在教师外出学习人员的选派上，我园一直有明确的规章制度，有计划地选派教师外出参观学习。以往是由园长和负责主任根据教师在整个教师队伍中的年度绩效考核排名，以及参考教师年度对幼儿园工作有无特殊贡献等来确定学习人选，目的是鼓励先进、培养骨干、促进提升、引领示范。现针对存在的问题，改变了原有的选派方法，缩小了评价范围，扩大了学习队伍，且将权力下移，由年级主

任根据教师在本年组内日常工作的状态、表现及学年度绩效考核情况来推荐人选，递交领导审核无异议后敲定人选。更重要的是，原来选派的外出教师分布在各个年组，虽相互认识，但了解不够。而现在每一次的学习都是以年组为单位进行，年级主任带领本年组选派的几位教师一同出行，大家彼此熟识，沟通起来更加顺畅，配合起来更加默契，更容易在观摩学习的过程中、在思想交流的碰撞中产生智慧的火花，有助于教师专业水平的提升。

（三）分享交流形式的改变——集体智慧共相融

"独学而无友，孤陋而寡闻。"为实现资源共享，以往每一位外出参观学习的教师归来之后，我们都会面向全体教师召开专题会议，让学习的教师们将先进的幼教理念及学习体会及时传达给每位教师，其效果是值得肯定的。但也存在一定弊端：虽然个人所得所悟有所不同，但因同批次参观学习的教师所前往的学习地点、所听的讲座内容或观摩的教学活动均相同，也没有统一安排交流侧重，所以汇报交流中，内容难免会有所重复、大同小异，影响学习的实效性。为此，我们改变以往分享交流的形式，要求外出学习的教师学习之后，及时梳理总结、生成思考，先在本年组教师集会时交流所思所想、所学所悟。随后，由年级主任将每位教师的想法、体会、观点与感悟融到一起，并在全体教师会议上分享交流观摩学习中最前沿的教育理念、最有价值的实践经验、最值得借鉴的教育方法以及年组即将采取的整改措施等，真正达到资源共享、共同提升的目的。

（四）行动落实方式的改变——我的想法我做主

"教师越能反思，在某种意义上越是好教师。"我们鼓励教师平日里要善于反思，尤其是外出学习的教师，回来后一定要把反思的结果付诸行动，落实到实践中。不能只是观摩时看着激动，回想时些许感动，而回来时不去行动。以往我们虽提出严格要求，但未给教师提出具体的行动目标与方向，因而教师的行动力不强，效度不高，导致外出学习的成果不明显。为有效提升外出学习教师们的行动力、行动的效度，将他们的创新想法辐射到年组甚至推广到全园，我们让出行的年组教师将学习观摩后的好想法、好做法加以调整和创新，变成适合本园发展的新理念、新思路，并将要采取的新举措向领导汇报，方案通过后可立即行动。这样的改变，让教师们变得更加积极主动起来。虽然学习时带着一定的任务、回来时要提出创新的想法有一定的压力，但教师们认为如果他们的创新举措能得到领导的支持与认同，得到同事们的认可，自己的想法能自己做主，是非常值得骄傲和自豪的事，他们的自身价值也会得到充分体现。

比如，大班组部分教师赴广州、深圳学习归来后，觉得南方的幼儿园特别注重幼儿的体能训练，间操质量非常高。从热身、快跑、跳跃、爬行到自由游戏锻炼、放松活动，整个流程完全遵循了幼儿体育活动的发展规律，不但达到了让幼儿微微出汗的目的，还发展了幼儿动作的协调性和灵活性。受其启发，教师们提出这样的举措：减少幼儿园现有间操规定的轻运动，增加开放性的自选动作，把年组内七个班级融合在一起，根据大、中、小班幼儿的实际发展水平，结合《3-6岁儿童学习与发展指南》（以下简称《指南》）要求与各年龄段幼儿应达到的动作发展水平及合作意识的培养、意志力的培养等内容，创编属于自己特有的户外游戏操。时间安排：6月创编阶段，7-8月教授阶段，9月推广阶段。

又如，中班组部分教师赴南京学习，观摩了几所幼儿园的音乐教学活动。那里的幼儿园在音乐活动中提倡"傻瓜教学法"，即以游戏的形式贯穿整个活动，通过故事导入、反复感受、倾听学唱等方法，让孩子们在轻松愉悦的氛围中接受知识，师幼有效互动，教学效果突出。于是，教师们决定将这种新的理念、新的方法分享给全园教师，指派一名教师上一节移植课《倒霉的狐狸》，让教师们理解"傻瓜教学法"的模式，为大家在音乐教学中打开新思路，供大家学习借鉴。

事实上，每个年组的教师们外出学习归来，都会结合所学，根据园所工作实际，研讨出很多有利于幼儿、有利于教师、有利于幼儿园发展的新想法、新举措。作为园长，对于教师们提出的合理化建议，一定要全力支持，让教师们真正体验"我的想法我做主"的荣誉感、成就感与价值感。

❀【成长心语】

"十年树木，百年树人。"教师的专业化成长是一项长期、复杂而又系统的工程。作为教师专业发展的关键人物——园长，应"以教师的发展为本"，坚持不懈地着力于教师专业水平的提高、专业素质与能力的提升，并积极为教师创设各种条件和机会，大力给予物质与精神支持，采取切实有效的措施，充分发挥教师的积极性、主动性和创造性，以促进教师快速成长。

（东北育才幼儿园 石月）

附件：

教师外出学习相关规定

为更好地提高教师的业务能力和水平，帮助教师开阔视野，更新观念，获取前沿的教育思想和实践经验，从而促进教师的专业发展，提升整个教师队伍的专业化水平，关于教师外出学习的管理，特制订如下规定：

一、学习地点

根据相关学习培训文件的通知，赴北京、上海、广州、深圳、南京等幼教理念前沿的城市观摩学习。

二、学习内容

听专家讲座、观摩教学活动、实地考察幼儿园、参加论坛研讨等。

三、人员选定

由年级主任根据教师在本年组内日常工作的状态、表现及学年度绩效考核情况予以推荐，递交领导审核无异议后确定人选。

四、具体要求

1. 外出学习的教师要提前安排好外出期间的相关工作，如：与同班教师换班，交接好授课内容等。

2. 外出学习的教师要按照各项学习培训的安排完成学习内容，严格遵守活动的作息时间及相关规定，并认真做好学习笔记。如发现学习培训期间无故擅自离开，今后将不再给予参与外出学习的机会，且出行的费用将不予报销。

3. 外出学习的教师返园后每人要写一篇学习体会，并在本年组内交流汇报。年级主任将出行教师的感悟融在一起，在全体教师会议上进行分享交流。

4. 年级主任在全体教师会议上交流时，不仅要分享观摩学习中最前沿的教育理念、最有价值的实践经验、最值得借鉴的教育方法，而且还要汇报本年组外出学习后集中研讨的行动方案。方案通过后，拟出行动时间表，即可操作。

5. 外出学习的教师返园后由年级主任统一将所有费用票据附会议通知送达主管领导处签字，经园长审批后方可到财务室办理报销手续。

6. 本规定从下发之日起执行。

"职业倦怠"中的教师专业发展共同体激励策略

【案例描述】

为了参加区里的教师基本功大赛，幼儿园于两个月前就开始了申报和预选工作。申报后的名单让教学主任为难，因为名单中都是一些刚入职的年轻教师。新教师由于刚走上工作岗位，基本处于学习和熟悉业务阶段，如果全部派出去参加基本功大赛，估计也是锻炼的层面多，获奖的机会少。可是我们幼儿园不乏业务素养和专业能力都非常优秀的教师，带着这个问题，我私下了解了一下：老教师不参加的原因大多是工作和生活压力大，不想在专业发展上再挑战自己；另外，随着年龄的增大，老教师专业基本功越来越生疏，担心参赛成绩不理想……

基于自主申报的大前提，我们选派了新教师参赛，比赛结果如预期般平平。同时做了一位老教师的思想工作，鼓励其参赛，成绩也不理想，内驱力的不足和专业技能的生疏，令其表现不如当初应聘入岗时的状态。

【思考与行动】

一、分析与思考

"职业倦怠"是教师职业生涯发展过程中的必然阶段，但通过调查与访谈我们发现，幼儿教师的"职业倦怠"并不产生于对幼教事业本身的厌恶，而多是由于工作压力导致的对专业发展无心无力。

对于我们这所建园十三年的民办园来说，教师整体年龄到了一个事业发展的黄金期，也是瓶颈期。瓶颈期不仅意味着专业发展瓶颈，更意味着家庭负担对教师专业发展的巨大影响。很多教师肩负着"上有老，下有小"的家庭重任，没有时间和精力去执着追求专业发展之路，大部分教师是为了这份职业而非事业在努力工作着。

鉴于此，我们积极思考，怎样在常态工作中进行专业发展的培养与要求，避免"工学矛盾"带给教师的专业发展心理障碍，进而确保教师整体专业素养的常态化提升。就上述困难节点，我们从精神激励入手，以物质奖励收口，以幼儿园"名师工程"方案为载体，全面推进教师的整体专业发展。

二、行动与策略

（一）成立领导小组，全面负责"名师工程"方案的制定实施

组长：园长

副组长：教学园长

特聘专家：集团专家、外聘专家

组员：年级主任、教研主任

（二）确定申报条件，引领不同层级教师的发展

为了体现层次性培养，在申报对象为全体教师的大前提下，分为胜任教师、骨干教师、教学带头人、名师四个级别，并从申报条件上做了明确的限定和引导。

1. 胜任教师

在园从教一年（即2011年9月前来园工作的）以上，大专以上学历，具备小学一级（含一级）以上职称，在历届园级"小蓓蕾"教学竞赛课中获得过奖励（教辅人员除外）。热爱教育事业，依法施教，教书育人，为人师表，师德修养良好，具有全局意识，服从幼儿园工作安排，无私奉献，不计个人得失。能够遵守《工作指南》《岗位职责》等各项规章制度，认真钻研业务，积极向上，较好地完成本职工作，受到孩子们的喜欢和家长、领导的信任。

2. 骨干教师

在园从教三年（即2009年9月前来园工作的）以上，本科以上学历，具有小学高级或中学一级以上职称。热爱教育事业，依法施教，教书育人，为人师表，师德修养良好，具有全局意识，服从幼儿园工作安排，无私奉献，不计个人得失，能够遵守《工作指南》《岗位职责》等各项规章制度。具有先进的教育理念、扎实的专业知识和较强的教学教研能力，能准确把握教学要求，胜任循环教学。

（1）在园教学成果显著，有市级以上公开教学奖励。

（2）积极参加教科研活动，至少有一篇省级以上获奖论文（或案例、活动设计、随笔等）。

（3）已获得区骨干教师称号的教师同等条件下优先评定。

3. 教学带头人

在园从教五年（即2007年9月前来园工作的）以上，本科以上学历，具有小学高级或中学一级以上职称。热爱教育事业，依法施教，教书育人，为人师表，师德修养良好，具有全局意识，服从幼儿园工作安排，无私奉献，不计个人得失，能够遵守《工作指南》《岗位职责》等各项规章制度。具有先进的教育理念、扎实的专业知识和较强的教学教研能力，能够在教师中起到模范带头作用。

（1）在园教学成果显著，有省级以上公开教学奖励。

（2）积极参加教科研活动，至少有一篇国家级以上获奖论文（或活动设计、随笔等）。

（3）已获得沈阳市骨干教师称号的教师同等条件下优先评定。

4. 名师

在园从教七年（即2005年9月前来园工作的）以上，本科以上学历（同等条件下，硕士以上学位优先），具有小学超高或中学高级以上职称。热爱教育事业，依法施教，教书育人，为人师表，师德修养良好，具有全局意识，服从幼儿园工作安排，无私奉献，不计个人得失，能够遵守《工作指南》《岗位职责》等各项规章制度。具有扎实的教育教学理论功底和丰富的教学经验，在课程改革和国际理解教育等领域有深入的理解与实践，并取得突出成绩；具有教育研究能力，学术理论水平高；具有明确的教学思想，在幼儿园教学领域中发挥示范、辐射和引领作用；具有较强的教育创新精神，教育技术应用能力能够适应信息化时代发展，不断在教学领域寻求突破与自我超越。

（1）在园教学成果显著，有省级以上公开教学奖励（同等条件下，国家级以上奖励优先）。

（2）至少有一篇文章在权威学前教育领域报纸或刊物（包括《中国教育报》《学前教育研究》《学前教育》《幼儿教育》）上公开发表。

（3）主持或参与省级以上课题，而且该课题已经通过结题鉴定，且在其中成绩突出。

（4）已获得辽宁省骨干教师或沈阳市名师称号的教师如果符合以上条件，可以自动过渡到幼儿园名师，教师要参加评审程序，但不打分。

参评骨干教师的要完成一份教师专业发展规划（包括个人情况分析、发展目标设定、具体实施过程和发展保障措施等四个方面）并进行宣讲；参评教学带头人的要紧密联系自身的教学实践撰写一篇不少于3000字的论文，参加论文答辩；参评名师的要参加一项课题研究方案的论证（包括选题的意义、研究的主要思路和课题研究价值等方面）。

（三）考核维度

姓名	思想素养		园本培训							教学研究							公开教学			奖励加分					总分
			基本功				教学素养			教研		科研叙事			动手能力		教学能力								
	态度	能力	故事	写字	弹唱	翻译	保健	理论	读书	教研课	小蓓蕾	论文	案例	个案	材料制作	环境布置	教学展示	说课自评	公开教学	才艺大赛	玩教具	活动设计	随笔论文	行政荣誉	

上述维度均为教师业务学习和培训内容，将常态专业培训及时进行小结和量化。

（四）奖励办法

各层级的专业发展基金以学期为单位，分两次进行发放。胜任教师、骨干教师、教学带头人、名师年度专业发展基金按照园所资金管理现状分四个层级确定额度，建议最低额度不低于教师一个月的基本工资。

本次名师培养工程按照培训过程化、内容模块化、分层次递进的方法，过程性评价与结果性评价相结合，学、研、训、评为一体，从教师的课堂教学、园本培训和教学研究三个方面进行重点考核，为每名申报者建立专业成长档案，帮助教师确定目标、完善过程、提高效率，逐步实现自主发展，为教师的专业成长提供学术支持。通过名师工程的整体实施和推进，将教师的专业发展和常规工作培训考核相结合，没有增加额外的工作量，有效避免了"工学矛盾"。同时，通过多维度的评价和及时反馈，教师能够逐渐明晰自身在团队中的发展优势和不足，有利于明确专业发展的努力方向和学习安排。

【成长心语】

"职业倦怠"是教师专业成长的巨大阻力。对于"职业倦怠"，幼儿园可采取的激励措施有很多，如心理调适、增加福利待遇、工会活动、精神引领等。这些措施可以发挥有效的激励作用，但对于教师的自我成长的行动策略缺乏园所层面的顶层设计和指导。"名师工程"方案作为一个载体，能够将教师队伍的整体专业发展和培养以项目的方式开展，每一个教师个体都与项目紧密关联，它以工作常态、常规的方式将全体教师纳入到培养轨道中来，屏蔽掉某些个人的消极倦怠因素，促进所有人成长和发展，进而保障教师队伍的专业素养整体提升。作为管理者，应明确管理的核心是人的管理。我们虽然要充分发挥人的主动因素，但人总是千差万别且惰性不一的，因此需要幼儿园从整体上建立机制，以良好的载体带动人的被动发展，帮助教师体验被动发展后的成就和满足，进而促进其主动发展。

（东北育才幼儿园 原媛）

研讨师德师风，规范教师行为

❀【案例描述】

在我刚刚接任园长的第一年，时常有家长来园长办公室投诉，有的家长说自己的孩子不愿意来园，有的说老师对孩子的问候不理睬，还有的说当孩子犯错误时老师让孩子独自坐着，甚至还有家长投诉老师与家长沟通时发生争执等问题。一时间，我频繁忙于处理家长和老师的纠纷，有的问题通过与老师和家长沟通便解决了，但也有家长强烈要求退园，问题无法解决。

❀【思考与行动】

一、分析与思考

处理几次矛盾后，我逐渐意识到这不是解决问题的根本方法，而且我了解我们幼儿园的情况，我园是1958年创建的老公办园，老师们觉得自己是铁饭碗，有保障，很有优越感。另外，过去幼儿园对教师师德师风方面的教育和要求很少，出现问题就针对问题进行处理，久而久之便出现了这种状况。

《园长标准》中关于办学理念要求"以德为先"。师德师风是幼教工作的重中之重，教师必须严格践行职业道德规范，立德树人，关爱幼儿，为人师表，勤勉敬业，公正廉洁。我园必须在全园范围内达成共识，让老师们从思想深处领悟到教师"用心对待孩子，做好家长工作，让孩子开心，让家长满意"的重要性。认识上的问题解决了，我们还要在制度上科学管理、规范管理，《园长标准》指出，"坚持依法办园，自觉接受教职工、家长和社会监督"，"实行科学管理与民主管理"。因此，在教师理念转变后，要制定相应的规章制度，规范教师的行为。

二、行动与策略

首先，开展全园性的大讨论，讨论如何做好家长工作，如何规范师德师风，从老师们的思想根源上解决问题。我们利用每周政治学习时间，按上下午班分两大组，以确保每个人都能参加到讨论中。每位老师必须围绕主题"如何做好家长工作，如何规范师德师风"，结合本班的实际情况，讲一讲每个班级是如何做家长工作的，怎样让家长放心把孩子送到幼儿园，让家长满意老师所做的工作。有的老师举了很多具体的实例来说明自己班级是怎样做家长工作的，有的老师直接讲出理论依据和工作方法……在老师们彼此的交流研讨过程中，大家在情感上受到了很大的冲击和震撼，深刻地认识到"如何让家长了解我们的工作，如何与家长沟通，如何让家长放心……"的重要意义。讨论大约进行了一个月的时间，最后园里把老师们的观点和方法进行了总结归纳，形成了《92493部队机关幼儿园家长工作规范》（以下简称《规范》，见附件1）。此《规范》是老师们根据自己的经验体会提炼的精华，因此大家都非常认可。幼儿园将《规范》下发到各班并张贴，作为行动的指南，时时指导班级工作，指导老师们的行为。

其次,坚持不懈,经常提醒教师遵守《规范》。《规范》形成后,我们时常提醒教师们按此《规范》做好家长工作,并经常表扬家长工作做得好的教师。渐渐地没有家长来园投诉了,甚至还有的家长给幼儿园送来锦旗或表扬信,表扬老师有爱心,对孩子教育得当,逐渐形成了良性循环,家长对老师们非常满意。在开展"党的群众路线"工作中,我们上级机关多次针对师德师风发放家长问卷,问卷显示,家长满意度很高。

最后,依托《规范》,修订规章制度,按制度对老师处理家长工作的情况进行奖惩。为了防止家长工作有不良的反弹,在按《规范》做好家长工作的同时,我们召开了教职工代表大会,修订了幼儿园规章制度。修订后的制度规定:如果有老师得到家长的表扬,以得表扬信或锦旗为奖励标准,幼儿园对老师进行精神上和物质上的奖励;如果有家长投诉,经过核实,老师确实有过错的,扣除全部月奖和季度奖,而且要在全园大会上做检查。目前幼儿园已经按照制度执行,成效显著。

❀【成长心语】

> 透过管理上的这件事,我深深地认识到,成功的管理首先是发现问题,然后找到问题的根源,接下来是找到解决问题的根本办法。比如我园的这件事情的根源就是教师思想上对家长工作重视不够,师德风范较差,多年来幼儿园对老师的教育引导存在疏忽。其次是找准根源后,就要想办法解决老师们思想上存在的问题。我园采取的是通过集体研讨的方法,让老师们从自身实际工作中挖掘问题所在,找到优质的观点和策略,解决问题。再次,我还认识到,管理要软硬并重,要有柔性的管理,同时也要有刚性的管理,要有规章制度作为行动的保障,依法办园。最后,我深刻地认识到,做任何事情都要坚持不懈,而且要有执行力,最后才能取得成功和胜利。
>
>
> (辽宁省葫芦岛市 92493 部队机关幼儿园 刘锦)

附件1:

92493 部队机关幼儿园家长工作规范

1. 真心对待孩子,关注每个孩子,呵护孩子幼小的心灵。
2. 细心观察、了解孩子,多鼓励孩子。(培养教育好孩子才是家长认可的基础)
3. 真诚、热情、平等地对待每一位家长,无论贫富,无论地位高低。做到微笑服务,耐心服务,周到服务。

4. 努力学习，提高专业素养，有效地指导家长工作。

5. 运用良好的语言艺术与家长沟通，针对不同家长使用不同的交流策略。（真诚交流是解除顾虑和误解的一剂良药）

6. 在值班时，孩子出现问题，要第一时间与家长联系，博得家长的理解，说声抱歉。

7. 做家长工作时要做到自控、冷静、稳重。

8. 充分利用家长会，引导家长了解幼儿园的保育和教育。

9. 教师注意接送孩子时的安全，严禁将孩子交给监护人以外的人。（得到监护人许可的姥姥、奶奶等除外）

10. 班级三位教师要相互支持，互相帮助，默契配合，互不拆台，做到"说与做"一致。

附件2：

92493部队机关幼儿园教师师德师风规范

1. 每天晨间迎接孩子和家长时要态度和蔼，微笑地面对孩子和家长。可以和孩子有身体上的接触，如抱一抱孩子等，以便拉近与孩子的距离，让孩子每天有个良好的开端，开心快乐过好每一天。

2. 细心、耐心地对待每一个孩子，真心地喜欢孩子，以诚相待。"爱"是最重要的，要喜欢职业，安心工作。

3. 充分利用好家长会与家长交流沟通，让家长了解孩子的年龄特点，如小班刚入园的孩子哭闹，不会与人交往，争抢玩具，甚至互相抓挠，是因为孩子未参与过集体生活，需要家园共同配合，尽快让孩子学会交往、分享，养成良好的行为习惯，也要让家长理解幼儿园。同时让家长了解幼儿园课程及教育方法，配合幼儿园教育，并知道家庭教育是重要的教育环节。

4. 除直接与家长交流沟通外，还可通过微信、校讯通等方式与家长联系，可发孩子在园生活活动的照片，一定是正能量的，"家长群"认可的，但值班时不能发微信。另外，可发一些有教育意义的理论文章，指导家长对幼儿施以正确的教育，也让家长更能信服和理解老师。

5. 发现问题（孩子和家长），分析原因，正确引导，及时解决，不能拖拉。每天要求家长引导孩子定时定点阅读，给孩子讲故事，多给孩子买绘本，在家创设一个阅读的空间。

6. 通过各种形式向大班家长宣传正确的教育理念，让家长知道要培养孩子全面发展，不仅是学习语言、数学知识，还要培养早期阅读习惯，培养孩子良好的行为习惯和积极参加体育锻炼的习惯和能力。让家长不要给孩子留太多作业，尤其是周末，可让孩子在家里做做手工、读读书，放松心情。

7. 做家长工作时要"嘴慢"，不要急躁，要平和淡定，要经过充分思考后再谈和做，一定要注意措辞，要与家长讲道理，以理服人，坚持真理。真正错了也要敢于认错。

8. 与家长沟通时先说孩子的优点，再讲不足，无论遇到什么样的家长，一定要有老师的风范，而且绝不把对家长的意见加在孩子身上，对孩子一如既往地好，家长的不满一定会化解。老人家长不好沟通，要换位思考。

9. 家长工作其实不难做，别和家长分心，要心贴心。与家长沟通是一种技巧，也能体现出教师的能力，一定要做到有效沟通，将道理说透，否则容易被家长误会。

10. 要多学习，多阅读专业书籍。

11. 要对孩子提出的问题及时给予回应，引导孩子使用正确的握笔姿势，让孩子轮流当班长。

12. 组织开展家长进课堂、家长志愿者活动。

13. 教育要从"心"开始，老师要大气，对孩子一视同仁，公平公正。批评教育孩子后要向孩子解释为什么要批评他，让孩子明白其中的道理，过后要抚慰孩子。批评的声音不要太大，注意语气，尤其是早上和晚上。这样孩子才能乐于接受。

14. 把握好教学进度，放慢脚步，对孩子要如"牵着蜗牛去散步"。要多给予孩子表扬和鼓励，教师的鼓励对孩子是一种力量，能增强孩子的自信心和自我效能感。

附件3：

92493部队机关幼儿园保育员师德师风规范

1. 当小班孩子哭闹时，要抱起来安抚一下，转移其注意力，呵护幼儿的心灵。

2. 对于家长在园外滞留的行为，要给予理解，并换位思考，用语言或行动让家长放心。

3. 每天忙于打扫卫生时，也要向家长点头示意或问好。

4. 每天早上要认真倾听家长交代的有关孩子的问题，并牢记。晚上离园与家长交流时，可告诉家长孩子吃了多少东西。

5. 对吃饭挑食的孩子要多鼓励、讲道理，尽量让孩子不挑食。

6. 要注重孩子的心理健康辅导，要从内心深处真正地对孩子好，对不合群的孩子要用心与其交流，细声慢语地与孩子说话，不要让孩子心理上有阴影。对孩子一视同仁，让孩子有安全感。

7. 对特殊孩子要特殊关注。要随时观察孩子的表现，及时解决问题。

8. 早上要对孩子笑脸相迎，让孩子快乐地过好一天。

9. 认真做人，踏实做事。当与家长产生的矛盾解决后，家长来送孩子时要主动与家长打招呼，家长会很感动，同时也充分体现了我们教师的职业风范。

10. 要配合好主副班老师的工作，多向班级的老师们学习。

11. 要多站在家长的角度考虑问题，与家长沟通要就事说事。

90 后的"正面管教"

【案例描述】

随着教师队伍的逐渐更新，越来越多的 90 后开始走向工作岗位，她们聪慧、热情、活跃，着实以"新鲜血液的力量"重新架构着教师队伍。然而，一些谈不上"问题"的问题让我心里产生了矛盾，也让一些家长朋友感到些许不舒服。

问题一：小 A，90 后，大学刚毕业，工作认真并且很有创新精神。性格开朗的她是个很时尚的女孩儿，说话时，极其热情但又有些夸张和随意，总会让对方感觉不是在和老师说话。

问题二：小 B，90 后，为人耿直爽快，工作干脆利落，班级教师都夸她是个优秀的合作伙伴。由于小 B 说话办事讲求效率，所以在微信沟通成为家园联系主渠道的今天，她的干脆也让家长感到不舒服。例如，"萱萱肚子不舒服，赶紧来接"，"明天每个小朋友带一个方便袋子，上课用"，"家长早入园要记得穿鞋套，周知"……小 B 就事论事的说话方式本无恶意，却让一些家长心里产生被权威高控的感觉，家园共育的平等无从谈起。

【思考与行动】

一、分析与思考

90 后的新教师从年龄到资历再到文化背景都不同于我们现在既有的教师队伍，她们有个性，创新意识强，喜欢按照自己的方式去生活和工作。记得有位园长说过，对于年轻新教师的管理尺寸很不好拿捏，"管"得多了，人家很可能就不"理"你了,这就是"管理"。虽然是一句玩笑话,但是对于新生力量的管理真的是一门艺术和学问。为什么会出现这样的"通病"呢?

(一)优越的成长背景形成的价值观差异

尽管以时代划分人群有一定的局限,但时代造成的人的问题似乎又有一定的客观性。90后之所以会在这个时代成为热门标签,引发舆论热点,无疑有其社会时代背景。他们出生成长在改革开放快速发展的时代,物质环境和精神补给十分丰富,他们有更多的时间和空间去思考从自我为中心衍生出的各种问题。90后崇尚自由、多元、个性化的精神来自自身的文化脐带,并将影响其一生。

(二)教师和学生的角色定位比较混乱

90后教师由于走入工作岗位不久,他们对教师和学生的角色定位不能十分清晰和确定。在追求教育平等、尊重幼儿的教育思潮影响下,部分90后将平等与尊重理解为无限度地"和孩子打成一团","和家长像朋友一样",失去了教师应该有的角色定位。

(三)缺乏管理机制的正面引导

目前,幼儿园注重管理的精细化和时效性,对于教师应该具有的职业素养要求不明确或默认为自动同化,无论从职业素养的具体要求层面,还是对于教师职业素养的检查督促方面,均缺乏正面引导和有效的管理评价。

二、行动与策略

(一)明确教师基本职业素养,有章可循

《专业标准》中对教师的德、勤、能、技都做了很详细的要求,但是内容相对泛泛,需要我们根据自身需要进行内化和丰富。针对我们目前遇到的问题,我们鼓励教师自己从职业素养中提炼出符合幼儿园教师职业特点的"言谈举止"标准,既要得体自然,又不能扭捏做作,大家讨论后形成我们的规章制度,并向全体教师发出倡议。

幼儿园教师职业素养倡议

项目	具体倡议
着装	衣着活泼大方,大小得体,便于活动,不同场合穿不同服装,给孩子以美的熏陶。细则:日常着装柔和、大方、典雅,以色彩柔和的淡素职业装为佳;上岗时穿园服,并配以合适的平底鞋。

项目	具体倡议
仪容	精神饱满，健康向上，充满活力。细则：日常生活化妆要求自然、大方、淡雅，与肤色、衣服相匹配；杜绝浓妆艳抹，使用有刺激性味道的化妆品；工作时间将长发盘起，不披头散发；额前头发不可过长，挡住视线。
体态	姿态端正、大方、自然、规范。细则：体态挺拔，站立自然，挺胸收腹，头微上仰，两手自然下垂，面带微笑；走姿稳健，头正胸挺，双肩放平，两臂自然摆动，双目平视，不左顾右盼，随时问候家长、同事和幼儿；手势自然、适度，曲线柔美，动作缓慢，力度适中，左右摆动，不宜过宽；交谈姿态以站姿为主，自然亲切，对幼儿可采取对坐、下蹲、搂抱等方式，尽量与交谈方保持相应的高度。
语言	语速适中，态度温和，语言生动、有趣、儿童化。A.上课语言：语速适中，语言生动、有趣、儿童化。细则：使用普通话，用词规范；语气柔和，委婉中听，忌大声呼叫；咬字准确，吐音清晰；语调婉转、平稳，抑扬顿挫，语速适中。B.课间语言：活泼欢快，亲切温柔，力求言简意赅。细则：语言生动活泼，言情一致，精神饱满，目光恰当；说话时不可过分夸张，不喜怒形于色；杜绝使用训斥、讥讽的语言；杜绝使用造成孩子惧怕、恐慌心理的语言。C.生活语言：亲切关爱，体贴入微，力求体现母爱。细则：不讲粗话、脏话，忌训斥幼儿；忌大呼小叫，不要离听者太近；时刻面带微笑，保持恰当的目光；不催促孩子过快饮食，引导幼儿养成良好的习惯。

倡议中的要求很具体，90后的教师们自觉规范自己的言行举止，"不合时宜"的行为越来越少了。职业素养中教师的公众形象问题从外显形式上看可以从着装、仪容、体态、语言四个方面进行提升，但在语言沟通技巧上，90后新教师还存在不成熟的表现。同时，现在家园沟通广泛使用微信，使得教师在文字功底上需要具备更多的艺术性和涵养，以博得家长的信任和尊重。为此，我们又从文明用语的角度进行"接地气儿"式的培训，让教师们学会在不同情境中使用不同的文

明用语，夯实家园联系的情感纽带。

<h3 style="text-align:center">教师文明用语词典</h3>

教师是人类灵魂的工程师，育人的天职决定了教师必须具备高尚的职业道德，育才幼儿园教师职业道德规范行为准则中的文明用语内容如下：

1. 与家长见面时：

（1）家长，您好！（2）欢迎您的孩子到我们班生活和学习。（3）我们一定会尽力。（4）让您满意是我们工作的宗旨。（5）请您放心！这是我应该做的。（6）请随时给我们提出宝贵意见，您的建议我们一定放在心上。（7）谢谢您的理解、支持和关心。

2. 家长反映问题时：

（1）我们一定考虑您的意见。（2）让我们了解一下。（3）我们尽力帮您解决。（4）您的要求我们明白，请您放心。（5）我们再想想有什么好的办法。

3. 幼儿生病时：

（1）您放心，今天我们会多照顾他一些。（2）您放心，孩子有特殊情况时我们会和您及时取得联系。（3）您的孩子好多了。

4. 家长为孩子请假时：

（1）谢谢您。（2）麻烦您又跑一趟。（3）孩子病情好转了，可以把他送到幼儿园，我们会帮您照顾的。

5. 当孩子遇到困难时：

（1）你能行，试一试。（2）你看你做得很好。（3）老师相信你！（4）真能干，你进步了。（5）别着急，我来帮助你。（6）有困难，找老师。我们是好朋友。

6. 孩子无意出现过失时：

（1）你伤到没有？（2）下次要小心。（3）勇敢点儿，自己站起来。（4）有大小便要跟老师说，不要害怕。（5）下次要注意喽。（6）不要紧，老师帮助你。（7）别怕，老师不会批评你。

7.孩子有不良行为时:

（1）有事好好说，不能动手。（2）自己解决不了的问题可以找老师。（3）不要打别人。（4）相信你是个好孩子，以后不要这样了。

8.和家长发生冲突时:

（1）真对不起，请您别生气。（2）这是我们的责任，对不起！

（二）落实常规检查制度，有法可依

有了制度要求，幼儿园将职业素养与常规要求合并在一起，以检查的方式帮助教师将素养内化为自身的习惯。年级主任作为年级的主要管理者，承担日常的管理督导工作，对于未按照要求自我约束的教师进行一次提醒、二次批评、三次记录的管理方式。

_____月_____班常规督查评价表

评价细则		班	班	班
仪容仪表	按照规定盘头			
	按照规定在更衣室更换园服、黑色室内鞋			
	不浓妆艳抹，不染黄色、红色头发			
	不戴耳钉、耳环；不染指甲，不留长指甲			
	不将个人衣物、拎包等放置在班内及卫生间			
言行举止	不罚站、不隔离、不推搡幼儿			
	不坐在桌子和窗台上			
	不在班级如厕、化妆、吃东西			
	不在班内及户外聚集聊天			
	按时上下班，不迟到，不早退			
	不在工作时间上网聊天、购物、看电影			
	不带手机进班，不发短信及接打电话			

(续表)

评价细则		班	班	班
常规组织	按时张贴周教学计划、反馈等			
	按常规时间开展各项活动，不推不延			
	幼儿不在地上穿脱衣，户外着装整齐、适宜			
	按时、按内容组织户外活动，护送、交接到位			
	常规有序，幼儿不在楼内乱跑、大叫			
	不随意串班、串岗，不接待串岗人员			
	按时组织幼儿饭后散步			
	按时组织幼儿上床、起床			
	保证幼儿睡眠质量，教师不躺、不睡			
	不穿高跟鞋和坡跟鞋组织幼儿活动			
	按时写交接班记录，不后补			
	不因疏忽造成幼儿脱离集体			
	不私自篡改规定通知的内容或时间			

（三）跟进评价奖励机制，有长可扬

在幼儿园的年终评优评先系统中，将职业素养纳入评优范畴，增加评优维度。通过对先进教师的表彰，为幼儿园树立职业素养典型，引导全园向上的师德师风。以"星级教师"为切入口，为更多非业务强势的教师提供表彰机会和福利待遇。

（1）教学之星：教学基本功扎实，业务能力突出，踊跃参加市级以上公开课且取得一定成绩的一线教师、专业教师。

（2）科研之星：科研能力突出，积极参加各类科研课题、发表论文等，并取得一定成绩的一线教师、专业教师。

（3）学习之星：热爱学习，热爱阅读，能够利用一切机会进行学习、充电，不断提升自己。在幼儿园读书活动中有突出表现。

（4）创新之星：工作中肯于钻研，勇于创新，能够创造性地开展各项工作，不断提升工作品质。

（5）自律之星：胜任本职工作，无家长投诉、无补课办班、无收受家长礼物等问题的身正为范的教师和保育员。

（6）爱心之星：尊重每一名幼儿，用爱心与耐心引领每一名幼儿的成长，从不训斥或变相体罚幼儿。

（7）团结之星：能够在工作中团结友善，乐于助人，有很强的与人沟通、协作的能力，并具有很好的凝聚力和亲和力。

（8）奉献之星：安于职守，乐于奉献，能够积极、主动、认真地完成每一项任务，从不抱怨。

（9）礼仪之星：始终以饱满的热情投入工作，经常面带笑容，无论是对待家长、幼儿还是同事，都能够主动问候、彬彬有礼、礼貌待人。

（10）服务之星：以人为本，服务意识强，能够自觉遵守各项规章制度，关注本职工作中的各种细节，于细微之处见真情。

❀【成长心语】

> 　　园长作为一个行政管理者，既要维护年轻人蓬勃向上的朝气，也要顾全教师队伍的大局，使教师作为一个整体面向家长和幼儿并能表现出园所品质。对于教师的职业素养，园长既是管理者，同时也是教育者，"教育是一门艺术"，如何对教师的职业素养动之以心、落之以行是教育者应该思考的问题。我们必须摒弃以批评教育为主的规范方式，多使用正面引导，多实施正面管教，用恰当的激励手段引领教师正确的舆论导向。在行为心理学中，人们把一个人的新习惯或理念的形成并得以巩固至少需要21天的现象称为"21天效应"。教师的职业素养以及权利义务从某种意义上来说应该是一个教师应该具有的良好习惯，应该是教师自然而然流露出来的一种工作状态，所以，我们管理者应该做的就是帮助他们坚持。
>
> （东北育才幼儿园　原媛）

青年教师 "因材施培"

❀【案例描述】

近年来，随着学前教育的大力发展与教师梯队建设、人才储备的需求，幼儿园陆续招聘了几批青年教师。2011年至今，幼儿园逐渐形成了一道以青年教师为主的青春靓丽、充满活力的风景。自此，我在教师队伍的日常管理中每月都会组织一次"青年教师座谈会"。座谈会上有时会请年轻的教师自由畅谈，谈谈自己工作中的收获、困惑；有时我还会运用人才测评的方式，设计一些指定的问题，为青年教师后续培养找准方向，也为发现人才和培养人才搭建平台。

在每次的座谈中，青年教师都积极真诚地表达心声，从中我了解到了青年教师专业理论知识与实践经验的现状和水平，更听到了每位青年教师专业发展的方向、职业成长的需求。每次座谈会后，我都会梳理这些新鲜的心声与需求，并归类为幼儿园教师队伍管理与培养的不同领域。以下分享几个关键的话题及教师现场回答问题的实录：

话题一：你在专业自主学习方面有哪些需求？

教师1：我们读大学时，基本上学习的都是学前教育专业的理论知识，但入职以后感觉在幼儿园运用更多的是专业技能方面的一些专业能力，如：环境创设、游戏的设计、玩教具制作、教学活动的实施、家长工作等，希望能够有更多的机会向老教师学习这些实践经验。

教师2：希望能够有自主学习专业技能与知识的时间和空间。

话题二：你对你的职业发展有怎样的规划？

教师1：我希望能够发挥个人的特长以及对五大领域中某一领域的爱好，做深入的教育特色研究，形成个人教学风格，成为一名优秀的教师。

教师2：我比较擅长做科研工作，也比较感兴趣，我想多参与幼儿园的科研工作，不断学习，努力形成自己的专业特色。

教师3：教学工作之余，我希望能够有机会参与幼儿园的管理工作，更快了解幼儿园的各项工作内容，也学习一些行政管理工作的经验。

话题三：如果幼儿园派你外出参加培训或会议，你会做哪些准备？

教师1：我首先会和班级教师协调好班次，保证班级工作，然后了解一下会议的相关内容。

教师2：我会提前准备摄像机和照相机，认真做好培训会议的记录。

教师3：培训结束回园后，我要把宝贵的经验与幼儿园的教师分享，并自己尝试在班级教育教学中进行实践，做到学以致用，给幼儿园带来新变化。

【思考与行动】

一、分析与思考

《园长标准》中对园长引领教师成长的专业职责提出要求：要了解教师专业发展的需求，鼓励支持教师积极参加在职能力提升培训，为教师创造并提供专业发展的条件和环境。案例中青年教师真诚的表达，流露出青年教师对成长的迫切希望，他们期许机会和平台，期望成为优秀的幼儿教师。这样的愿望让我震撼，青年教师对幼教事业的激情涌动、对自己职业规划的满腔热忱让我感动，也让我开始对青年教师专业发展需求及培养策略进行思考分析。

（一）青年教师自我完善的需要

青年教师在思想、行为、习惯等方面具有共性。朝气蓬勃、敢想敢做、思维活跃、开朗大方、有扎实的理论知识是青年教师的优良共性。但工作阅历浅、实践经验缺乏、专业技能水平不高也是青年教师面临的共同困惑。然而，他们却都怀有积极向上、追求卓越幼教职业生涯的理想与信念。在幼儿园日常工作中踏实、认真、在思想上要求进步,希望通过自身的努力加入党组织,在业务上渴望通过学习铸就专业功底,在更高层次上完善自己。

（二）参与和成功的需要

幼儿园中的青年教师有着较强的时代意识和主人翁意识,他们愿意在工作中发挥自己的聪明才智与各自所长,获得教学展示、参加大赛、共享创意、承担科研、管理任务等机会。同时,青年教师还有着强烈的成功需要,他们希望获得较强的业务能力、科研能力,希望自己的教育教学广结硕果。

二、行动与策略

（一）线上问卷式调查,分析青年教师现状与需求

利用软件,设计制作《青年教师现状与发展需求调查问卷》,青年教师通过网络完成线上答题。

青年教师现状与发展需求调查问卷

尊敬的各位老师：

您好！

首先感谢您参加本次调查问卷活动。为促进幼儿园人才的梯队建设,扎实、有效地开展好幼儿园青年教师项目管理工作和各项培训工作,使幼儿园的项目管理工作和培训活动更有针对性和实效性,我们特设计了此份调查问卷,旨在了解您对青年教师专业发展现状以及培训的需求。我们期望在您的参与和支持下,探索青年教师培训的有效途径,搭建平台,促进青年教师整体素质的提升。敬请您按照问卷中各题目的要求和您的实际情况来填答此卷。衷心感谢您的支持与合作！

一、选择题（请将您的答案写在题的后面）

（1）您的教龄：①1年以下 ②1~2年 ③2~3年 ④3年以上

（2）目前您所任教的班级：①小班 ②中班 ③大班 ④托班

（3）您认为幼儿教师应具备哪些基本能力：①教育教学组织能力 ②活动过程设计能力 ③语言表达能力 ④教育科研能力 ⑤家长工作能力 ⑥收集获取信息的能力 ⑦教育教学反思能力 ⑧观察幼儿的能力 ⑨弹唱跳画等专业技能 ⑩人际交往能力

（4）您的学历：①大专 ②本科 ③研究生及以上

（5）您的职称：①未评 ②幼教二级 ③幼教一级 ④幼儿园高级 ⑤幼中高

（6）您最擅长的领域：①科学 ②数学 ③美术 ④音乐 ⑤健康 ⑥语言 ⑦社会

（7）您认为自己的专业能力比较欠缺的是：①系统理论知识 ②教育教学专业技能 ③组织教学的实践能力 ④现代教育信息技术运用能力 ⑤班级管理能力 ⑥家长工作能力 ⑦其他（可自填）

（8）您认为促进教师专业发展最有效的途径是：（按程度高低依次多选）①自学 ②外出观摩 ③名师带教 ④参加有系统的基地培训 ⑤专家讲座

（9）关于培训的方式和内容，您希望获得：①系统的专题辅导 ②观摩优质教研活动 ③参与研讨，与专家互动 ④学员参与实践展示 ⑤其他（可自填）

（10）您每学期参加园级以上培训的次数是：①1次 ②2~3次 ③4~5次 ④5次以上

（11）您参加的园内培训主要为：①园内教研活动 ②园内观摩 ③业务学习 ④专业技能培训 ⑤阅读报刊 ⑥网络培训

（12）您经常参加的园外培训活动是：①专业技能培训 ②观摩活动 ③理论培训 ④区、片教研活动 ⑤网络培训

（13）外出参加学习、培训之后，您会：①及时在园内传达并实践推广 ②获取信息后自我消化 ③不能应用到实践中

（14）您对"项目管理"这一工作怎样理解：①没接触过 ②知道一点儿 ③非常熟悉

二、开放题（请将您的真实想法写在问题的后面）
（1）您对自己的专业化成长有什么需求？
（2）您希望得到什么样的培训？
（3）您希望负责项目管理中的哪些项目？
（4）参与项目管理之后，您希望自己最终达成的目标是什么？
（5）您对项目管理还有哪些建议？

（二）"互联网+菜单式"培训，促进青年教师自学与成长

通过前期对青年教师专业素养及发展需求现状的调查分析，针对青年教师缺乏教育实践经验、专业技能欠熟练等现状，结合教师不同的专业能力和成长方式，采用民主、开放式的"菜单式培训模式"，把青年教师的专业成长需求进行归类汇总，由各类优秀的特色教师发挥自身教育智慧，整理经验性的培训资料，形成9大分支、14个子项的"菜单式"培训内容，并发布在幼儿园网站上，让青年教

师自主选择、自主学习。这种培训模式让青年教师享受到不同层次的、有针对性的培训内容，为教师提供了更广阔的自主发展空间，使教师迸发出前所未有的活力与激情。

（三）青年教师项目管理，搭建参与和成功的平台

一所高品质示范性幼儿园在拥有能广泛发挥辐射作用的师资团队的同时，自然也承担着培养人才、储备人才的重要任务。因此，我园启动了"青年教师项目管理"培养行动策略，以"精神上有追求，能力上有提升，业绩上有突破"为培养目标，将幼儿园的各项管理工作细致划分为14个子项。根据青年教师自报的项目管理意向和幼儿园青年教师培养的规划目标，将青年教师两两组合，根据教师研究专长和能力特点分配到幼儿园各个项目管理中。项目管理让我园的青年教师无形中了解了幼儿园的历史文化，明确了幼儿园的一日常规，懂得了如何开展家长工作和幼儿园的对外联系工作等。他们不再局限地用班级教师狭窄的视角去分析问题，而是从管理者的角度去观察、去思考，满足了他们想参与和获得成功的需求，也让幼儿园从中发现人才、培养人才，为后续发展储备力量。

青年教师项目管理项目划分一览表

序号	管理项目	序号	管理项目
1	科研工作	8	区域游戏
2	见习园长	9	户外游戏
3	园所文化	10	美术（玩教具）
4	对外交流	11	舞蹈
5	互助网（联合体）	12	合唱、打击乐
6	信息化工作	13	报纸、杂志管理
7	专项室管理	14	信息报道

（四）见习园长体验日，发现青年教师管理人才

实施"青年教师见习园长管理体验日"培养策略，让青年教师站在园长的角度跟踪检查幼儿园的一日工作。由项目管理中见习园长项目负责人定期编排见习轮次，青年教师按顺序进行见习体验，观察、记录检查的情况，并规定每位见习园长次日早上8点前要将记录表按时传至指定的邮箱。园长定期检查青年教师见习记录情况，并从中发现一部分具有管理潜能、工作踏实、认真细致的年轻教师，因材施培。

×月×日青年教师××见习园长项目计划表

项目		时间	工作流程	小结			
				择优	存在问题	解决情况	改进建议
幼儿园晨间巡视							
晨间接待							
幼儿早餐							
教学常规	分组教学						
	专项功能室活动						
	户外活动						
	区域活动						
	行为习惯培养						
	幼儿安全情况						
幼儿午餐							
幼儿午睡							
教师参会或教研活动							
幼儿起床							
间食							
教学常规							
幼儿晚餐							
离园准备							
离园组织							
幼儿离园后的安全卫生检查情况							
一日见习园长活动中,你有哪些新的发现?							
对幼儿园有哪些发展建议?							
个人感受是什么?							

【成长心语】

一所幼儿园有着怎样的未来,取决于教师队伍的职业价值观,尤其是青年教师的职业态度与专业能力。对于教育,我们始终倡导"因材施教",而对于青年教师的培养,园长一定要坚持"因材施培"的管理思想。真正的人才观应该是:培养人才,要扬长补短;使用人才,要扬长避短;评价人才,要扬长容短。实践表明,越是鼓励、越是赞赏、越是自主、越是适度宽容、越是提供机会,不但不会使他们的缺点放大,反而使青年教师加强了自我反省的意识,会使他们对自己的人格品德及业务素质等方面的自我完善的愿望更强烈,他们往往会自加压力,把外部管理要求内化为自我发展的客观需求。

因此,园长要充分、科学地学习和理解《园长标准》,做好教师专业成长的引领者,对于青年教师的培养,建立动力激励机制,鼓励教师专业自觉,做到"人当其用,用当其时"。要善于捕捉青年教师工作中的"闪光点",搭台子、铺路子、因材施培,肯定青年教师的热情与创造力,要积极引导青年教师立足岗位成才,在平凡中求创新,在平凡中创佳绩,并培养他们具有战胜暂时的失败与挫折的信心和意志,鼓励青年教师成为一个有独立人格、能独立思考的人,激发其专业自觉,在教师团队中发光发热,无私奉献,创造美妙风景,成为有价值、被欣赏的一道美丽风景。

(大连市实验幼儿园 潘丽新)

掌握教师专业发展规律　提高保育教育质量

【案例描述】

现象一: 某个周四的中午,学园保教主任按照惯例组织全体教师在会议室进行教研学习。我在走班的时候经过会议室,却只听见主讲教师一个人的声音,并没有其他的回应。我走了进去,发现这次教研学习的效果并不是很好:有些教师趴在桌子上,转动着手中的笔;有些教师虽然在看着投影,但却没有思考,眼神泛着空洞;只有极少教师在认真地记着笔记,时不时抬起头与主讲者进行眼神交流。我细细回想了一下,这学期以来,教师在教研学习、业务学习中的表现好像都不太积极。是她们对教研内容不感兴趣吗?教师真正需要的是什么呢?

现象二: 某天,我与一位刚入职的新老师进行日常谈话。当我问起她如何理解学园教师的工作职责时,她说:"我认为作为一名幼儿老师,就是教孩子学学数学、认认生字,让孩子们提前学习一些小学知识就足够了。上学的时候,我也受过音乐、钢琴、绘画、舞蹈等方面的训练,肯定能教好孩子。"她的回答激起了我想继续了解她的好奇心,于是我追问道:"那你如何看待保育工作呢?"她说:"我大学刚毕业,还没有当过妈妈,哪里会知道如何去照顾孩子的吃喝拉撒呢!再说,那是保育教师的工作啊!"

现象三: 在2017年的省级"一日活动"评优中,潘老师的参赛作品《如何让晨间活动有声有色》被评为省级一等奖。作为一名有着六年教龄的骨干教师,她为这次"评优"付出了很多。我每次值班,都会看见她在办公室里加班加点地整理材料;在带班之余,她利用一切空闲时间向领导请求指导。大到每一个环节的设定,小到每一个标点符号的运用,她都细细斟酌,不放过任何一个细节。获奖后，我对她表示祝贺，并对她积极肯干的精神表示赞扬。面对嘉奖，潘老师只是淡淡地说："为了这次'评优'，我做了很多准备，称得上是全力以赴，虽然辛苦，但是确实学到了很多东西。人就是这样嘛，通过一个活动要有一个促进或提高。"

【思考与行动】

根据上述三个现象，我对园内教师的发展现状进行了仔细的分析，结合每一名教师的教龄、工作经验、职称等因素，将教师的发展分为新教师、教学能手、骨干教师、学科带头人四个阶段。新教师指的是工作不满一年、缺乏实践经验的教师，还无法很好地控制保育教育中出现的各类事件；教学能手指的是工作一至三年的教师，具有一定的教学经验，能够分清日常教学重点和难点，同时能够明确教学目标、内容和计划；骨干教师指的是工作三到五年的教师，对日常教学情景有着精准的预测能力；学科带头人是指工作五年以上的教师，在教育教学中取得一系列成果，并将教学行为当作一种模式，能够采取合适的方法处理不同的教学情境。每一名教师所处的发展期是不同的，只有把握好教师的专业发展规律，明白处于每一阶段的教师真正缺少什么、需要什么，才能更好地促进保育教育工作的开展。

一、分析与思考

（一）新教师

我与园内所有新教师进行了谈话，发现了以下问题：

首先，刚到学园的新教师对于"办园理念"没有清晰的认识，对于"工作职责"没有明确的定位，对于教育的实质理解肤浅。他们认为学园的保育教育工作只是平常带孩子玩耍，学学小学必备知识，照顾孩子的饮食起居，不出安全事故就可以了，不需要懂得太多，依靠自己在学校受过的训练就足以带好班级，引领好孩子。新教师对实际工作中教师职业的独特性与价值没有进一步熟悉与理解。

其次，我园多数新教师都是刚刚从大学以及师范专科院校毕业，虽然掌握扎实的理论知识，但是缺少对通识性知识以及幼儿发展规律的了解，对学前教育的政策法规、发展趋势掌握不到位，缺乏科学的保育教育能力。

最后，我园新教师在面对琐碎的"一日生活"时通常会感到茫然，出现突发事件时往往束手无措，不能冷静解决，不能把握良好的教育契机；在教学活动以及游戏时，把握不住目标，材料不丰富；在与家长沟通方面表现得胆小、不自信，缺乏沟通技能和技巧。

（二）教学能手

经过一到三年的沉淀积累，处于教学能手阶段的老师已经能充分理解学园的教育体系，明确自身的工作职责。在日常教育教学中，会清晰地区分重难点，创造出自己独特的教育教学方法。在家长工作中，能科学合理地为家长分析孩子的发展现状，基本掌握与家长沟通的方法。但是，教学能手在日常教学中缺乏自身特色，在教学活动上千篇一律，往往采用传统的"一言堂"形式为孩子灌输知识，在课堂上存在很强的高控性；在游戏中，虽然为幼儿提供了丰富的操作材料，却没有做到放手让孩子自主探索；遇到问题时，没有让孩子自己解决，总是试图去改变孩子；在师德方面，教学能手更多地把注意力放在了教育教学中，对安全方面有一定的忽视，也缺乏对孩子日常生活、心理等细节的照顾；家长工作方面，沟通不是很紧密，往往只处于通知相关信息的状态，没有深层次的接触。教学能手虽然具备了学习能力、引导能力，但是缺乏创新能力；虽然会教幼儿，会设计教学方式、方法，但是没有在品德教育、养成教育、知识教育方面对孩子进行因材施教。

（三）骨干教师

通过与学园骨干教师进行谈话、观察，我发现各位骨干教师不仅具有强烈的专业成长动机，在遇到突发事件时还能够主动反思，积极寻找教学中存在的问题，在反复实践中积累经验。这使得她们不论遇到什么棘手的问题，都坚信它是成长过程的一部分，从而实现自我突破，在工作中产生内在动力，在专业上获得发展。除此之外，骨干教师还有明确的事业规划，能为自己制定清晰的发展目标，并朝该方向不断努力。在信息与知识呈现爆炸式膨胀的时代，骨干教师还能在辛苦工作之余，积极参加幼儿园内外的培训活动，主动向同事学习，勤于钻研，具有很强的学习能力。

骨干教师把向老教师学习作为专业发展的起点，认为公开课对自身专业成长非常重要。但是对于难度较大的科研工作，往往显得力不从心，需要专家的支持和引领。骨干教师一般都是工作五年以上的教师，容易出现"职业倦怠""自我效能感降低"现象，并伴随着出现人际敏感、忧虑、焦虑、敌对等心理健康问题，导致她们容易与搭班教师、中层干部、家长之间产生冲突，从而影响自身工作态度和动力。

（四）学科带头人

对于学科带头人来讲，她们对知识点的提取要多于前三种教师。前三种教师注重的是激发孩子的兴趣，在教学设计与程序上更考虑有趣的问题，而不能全面发展孩子的核心素养。在教学设计上，学科带头人注重运用较为理性的观念来做支撑，同时又与自身丰富的教学经验相结合，制作出优质有效的教学设计。她们在学园的实际教育教学活动中承担了重要的工作任务，对教育研究存在兴趣，具有较为突出的教育能力，取得过一定的成果，并对一般教师起着示范与带动作用。学科带头人虽能支撑学园的学段、领域教学工作，但是在根据国家政策方针进行教科研工作以及教育评价工作方面还存在欠缺。

二、行动与策略

（一）开展园本培训，搭建展示平台，以"老带新"促进新教师提升职业素养与专业精神

首先，我与中层领导干部定期为教师开展园本培训，以此来为新教师扩展专业视野，丰富专业知识，解决实际工作中的问题，从而提高保育教育质量。培训的主讲人可以是园长、中层干部、骨干教师、学科带头人，也可以是学前教育方面以及其他行业的专家。内容结合了学园实际教学工作需要，以"研讨互动"的形式为新教师呈现出最直观的培训活动。

其次，为新教师搭建展示平台，调动新教师的积极性。新教师刚刚参加工作，对工作充满热情与期待。为了满足新教师的成长需要，挖掘他们的潜能，我园定期开展演讲比赛、才艺展示、教学观摩、微型课题等丰富多彩的活动，点燃新教师的工作热情，助力新教师成长。

最后，学园每年举行"让大树变森林——'梯队式'拜师活动"，让新教师与经验丰富的老教师结成"师徒"，以"老带新"的形式促进新教师专业发展。"徒弟"要做到时刻请教，"师傅"要做到时刻带教。不仅如此，"徒弟"还要主动观摩"师傅"的教学活动，虚心学习"师傅"的教学经验，仔细琢磨"师傅"的优秀教案，以此来提高自身的教学技能。

（二）开展"落地式"教研汇报活动，用"实战备课"共享资源，推进教学能手专业发展

我与中层干部经过研讨，决定组织教师开展"落地式"教研活动，通过共享优质教学成果，推进处在教学能手阶段的教师们创新发展。

首先，号召各位教师根据自身教学领域，以年组为单位，形成学习共同体。结合本年组幼儿身心发展规律，打破传统，自主创新，将"如何让教学成效达到最大化"作为目标，于每周二中午组织各年组教师开展"实战备课"，对教学形式、教学内容以及近阶段在教育教学中出现的问题进行研讨。随后开展"落地式"教研汇报活动，面向全园进行教学成果展示，让教师间互相学习，弥补不足。在活动中，教师既是参与者又是获益者，教师间的交流使个人的经验和思考成为一种共享的资源。

其次，我带领保教主任组织教师开展主题为"如何了解孩子背后的意图"研讨会，指导教师如何在一日生活中观察孩子、解读孩子的每一个行为。让教师明白"师幼平等"的含义，了解如何尊重孩子。当出现问题时，教师应该相信孩子有自我解决的能力，降低自己的高控行为，放手让孩子尝试，真正做一个站在孩子身后的观察者和支持者。

最后，我以"新时期教师职业道德的要求"为主题，为教师进行深化培训，建构教师的自我道德意识。抓一日生活中的典型事例，不断激发教学能手真心爱

教育、爱孩子的情感，帮助教学能手寻求职业幸福感。

（三）提供不断学习与展示的机会，用人文关怀持续激发骨干教师成长动机

首先，带领骨干教师积极参加职后继续教育，促使教师的专业理论进一步系统化，不断提升学历水平和专业水平，并通过"请进来"和"走出去"两种途径，为教师提供多种学习机会。所谓"请进来"，是指聘请各界专家为学园教师讲授专业知识，传递先进教育理念，根据学园自身发展情况提供科研方面的指导；所谓"走出去"，则是为骨干教师提供外出培训的机会，组织教师参加国家级、省级、市级、区级培训，让教师在培训过程中不断吸纳新理念，丰富自己的专业理论，提高自己的专业水平。

其次，定期组织骨干教师面向全园开展示范课、观摩课、公开课活动，号召全园教师观摩、评课，并督促评课教师填写"评课单"，写听课记录。评课教师在观摩他人的教育教学活动中，可以借鉴他人经验弥补自身的不足；被评教师能在别人给予的赞扬中增强教学自信，在建议中改进自身存在的问题。

最后，为骨干教师创设比较宽松的心理氛围，减轻其心理压力。定期为教师开展有关心理减负、提高职业幸福感的讲座；以"快乐工作"为主线对教师进行有针对性的心理疏导；通过个别交谈、小组交流、集体活动等形式，引导教师体会幼教工作的乐趣，保证学园教师的身心健康。

（四）增强学科带头人的科研意识，用多元激励制度促进科研活动开展

一所幼儿园在科研领域中的成就，与学科带头人的教育科研意识息息相关。所以，当下急需做的，就是唤醒学科带头人的科研动力。这不仅要激发他们的教科研潜力，还需要他们主动参与到教科研活动中去，带动全园形成良好的教科研氛围。

为此，我们根据每一个学科带头人的个体特征，提供个性化科研引导，尽力满足其专业发展需求。那些年龄较大、职称较高的学科带头人，多处于职业生涯的"胜任"和"成熟"阶段，支持和帮助他们树立长远发展目标和职业发展愿景，有效避免职业倦怠现象，走出职业发展"高原"期，引导他们既要做好保教工作，也要增强对学前教科研的热情，持续走专家型、研究型幼儿教师发展道路。此外，应帮助他们增强身份认同感和工作归属感，坚决遏制"安于现状""听天由命"等不良心理的滋生和蔓延。通过多元化激励制度鼓励学科带头人参与教科研活动。如：构建科研管理与奖励制度，主动与高校合作开展"园本"科研课题研究；参与国家级、省级、市级科研课题；营造良好的园内教科研氛围，创造并完善教科研条件，加强教科研经费资助，为教师提供更多的教科研机会。

◎【成长心语】

幼儿教师的成长关系着未来社会整体发展的水平，但是教师的专业化成长不仅需要教师自我的内驱力，更离不开社会与幼儿园的大力支持。规

律是事物之间的内在必然联系，决定着事物发展的必然趋势。这个世界任何物质都受规律约束，彼此对立又互相联系统一。所以，只有把握每一阶段教师发展的规律，才能准确地为其提供支持，让每一阶段的教师突破自我，在学前教育事业上得到飞速发展。

（东北育才幼儿学园 全玲）

"翻牌课"中的教师自我成长

【案例描述】

近年来，我园对外各级各类公开观摩教育活动质量不断提升，但在日常推门课中，我们却意识到常态教学水平明显低于公开课质量。通过调研，梳理出主要问题如下：

现象一：常态教学教具多、学具少

在集体备课中，我园十分重视生活与游戏的价值，并引领教师努力尊重幼儿的学习方式与特点，要求教师按照备课设计分工制作活动课件及一些操作材料。但在实际开展教学时，教师常会出现忘记存留或临时共享教育资源而冲突的现象，以及"偷工减料"等随意减少环节或操作材料等，直接导致教学质量的下降。

现象二：常态教学讲解多、操作少

幼儿的探究性活动需要大量的材料和时间，由于准备教具、学具需要花费较多的精力与时间，所以教师工作量和负担增大。这种压力下，在开展常态教学中便逐渐出现了"随机取消幼儿自主探究或操作的环节，使教学流程简洁化"的现象，教师也随之复原为活动主体。操作材料与自主学习环节的"缩水"，直接造成教师在活动中以知识讲解和说教为主。

现象三：常态教学重结果、轻过程

常态教学中常常会伴有幼儿学习、活动留下的"痕迹"，如幼儿绘画、手工作品、操作记录单等。而幼儿这些表征性作品却常常折射出成人的思维与模式，究其因，教师为了追求作品或记录的美观、质量或效果，常常会出现示范、包办代替等行为，而这种灌输式、强加式，重结果、轻过程的常态教学对幼儿的学习和发展的评价无疑是不客观也不科学的。

现象四：常态教学重知识、轻品质

《指南》中强调幼儿在活动中表现出的积极态度和良好的行为习惯是终身学习与发展所必需的宝贵品质。常态教学中，教师的头脑中是存在新理念的，但转化为行动时却停滞不前，即重视知识和技能的掌握，一定程度上限制幼儿的好奇心和兴趣、忽视幼儿的学习品质是普遍存在的，而这些与《指南》的核心精神是背道而驰的。

◎【思考与行动】

常态教学是幼儿园集体教学的主要形态，反映幼儿园教育教学的真实水平。针对常态教学存在的突出问题，我们在反思的同时也组织部分教师进行了讨论和交流，归结其原因，主要有以下几个方面：

一是教师常规事务性工作繁杂，时间和精力有限。而常态教学内容多，工作量大，做精品常态，很快引起教学倦怠。

二是园长及主管领导对常态教学重视及督查力度不够，导致教师存在侥幸心理，为了降低工作强度，将课程随机简化。

三是管理者常常将公开观摩类教学活动与评优评先、评聘等工作挂钩，过度强调了对外示范教学的重要性。

三个年组，各七个平行班，共二十一个教学班，加之常态教学时间段的相对固定，让我们意识到：单靠园长、主管领导等个体进行督导和提升常态教学质量明显是不够的，也是缓慢的。充分调动和利用广大教师资源与力量，探索一种合作互助、内驱式发展的园本教研模式，促进教学质量快速发展才是最为有效的途径，也是快速提升教学质量的唯一途径。因此，我们尝试从关注常态教学、聚焦日常教育问题着手，将改善幼儿园常态教学质量和促进教师专业成长为目的的研究活动作为近年来园本教研的重要内容，并围绕"如何提升常态教学质量，开展有效园本教研活动"展开了实践性的研究与探索。现以诸多园本教研模式中"翻牌研课"为例，介绍该教研活动实施与操作的具体方法。

一、前期准备及要求

翻牌课，我园也称随机抽签听评课，是园长、教师每天"问诊"常态教学、开展小组式教研的载体和途径。具体操作和要求如下：

1. 增加幼儿自主游戏时间，减少常态教学课时及内容；适当减少教师文案、事务性工作，适当为教师减负。

2. 以年组为单位制作本年组教师名签、听课签到表、公示牌等。

3. 在园长的指导下，年级主任提前一周组织年组教师集体备课、说课，琢磨下周常态教学内容，实现同伴互助和专业引领。

4. 各年级主任组织本年组早班教师每天早上来园后轮流抽签，确定当日被翻牌授课的教师，并在常态教学开展前进行公示和通告。

5. 晚班教师当日自主选择并参加小、中、大班翻牌课教师的听评活动，并在授课教师所在班级签到。

6. 每周每名教师至少听评1节以上（新教师2节以上）翻牌课，并做好听评课记录，作为小组式教研活动的素材依据。

7. 将教师常态教学质量及园本教研活动质量作为评优评先的依据之一。

附件1：
_____学期_____班翻牌课听评签到表

时间	授课教师姓名1	授课教师姓名2	听课教师签名
……			

附件2：
翻牌听评课记录表

听课时间		授课教师	
活动领域		活动内容	
活动目标			
活动过程			
反思交流			

二、具体内容及要点

（一）关注矛盾，发现问题

听评课对象的随机性与不确定性，使得教师对常态教学的重视程度明显提升；同时，备课、准备活动材料等前期工作也更加高效和主动。事实证明，教师更加重视同伴间的评价。在翻牌课展示过程中，为了确保活动质量，授课教师需要具有敏锐地发现问题、坦然地面对问题、灵活地解决问题的能力，并尝试将活动中的问题作为可供研究和开发的资源。听评课教师则重点关注授课教师在活动中所面临的新理念向新行为转化的艰难与矛盾，捕捉教师观念与行为上普遍存在的共性问题，抓住需要解决的焦点问题。

（二）深层研讨，聚焦问题

翻牌课结束后，当日年级主任会带领听课教师以小组研讨"微课"形式鼓励听评课教师进行交流和研讨，以发现问题，聚焦问题，并进行共同的思考和讨论。在这种开放性的研讨活动中，教师以困惑的倾诉、思维的碰撞为活动宗旨，进而实现从静态的观摩到思维的碰撞，从理念的更新到行为的认同，从经验的共享到理论的提升。

（三）反思提炼，解决问题

经过小组式的诊断与研讨，年级主任汇总关键经验，并及时向授课教师进行反馈和指导。反思和提炼，不仅是通过透视教育行为或现象分析背后的问题、探寻适切的教育契机，更重要的是要帮助教师对不同人所表现出的教育观及思维、行为模式进行批判性反思，从根本上解决教师在自主发展时存在的思想认识上的问题及行动转化上的问题。此外，为了给教师提供宽松的研讨氛围和充分的话语权，园长应适当退出小组式教研现场，让教师通过自由表达、无压力沟通来对自身及他人的各种教育理论进行质疑和批判，最终形成一定的自觉意识，逐渐构建个人理论，进而走上主动研究与发展之路。

◎【成长心语】

　　常态课是幼儿园日常教育教学活动最主要的组成部分，在数量上远远高于公开示范课。它的开展形式与内容更贴近教师现有水平、幼儿的生活及现实的物质基础，因此将常态教学作为园本教研的对象，可以发现幼儿园教育教学及教师专业发展中亟须解决的真实问题，切实地提高教育教学质量。

　　教师是幼儿园教育教学的实施者和践行者。园长应关注教学，善于观察和发现本质问题，并充分相信和巧妙地借助教师的资源与力量，积极为教师搭建自主发展、互助共进的专业平台，在引领教师树立"相信儿童是有能力、有自信的学习者"信念的同时，也把这种充满魔力的意识传递给自己的教师们。

（东北育才幼儿园　陈辉）

助力非专业教师之专业成长

◎【案例描述】

　　又到了一年一度评职称的时刻，幼儿园够资格的老师积极参评，兴奋地准备着各项资料。尽管准备参评资料很烦琐，但年轻老师们热情高涨，因为在幼儿园已经形成教师资格评聘的良好氛围，这既是对年轻教师的认可，也是他们专业成长的助推剂，更是幼儿园薪酬落实的一项内容。但这对某些老师来说却是伤心之时，浑南分园的苗苗老师，她所学专业是小学教育，资格证是小学教师资格。每年此时，她都会偷偷地流泪，感觉自己比别人少了什么。苗苗老师个人能力很强，在幼儿园工作十年了，从助教老师到主班老师，再到骨干教师，今年还被选为大教研组组长，沟通协调能力很强，每次都能出色地完成各项工作，家长满意度也很高。很多家长表示，苗苗老师组织的活动氛围好，孩子都很喜欢苗苗老师的教学风格。这样优秀的人才，在幼儿园就就业业工作了十年，却因专业不对口，省市区评优活动都无法参加，失去了提升自己的机会。当幼儿园评星定级或遇政府部门检查时，因证件的不对口，优秀的苗苗老师只能报备为保育员，在专业受限的情况下，个人能力虽高，却难以发挥才能，对这样一位优秀的老教师也有失公平。

◎【思考与行动】

一、分析与思考

　　当前学前教育受到国家和社会的高度关注，面对幼儿园数量的急剧增加，幼儿教师的需求也在不断增长，在这些教师群体中，会有一些非学前教育专业毕业生，持有其他类型的教师资格证和上岗证，如小学教师资格证、中学教师资格证。还有的专业不对口，如音乐教育、美术教育、舞蹈教育等专业。这些教师多数是

80、90后，他们刚走出校门踏上工作岗位，但这个群体通常很有才华，很多人有一技之长，他们思想活跃，敢于创新，敢于冒险，虽然专业不对口，但凭着对幼儿教育的热爱，毅然选择来到幼儿园，愿意从头学起，在实践中成长。他们在工作初期表现出强烈的探索欲望和高涨的工作热情，经常会打破常规，寻求自己的教育理念及方法。

非学前专业教师面对学前教育专业毕业的教师，一开始会显得有些不自信，他们缺乏一线的教育教学工作经验和保教能力的技巧、方法，很多人甚至对教育行业没有任何了解，这都需要一定的时间去改变、去认识和形成教师专有的职业认同观。面对能力强的同行他们表现得不自信，抗挫折能力较差，专业知识的匮乏也让他们觉得压力很大。但也不乏一些善于挑战、热爱幼教事业的非学前教育专业的教师或其他专业人才，他们都来自"不同资质"，明显的特点是专业能力强，特长突出。如：音乐专业教师在艺术领域方面有较深的造诣，具有较高的演唱和弹奏能力；有小学教师资格的教师，有很强的逻辑思维能力和分析能力，他们善于分析问题、解决问题，虽然专业不对口，但善于剖析幼儿心理特征、了解幼儿情绪情感，他们兢兢业业、无私奉献，却总是因为专业不对口屡屡受限。

为有效地吸引优秀人才，给热爱幼教事业的不同专业人才更多的机会，鼓励他们走专业化道路，干好幼儿教育工作，让他们更有归属感和认同感，应考虑这些人才的职后学习和职后培训。《规程》第七章第三十九条规定："幼儿园教职工应当贯彻国家教育方针，具有良好品德，热爱教育事业，尊重和爱护幼儿，具有专业知识和技能以及相应的文化和专业素养，为人师表，忠于职责，身心健康。"而对于非学前专业的、热爱幼教事业的教师应考虑创造机会让其进行专业学历学习、学历提升学习、专业培训学习，进一步加强培养赋有幼教心、踏实、有责任心的教师来胜任幼教工作，为幼儿园的持续发展提供保障。

二、行动与策略

《园长标准》引领教师成长篇中指出，"重视园长在教师专业发展过程中的引领作用，积极创设条件，激励教师的专业发展"，"了解教师专业发展的需求，鼓励支持教师积极参加在职能力提升培训，为教师创造并提供专业发展的条件和环境"。可见，培养优秀的幼儿园教师，不断提升教师的能力与水平是园长工作的一部分。

（一）鼓励教师参加形式各样的专业培训

提升幼儿园的教育质量，建设一支具有良好思想品德和业务素质的教师队伍，使幼儿园教师专业化发展程度再上新台阶是每位园长梦寐以求的。因此，我们将快速提升教师专业技能，打造适合本园需求的教师作为幼儿园教师队伍建设的出发点与着眼点，积极开展满足园本需要、教师需求的专业培训。

1. 建立教师培训机制，满足培训人员的学习要求

俗话说得好，没有规矩不成方圆。建立教师培训机制，园所可根据教师的成长，鼓励教师参加各级各类教师业务培训，依据园所的统筹安排，指定相关教师参加培训。教师要服从园内安排，在培训期间认真学习、不缺席、不迟到，并做好培训记录。培训结束后及时将培训有关的活动信息分享给园所教师，即培训的教师归来后，一定让他们公开交流学习体会，从而达到少数人培训，多数人获益的效果。现如今绝大多数教师都是聘用制，流动性强，应建立教师培训机制，规范培训人员的学习要求，真正做到"我出资送你学习，你出力助幼儿园发展"。

附件1：

诺贝尔幼教集团培训制度

为了不断提高教师的整体素质，加强教师队伍的整体水平，特制定本制度：

一、教师要积极进行自我培训、自我提高，形成在某一领域的突出特长。鼓励教师利用业余时间进修，对业余进修或自修（本专业）成绩合格并获得相关证书者，幼儿园可报销进修学习的全部费用。参训教师须签订外出培训承诺书。

二、提倡互帮、互学，集团名师要建立名师工作室，带徒弟，传授经验。

三、集团定期举办各种与专业有关的培训班，如教法培训、技能技巧培训、政策法规培训等，并进行考核评比。

四、坚持"走出去、请进来"的方针，每学期邀请专家或同行来园讲学、交流。每学期组织一次全员性的参观，并根据不同需要，选派教师到各地学习。学习结束提交录音、影像资料等学习内容，每人要写2000~3000字的学习心得，并对全园教师进行二次培训或做1~2节观摩课展示。

五、坚持业务学习制度，有计划地安排业务学习内容，使全体教师不断获取新的信息，了解幼教发展动态。

六、每年举行一次"教坛新秀""骨干教师"评比。有计划地组织和选派教师参加各种形式的园内学习、外出学习、参观以及培训。

诺贝尔幼教集团

附件2：

承诺书

尊敬的幼儿园：

　　本人_____，_____年___月___日至___月___日参加_____组织的关于_____的培训。培训费用、往返路费、住宿费合计_____元。此次培训的费用幼儿园全额报销。

　　本人郑重承诺：此次培训为本人自愿参加，培训后必须为诺贝尔幼教集团服务五年，如中途离职需全额退还此次培训的所有费用。

　　特此承诺！

承诺人：
身份证号：
诺贝尔幼儿园
年　月　日

2. 做好培训内容的设定与选择

对于年轻教师和非学前专业的教师，需要选择适合的培训内容，才能让培训发挥更大的价值，切实提升教师的专业能力与素养。培训内容大致可分为专业知识培训、专业能力培训、教育教学培训、教科研培训、心理健康培训以及师德师能培训等。

对于专业不对口的教师，专业知识的培训是最为基础的，如专业技能方面的授课方式、弹唱画跳以及职业技能等。班级管理、家长工作以及教研方面都需要专业知识的支撑。专业能力培训则需要教师拥有观察和了解幼儿的能力、组织管理班级的能力、机敏的临场应变能力、专业的教科研组织能力等。心理健康培训也是教师必不可少的培训内容之一。现在大部分家庭都是独生子女，幼儿教师承载了家庭对幼儿的希望，同时教育改革也不断对幼儿教师职业提出新的要求和希望，导致幼儿教师心理压力越来越大。心理健康培训可让幼儿教师了解幼教行业的态势，从而对幼儿教师心理问题进行全面系统的了解，幼儿教师也可进行自我释放与调节。师德师能培训是幼儿教师最重要的培训内容，当今社会严重歧视、虐待、体罚和变相体罚等损害幼儿身心健康的行为时有发生，教师是人类灵魂的工程师，每时每刻、一言一行都在感染和影响着孩子。

3. 适时调整培训模式

教师培训模式大致可分为专人专业培训、团体培训、个人培训、园本培训、其他分组培训等。专人专业培训模式可依据教师在园所的职位和教师的个人差异，利用谈话、远程或者观摩、参观的形式培养专业人才，专人专用，提高园所用人的方向；团体培训模式是利用集中时间，对幼教行业新态势、新观念，针对园所教师的共性问题，进行分析总结，制定切实可行的方案，使每位教师都能学有所得；个人培训模式是根据自身能力需要，自我安排切实的培训计划，参加学前教育公益性、普惠性的讲座，提升自我修养；园本培训模式则根据园所的实际情况，针对欠缺或需要改进的地方组织教师对外学习，学习姊妹园的优点与长处，从而优化团队内部管理；其他分组培训方式可依据职位的不同、教学内容的差异、幼儿年龄段的区分，进行分组分批学习。

（1）分层管理

我园为促进教师专业化成长发展，实行了"分层管理"的策略。即按照教师的入职年限及学历进行划分管理，分成了"名师组""首席组""星级教师组"三个组别，通过集体备课、集体磨课、共同研讨的方式，建立了同伴之间的互动交流平台。不以专业论短长，消除了非专业教师的恐惧感，他们可以在与同年限教师的学习和借鉴中不断成长。

（2）按需培训

考虑到非专业教师存在的种种困惑，通过"按需培训"策略，以发放调查问卷的形式了解每一个非专业教师的真实需求，针对他们的不同需求，安排对应的指导和帮助，让他们有针对性地进行学习和提升，真正做到"对症下药"。如：为了提高非专业教师的艺术感悟能力和钢琴弹奏能力，为他们定期组织歌曲弹奏专题培训，有效提高非专业教师钢琴伴奏能力，消除他们的惧怕心理，激发他们的学习兴趣，促进教师艺术素养的提升。

（3）"老带新"师徒结对

师徒结对是我园针对非专业教师采取的传统培训模式，幼儿园可以充分利用园内的资深教师，通过"老带新"的结对形式，使非专业教师通过对资深教师教学实践的观摩、模仿和虚心求教，一览优秀教师的风采，学习优秀教师的先进方法和经验。同时，我们还通过"同课异构"模式，让老教师上新教师上过的课，真正实现"老带新"的专业引领作用。

（4）园际交流

我们通过集体教研、活动观摩、评优等多种形式给教师提供到园外学习和交流的机会，为教师专业成长搭建更广阔的交流平台。这种做法不仅有效扩大了教师的眼界，让他们及时掌握教育教学动态和专业信息，从而真正促进他们的专业化成长。

（二）鼓励教师在职进修

对于热爱幼教事业、在幼教岗位上兢兢业业工作的年轻教师，特别是非学前专业的优秀教师，根据本人意愿，积极鼓励他们进行在职进修、学历提升，为幼儿园的快速发展积聚力量。

附件3：

诺贝尔幼教集团在职学习管理制度

为提高教师的整体素质和岗位技能技巧，以适应幼教集团的快速发展，结合集团实际情况，特制定本管理制度。

一、实施部门及实施流程

1. 集团人事部负责安排培训管理工作。

2. 基本实施流程：凡需参加培训学习的教师，由本人填写《培训申请表》，经所在部门审核同意并签署意见后经人事部审批、备案，总园长批准。学习人员需与幼儿园签订外出学习承诺书。培训费、学费由申请人本人先行垫付，取得合格证或毕业证后持证件原件和缴费收据到财务部申请报销。

二、适用对象

1. 集团在职教师，分公派与自费两大类。

2. 公派为集团推荐，学费全额报销。

3. 自费为自出学费，集团给予一定的学习时间或报销部分学费。

三、报考条件

1. 公派参加各种学习的对象，由集团根据各种专业人才培养计划，结合教师实际情况统一安排。

2. 公派人员所学专业与幼儿园需求岗位设置相一致。

3. 教师报考，除需履行招生学校的有关报考条件外，要求报考的教师（含自费）必须思想进步、事业心强，对先进工作者和有突出成绩的教师优先推荐报考。凡工作马虎、事业心差、不能积极主动履行岗位职责、出勤率低或因违法乱纪受过处分者，一律不允许报考。

四、管理办法

1. 入学复习、考试费用、书籍费及考察调研费一律自理。

2. 参加学习人员应正确处理工作与学习之间的关系，以不影响工作为原则；遇有工学矛盾时，必须服从工作安排。

3. 学习时间根据幼儿园工作情况，由个人向分园领导提出申请，批复后安排。（参加考试时，凭准考证由主管领导准假）

4. 参加学习的教师每学期结束后需汇报个人本学期的思想、工作和学习情况，经分园园长批准同意后，方可继续参加学习；短期培训人员在培训结束1周内应提交培训资料、音频或视频资料、培训心得和报告。

5. 公派学习人员经考核获得毕业证书、结业证书或专业证书的，学习费用由集团报销，否则由个人承担。

6. 因个人原因公派学习中途弃学，或毕业后在诺贝尔幼教集团服务不满五年，主动要求辞职，应按服务的年限按每年20%的比例归还学习期间集团支付的费用。

7. 凡集团同意自费学习的员工，原则上不报销任何费用，只安排部分学习时间。但从鼓励学习的角度，取得相关证书认证后，发放一定数额的奖学金以资鼓励。若三年之内提出辞职，则一次性返还奖学金。

8. 所有受训人员的成绩及资历，可提供给人事部作为年度考核、晋升的参考。

五、本规定由诺贝尔幼教集团人事部负责解释

诺贝尔幼教集团

幼儿园培训制度的实行，极大地鼓舞了一批愿意为幼儿园长久发展贡献力量的年轻人，他们积极参加学历提升学习，目前已经有三人由专科学历升至本科学历，并签订了承诺书。非学前专业的教师也看到了希望，苗苗老师已经在读学前教育本科，学设计的赵博涵老师也于去年报考了学前教育本科。幼儿园这一举措给年轻教师提供了一次机会，也为幼儿园人才培养探索了新的模式。

【成长心语】

在当前学前教育发展迅速而学前师资培养资源有限的背景下,非学前专业教师到幼儿园工作在所难免。如何让非学前专业教师更快更好地成长,是每个幼儿园需要面对的现实,而非学前专业教师将是一个不断学习、不断成长的群体,非学前专业教师的成长同样影响着园所的成长与发展。帮助教师做好职业规划,关注教师的专业成长,是幼儿园工作的出发点和落脚点。帮助非学前专业教师形成正确的职业认同感,让专业不对口的教师在幼儿园的培训机制中看到希望并能积极变成专业教师,是我们应该考虑并积极推动的。同时,幼儿园真正形成一套科学合理的有利全体教师专业成长的机制才会使幼儿园的人才培养取得成效。新的培训和学习机制实施两年多以来,我们看到了部分年轻教师好学上进的精神,感受到了非学前专业教师的幸福感,他们干劲十足,对未来充满憧憬和希望。作为民办幼儿园,我们的人才培养模式取得了显著成果,人心更齐,凝聚力更强。

(沈阳市诺贝尔幼教集团 李艳艳)

助力新教师 专业促成长

【案例描述】

讲述一: 刚刚走上幼教工作岗位,看到孩子们天真活泼的样子,心里有说不出的喜悦。平时特别愿意带着他们唱歌、跳舞、画画、下棋,和孩子们一起玩的时候,他们会很主动地把自己的所见所闻告诉我,分享孩子们的喜怒哀乐成了我工作中一件非常重要的事情。可幼儿教师的工作绝不仅仅是陪孩子们玩这么简单,除了每天要组织各种教学活动之外,还要忙着布置班级环境、写各种计划、参加各类培训、做好家长工作。在学校里学的知识已经远远满足不了现实工作的需要,常常感觉自己要学的东西太多了。

讲述二: 幼儿园每天都要开展集中教育活动,为了给孩子们准备一节有趣的活动,我之前仔细查阅了《指南》,了解了我班上这些年龄段的孩子应该具备的能力水平和指导要点。考虑到孩子们很喜欢在活动中看到一些新奇的事物,我就准备了好多教具并制作了PPT课件。开始活动了,我按照事先计划好的流程开始组织活动,开始时还很顺利,可渐渐地孩子们对那些教具产生了兴趣,他们把好奇的目光投向教具,和身边的同伴议论纷纷。当我把准备好的材料发给孩子们时,他们只顾着翻看,不听我的介绍,一时间我很着急,不得不中断活动,草草收兵,开始抓孩子的常规。原以为自己准备得很充分,结果还是出乎意料,孩子们的表现真得让我不知道怎么办才好。

讲述三： 带新班级有几天了，孩子们常常把我当成"透明人"，他们有什么事情更喜欢和班上另一位老师说，可能是对我这个新来的老师不熟悉。我尝试着做些手工小礼物送给他们，想通过这种方式尽快和他们成为朋友。渐渐地孩子们开始和我搭讪，"老师，你叫什么名字？你会讲故事吗？我喜欢听故事。""老师，你会用七巧板拼小鸟吗？我会拼好多东西。""老师，你能帮我穿下衣服吗？我穿不好。"在和孩子们渐渐熟悉的过程中，我发现他们开始喜欢我这个新老师，并主动和我聊天，真心希望他们能把我当成他们的知心朋友和最爱的老师。

【思考与行动】

一、分析与思考

当前，学前教育受到国家和社会的高度重视。幼儿园的数量急剧增加，幼儿教师队伍不断壮大，每年都会有大量的"新鲜血液"注入幼儿教师的队伍中来。幼儿教师是一个专业性很强的职业，像所有的专业化职业一样存在着专业发展的关键期。如何有效地缩短入职适应阶段，更快地掌握幼儿园的教育教学技能，是每一个新入职幼儿教师都迫切希望解决的问题。

幼儿园新上岗的教师是幼儿园教育发展的生力军。他们有爱心、有活力，工作积极性高，而且善于接受新事物，现代化教学技能比较强，大多数新教师都非常渴望自己能够尽快成长为一名成熟的幼儿教师。案例中几位新教师的讲述让我们意识到，新教师对幼儿园尚未形成归宿感，而且缺乏实践经验，面对日常教学工作中出现的问题常常不知所措。幼师工作量大、工作烦琐，使他们难以在短时间内将教育理论和实践进行有效的融合，导致在操作的过程中常常出现理论与实际相脱节的现象，对幼儿园一日生活环节的组织和实施也缺乏系统的认识。如何抓好班级常规和安排幼儿一日活动，是新教师面临的一大难题。

每位新教师的专业起点不同，遇到的问题也会有所差异。刚入职的教师需要对新工作环境进行摸索、熟悉和适应，难免会产生陌生感与焦虑，他们更多把精力都集中在怎样与孩子交流上，想快速争取孩子们的认同，期望所有的孩子在自己面前都成为懂事听话的好孩子，一旦遇到个性突出、顽皮捣蛋的孩子便会头疼。另外，新教师在组织教学活动时，常常缺乏对幼儿良好常规习惯的培养，有时把自己的想法和意愿强加到幼儿身上，没有预计到会出现混乱的局面。刚刚从校门走出不久的新教师，自己还像一个大孩子一样，考虑问题时不够全面细致，带班过程中对幼儿的观察和了解不是很到位，所以在组织幼儿活动时往往出现各种疏漏，影响自己的工作质量。

20世纪70年代，美国著名幼教专家莉莲·凯兹对幼儿教师专业成长做了研究，提出了相应的专业发展阶段：

陌生阶段（工作第一年）： 关注自己是否能够适应工作，原本对教师生涯的憧憬与现实存在巨大差异，使得此阶段的教师永远感到准备不足，有严重的挫折感。

强化阶段（一年以后）：通常在经过一年的诚惶诚恐的生涯后，教师可以感受到自己已克服"新手"的焦虑与无助感，有能力整理自己过去一年的教学经验与心得，计划自己接下来需要从事的工作与需要学习的特别技能，对幼儿也有了更多的了解。

求新阶段（三四年后）：此阶段的教师对总是教同样的东西及一成不变的教法感到厌烦，开始去探索幼儿教育的新趋势、新观念及教学法等，同时收集、研究新教材和教具，以调整、更新和充实自己的教学内容。

成熟阶段（五年以上）：此阶段的教师已肯定自己的能力及角色，以身为幼儿教师为荣，并且有足够的见解去探索更高层次的问题。

从专家的分析中我们看到，新教师的成长是一个循序渐进的过程。这其中需要幼儿园做好每一步的培训计划，既要考虑到新教师身上出现的共性问题，同时也要针对教师各自的优势和特点进行有针对性的培养。

二、行动与策略

（一）建立新教师上岗手册

幼儿园新教师自评表

教师姓名：　　　　　　自评时间：　　　　　年　　　月　　　日

自我分析	自身长处	
	需要加强之处	
指导教师		
指导教师的建议和意见		
下一步工作计划		
可参考的资源		
我的进步		
不足及改进措施		

幼儿园新教师活动观摩研讨

领域：　　　　　　记录时间：　　　　年　　月　　日

活动过程记录	
想要咨询的问题	
研讨中值得学习的做法	
自己的收获	

幼儿园新教师案例反思

领域：　　　　　　记录时间：　　　　年　　月　　日

	现场实录	分析与思考
案例描述		
指导教师提供建议		

（二）一对一带教，熟悉工作流程

幼儿园为每名新教师选择一名有经验的骨干教师进行一对一带教指导，新教师与骨干教师结对子。骨干教师在带班过程中通过自己的示范演示、言传身教指导新教师在一日生活的每个环节中学会分析幼儿有哪些问题需要帮助解决，了解每个环节怎样向幼儿提出要求，如何在细节上给予幼儿帮助和辅导，怎样提高自己对问题的预见性，了解一些基本的工作常规要求。

（三）优化机制，促自我成长

新教师的专业成长与发展最终取决于教师的自我需求和自觉行动。要让每一位教师都怀抱一种强烈的内需与渴望，有一种知之不足的意愿与期待，这样才能真正起到促进专业成长的作用。幼儿园可运用表彰、鞭策、激励机制推动教师成长，使新教师能够根据实际情况自我定位，向着各级骨干教师的目标奋进。

1. 完善考核机制。根据《幼儿园量化考核细则》制定教职工绩效考核方案，结合幼儿园实际,按照规范要求制定《幼儿园新教师班级考评办法》《幼儿园新教师量化考核细则》等规章制度和方案,使教师工作有章可循。从劳动纪律、工作质量、保育工作、保教质量等方面制定考核细则,促使班级日常管理更规范有序。

2. 建立激励机制。为激发教师们主动学习的积极性,根据幼儿园实际情况制定翔实的园本名师、教学能手、幼教新秀评选标准和培养方案。定期选派青年教师到省内外学习,提升专业素质。给在各项活动中表现突出的教师以物质奖励,并在每学期期末开展评选园级优秀教师、师德标兵等活动,增强教师的工作责任感和职业幸福感。

3. 充分利用好网络资源。新教师年龄小,接受新信息比较快。幼儿园可以筹建网络资源库,不断充实和丰富校园网资源,将好的教育教学方案、环境设计、主题活动、视频资料、课件等作为共享资源,让新教师能通过查阅、学习从中获得启发,提高自己的工作效率。

【成长心语】

> 教师是一个不断学习、不断成长的个体,而每一个个体的成长都影响着整个园所的总体发展。如何发挥教师的主动性、能动性,让教师队伍更快更好地成长,是一个园所发展的持久任务。新教师作为教师群体的一个重要组成部分,其成长直接影响师资队伍的整体水平和稳定性。新教师开始工作的头几年是他们职业生涯的关键期,直接关系到他们将来专业发展的程度、水平和方向。作为幼儿园的园长,我们更应深刻认识到做好教师培训工作的重要意义,采取科学合理的方式建立教师培训体系,完成好教师队伍的建设工作。
>
> (沈阳市大东区教育局幼儿园 郭红伟)

关注实践,构建教研训一体的培训

【案例描述】

我园于2015年9月1日正式开园,建园初期共有20名新教师。他们缺乏实践经验,专业能力与专业理论之间不能建立有效连接,在工作中出现了一些问题。基于此,我们认识到应"关注实训一体的培训",提升新教师专业能力成为首要任务。

2016年2月,我与教研组的几名教师沟通,在开学初就开展教学观摩活动。请五名教师每人选一个领域做展示,目的是帮助教师感悟各领域核心要点,掌握各领域教学设计与组织的基本流程,理解幼儿自我建构式的学习特点,引领教师产生在教学实践中大胆支持幼儿探索式学习活动的组织与开展的意识,理解反思与评价的重要价值,帮助新教师梳理在实践的全过程中开展反思与评价。

张老师刚有两年的工作经验,在与她交谈教学设计的时候,我感受到了她的很多困惑。一天下班后,她给我打来了电话:"园长,我想组织一节户外活动'绕罐跑'。小班幼儿能明白S形跑吗?在游戏中,他们能按顺序一个跟着一个绕罐跑吗?户外体育游戏的基本流程是什么呀?"我告诉她:"体育游戏要有四个基本环节、热身运动、自由探索、游戏和放松活动。小班幼儿更喜欢在游戏中学习和挑战自己,一定要把活动设置在一个他们喜欢的游戏情境中,游戏难度不要过大。你先设计一下试试看,明天咱俩带着你的教案交流,好吗?"第二天,我俩对她班幼儿进行了深入的观察与交流,了解了幼儿的兴趣和能力。然后细致地对教案进行了梳理与调整,并鼓励她大胆地在平行班做一下尝试,感受一下与小朋友的互动,然后根据实践再进行调整。

❀【思考与行动】

一、分析与思考

在实践中观察、发现新教师专业发展需求主要有以下几方面:

1. 熟悉班级一日活动管理。

2. 提高合作与沟通能力。

3. 了解幼儿年龄和身心发展特点。

4. 熟悉各领域教学设计与组织的基本流程。

5. 理解观察、反思、评价的重要意义和方法,学会观察、反思、评价。

6. 理解环境创设的重要意义和方法。

7. 鼓励教师探索和形成自己的教学特色,支持、引领教师富有个性的发展。

幼儿园教师群体存在着年龄、个性、工作经验、专业技能和理论水平等多方面的差异,因而他们在成长过程中必然有不同的发展需求。幼儿园管理者要像教师对待幼儿那样,善于观察、了解、研究每一名教师的实际经验水平,揣摩教师的发展需求,根据教师的不同特点采取多种有效的教研训策略,为其提供成长的条件,创设发展的空间,促进其在原有水平上的提高。

二、行动与策略

(一)创新教研训形式

一直以来,我园教师的教研训工作坚持关注实践现场,用"问题导向、实践导向",以研究材料、研究幼儿为主,充分发挥教师在教研训工作中的主体地位。

1. 复制迁移

组织教师观摩国家、省、市级优秀教师的教学活动,通过完全复制或复制迁移的形式组织教学活动,达到在体验中提高教师执教能力的目标。

2. 合作教研

充分发挥教研组、课题研究小组的团队力量，依托研究团队，开展一课三研，及时听取团队成员的建议，在改善教学行为的同时逐步学会反思与评价、合作与沟通。

3. 参与式培训

在专业知识的培训中，我采用了"园长专业讲座＋教师案例解读"的参与式培训形式，让每一位参训教师都参与到培训主体中，在自己的教育教学案例解读中理解专业知识，提高专业能力。

4. 情境性案例研讨

关注幼儿游戏现场，通过播放案例视频、照片，回放现场进行研讨的一种模式；关注教学现场，灵活采用"现场观摩＋评价研讨""网络观摩＋线上发帖＋集中研讨""选取关键性片段＋焦点赏评式研讨"的方式；关注家园合作与沟通现场，教师通过情境表演回放现场进行研讨的一种方式。

5. 拓展培训形式

根据研训主题、内容，灵活地选取研训形式，如辩论赛、微格分析、沙龙研讨、竞赛评优、任务驱动等。

（二）分层推进

新教师专业能力提升的研训阶段性任务表

为科学、有序、快速地提升我园新教师的专业能力，打造一支师德高尚、业务过硬、充满活力的幼儿园教师队伍，根据《专业标准》，结合我园教师实际问题，特制定本研训任务表。根据研训的具体工作分层推进，引领和促进新教师的专业成长。

园内级别	初级教师	工作年限	1~2 年	培养途径
培养目标	做合格的幼儿教师			
理念与师德	1. 热爱学前教育事业，具有良好的职业道德修养 2. 尊重、关爱、信任幼儿 3. 重视自身日常态度言行对幼儿发展的重要影响作用			师德报告 师德演讲 参加市师德培训
专业知识	1. 了解不同年龄段幼儿的身心发展特点 2. 掌握班级环境创设、一日活动组织与管理的知识与方法 3. 掌握幼儿园各领域核心素养 4. 掌握一定的现代信息技术知识			专题培训 日常观摩 园本教研 读书交流

（续表）

园内级别	初级教师	工作年限	1~2 年	培养途径
培养目标	做合格的幼儿教师			
专业能力	1. 构建班级文化，建立班级秩序与规则 2. 建立良好的师幼关系、同伴关系 3. 合理设计和组织一日生活各环节 4. 合理设计游戏空间，提供丰富、适宜的游戏材料 5. 制订教育、教学、活动区游戏计划，能较好地落实计划 6. 关注幼儿日常表现，及时发现和鼓励每名幼儿的点滴进步 7. 乐于倾听幼儿的声音，理解观察、记录幼儿的重要意义，与幼儿进行有效沟通 8. 与同事合作、交流问题、分享经验、积极研讨 9. 与家长有效沟通，获得家长的认同 10. 掌握各领域和活动区游戏的组织与实施的基本流程 11. 理解反思的重要意义和方法，会反思 12. 制订专业发展规划，积极主动参加培训，有愿意提高自己专业素质的愿望			园本教研 年组教研 微教研 网络教研 观摩研讨 专题讲座 沙龙研讨 案例分析 现场指导

园内级别	中级教师	工作年限	3~4 年	培养途径
培养目标	成为幼儿园骨干教师			
理念与师德	1. 认同幼儿园教师的专业性和独特性，注重自身专业发展 2. 重视生活对幼儿健康成长的重要价值，具有生活即教育的理念认识和行为倾向 3. 重视环境和游戏对幼儿发展的独特作用，支持幼儿设计班级环境，展示幼儿学习与发展的全过程 4. 善于自我调节情绪，保持乐观向上的心态，具有亲和力			沙龙研讨 实地观摩研讨 交流分享 读书分享

第一编　引领教师发展

（续表）

园内级别	中级教师	工作年限	3~4年	培养途径
培养目标	成为幼儿园骨干教师			
专业知识	1. 了解幼儿在发展水平、速度与喜欢领域的个体差异，掌握对应的策略与方法 2. 掌握幼儿园意外事故和危险情况下幼儿安全防护与救助的基本方法 3. 能运用调查法、案例法等科学方法观察、记录并研究幼儿 4. 具有一定的自然科学和人文社会科学知识			微格分析 教师论坛 专题培训 案例研究 读书分享
专业能力	1. 掌握科学、合理的投放玩教具和游戏材料的方法，引发和支持幼儿主动学习 2. 关注幼儿生活，实现生活教育化、游戏化的设计与组织 3. 鼓励幼儿自主选择游戏内容、伙伴和材料，支持幼儿主动、创造性地开展游戏，体验游戏的快乐 4. 在教育活动设计和实施中体现生活化、趣味性、综合性，灵活运用各种组织形式和适宜的教育方式 5. 提供更多操作探索、交流合作、表达表现的机会，建构积极的师幼互动，支持和促进幼儿主动学习 6. 能有效地运用观察法、游戏故事记录法、作品分析等多种方法，客观、全面地了解和评价幼儿 7. 建立教师学习共同体，在学习中建构积极的合作与研究关系，共同发展 8. 与家长进行有效沟通，引导家长理解幼儿年龄特点和学习特点，认识幼儿园教育和家庭教育一致的重要性 9. 主动收集、分析相关信息，不断进行反思，改进日常教育教学工作			园本教研 案例研讨 现场观摩研讨 教学示范研讨 沙龙研讨 专题培训 读书分享 年组教研 微教研 课题研究

57

园内级别	高级教师	工作年限	5年以上	培养途径
培养目标	锻造市级骨干教师			
理念与师德	1. 具有团队合作的良好习惯和行为，积极开展研究、协作、互相交流 2. 尊重幼儿个体差异，具有支持和引导幼儿从原有水平向更高水平发展的策略和方法 3. 具有深刻的"游戏可以促进幼儿学习与发展"的认识 4. 具有学习意识，能主动自我学习			园本教研 小组教研 帮带活动 读书分享
专业知识	1. 了解幼儿发展中容易出现的问题与适宜的对策 2. 了解有特殊需要的幼儿的身心发展特点及教育策略与方法 3. 具有用游戏故事法观察、了解幼儿，并做出完备、正确的回应策略 4. 了解中国教育的基本情况，形成与时俱进的教育观、儿童观			现场研讨 案例分析 专题讲座 读书分享
专业能力	1. 创设有助于促进幼儿成长、学习、游戏的教育环境 2. 开展有效的随机教育，丰盈自己的实践智慧、教育智慧 3. 引导和支持幼儿在游戏中主动探索，从而获得身体、认知、语言、社会性多方面的发展 4. 具备初步的课程领导力 5. 运用幼儿游戏故事，有效计划、支持、拓展幼儿深度学习 6. 协助幼儿园与社区建立合作互助的良好关系 7. 主动地运用科研理念和方法探索、研究日常工作			园本教研 年组教研 课题研究 现场研讨 案例研讨 专题讲座 社会实践 日常沟通交流

【成长心语】

　　幼儿园是教师专业成长的基地。我们在开展教师教研训工作时，要关注教师作为学习者的主体地位，聚焦教育教学实践现场，观察、分析教师专业成长中的关键问题，研究教师实际经验水平和实践能力，发现教师发展需求，根据教师专业成长中的表现，为其设计研训内容，分层推进。推动不同发展中的教师沿着"最近发展区"稳步成长，促进其在原有水平上的提高。

（葫芦岛兴城市第二幼儿园　卢跃明）

开学第一课

【案例描述】

家长督查日是我园开展家长工作、汲取社会力量、开放办园的重要举措之一。2015年9月15日,幼儿园邀请了小、中、大三个年龄班的家长代表共同参与了幼儿园工作半日管理与监督。经过一上午对全园各个场所的细心巡视,三名家长代表在结束督查后以书面及口头汇报的形式向园长反馈了他们在园的所见、所闻、所感。除了大篇幅褒扬与赞美的言辞外,家长也委婉地表达了"在巡查的过程中,发现极个别年轻教师在对孩子的组织与管理上缺乏方法和耐心,应控制情绪,避免大声喊叫"的中肯意见。

【思考与行动】

面对家长的反馈意见,我们在虚心接纳的同时也进一步增强了师德教育的使命感与紧迫感。"培养优良的师德师风,落实教师职业道德规范要求和违反职业道德行为处理办法""增强保教人员法治意识,严禁歧视、虐待、体罚和变相体罚等损害幼儿身心健康的行为"是园长引领教师专业成长的重要内容,特别是园龄较短、园所文化尚未固化成型的幼儿园,师德更是幼儿园立足的根本。师德,不能等到出现问题才教育、产生后果才处理,而应常抓不懈并积极防患于未然。那么,教师这些看似不严重实则很严重的行为为何存在?造成一些激进行为的根源在哪里?作为管理者,我们从以下几个方面进行了分析:

一、独生子女群体的共性问题

目前,幼儿园青年教师占70%以上,80后、90后已成为幼儿园一线教师的主力军。身为独生子女的他们,在成长的过程中得到长辈太多的宠爱,或多或少地会表现出"过于关注自身感受,照顾和关爱他人的情感与能力相对弱"等问题。每天面对时刻处于快乐、悲伤、调皮、沉默、好动、生气等状态并不断变化的孩子们,他们的心态难免会随着孩子们的情绪、工作的强度在愉悦与烦闷、平和与冲动、热情与漠然之间交替和转换。

二、个别教师的性格问题

幼儿园的教师每天面对二三十个懵懂的孩子,难免会因为各种原因引起情绪不佳。有些教师能及时平复心态并进行反思,积极思考问题所在并找到适切的方法妥善解决;也有一些教师脾气比较急躁,特别是情绪低落时,很容易做出过激的行为,如对幼儿大声喊叫、抛扔物品发泄或偶尔伴随拉、点等违规动作。这些行为虽未产生严重的后果,但已违背了师德的基本要求。

三、工作压力过大的问题

幼儿园建园的时间较短,为了使园所快速发展,不断扩大影响力,追求美誉度,我们在管理上严谨、细致;参与各级各类活动繁多,讲效率,求品质……这些无形中增加了教师的工作强度,直接导致教师工作压力过大,情绪态度急躁、易怒。

四、专业引领不到位的问题

新教师是幼儿园的"新鲜血液",但也普遍存在教育经验不足、教育方法不当的问题。建园初期,幼儿园处在快速发展阶段,很多时候把精力放在了注重成绩、荣誉的积累上,而忽略了教师专业的引领与师德教育等问题,致使新教师专业发展缓慢,也意识不到自己在管理上的不足与师德上出现的偏差。

爱是教育的灵魂,只有融入了爱的教育才是真正的教育。如何点燃教师从教的激情,感受作为幼儿教师的神圣使命,树立良好的师德形象?如何提高专业素养,树立端正的工作态度,用充满喜悦和爱的目光欣赏每一个孩子?我园从以下几个方面入手,收到了良好的效果。

(一)不断完善"师德师风"的相关制度

我园制定了《教职工行为准则》《教师形象及基本素养细则》《教职工禁令》等相关规章制度并赋予一定的分值,每个学期对教师进行督查和考核,分数与评聘及绩效工资直接挂钩。在此基础上我们还追加制定了《教职工辞退细则》《幼儿园教师禁语》等较为具体、可操作性强的细则,并严查、严管、严执行。

教职工辞退细则

出现下列情况之一的,幼儿园对当事教职工予以辞退:

1. 品行不良,侮辱、体罚、变相体罚或虐待幼儿的。
2. 有侵占、偷窃幼儿园或他人财物,索要或变相索要家长或他人财物行为的。
3. 因缺乏责任心或严重失职给幼儿或幼儿园造成重大安全事故或损害的(包括身体损害、名誉损害、经济损害等)。
4. 教学精力严重外流,敷衍园内教学或泄露、变相泄露园本教学内容的。
5. 在本部门连续两个学期综合排名靠后或工作能力、状态欠佳,经重点指导、帮助仍不能胜任本职工作的。
6. 不服从工作分配的。
7. 故意不完成本职工作,给幼儿园工作造成损失的。
8. 患传染病、精神病等疾病或非因公负伤,在规定的医疗期满后仍不能从事原工作的。
9. 诽谤、谩骂他人,同他人打架或暗示、挑动家长群体上访的。
10. 破坏幼儿家庭,与家长有不正当关系的。

第一编　引领教师发展

幼儿园教师禁语

对幼儿

1. 你怎么回事？
2. 你怎么这么笨呢？
3. 你到底会不会啊？
4. 你听不懂话呀？
5. 大家谁也不许和他玩啊！
6. 你就知道玩（吃）！
7. 你怎么什么也不会？
8. 你有病呀？
9. 你怎么这样？
10. 上一边去！
11. 你怎么才来？
12. 你要气死我呀！
13. 你没救了！
14. 你怎么这么多事？
15. 我不要你了，一会儿给你送到别的班去！
16. 你可真没用！
17. 真讨厌！
18. 你怎么那么傻啊？
19. 你怎么这么坏？
20. 你给我站起来！

对家长

1. 你家孩子老爱打人！
2. 你家孩子怎么这样？
3. 明天早点儿接孩子。
4. 你问你家孩子去！
5. 你家孩子太爱惹事了！
6. 你的孩子真叫人头疼。
7. 等孩子病好了再来！
8. 我教这么多孩子，没见过他这样的。
9. 今天又因为你家孩子班级被扣分了！
10. 今天你家孩子又……

（二）开展"开学第一课"师德教育活动

在不断完善和调整规章制度的同时，我们还在教师中持续开展了以"爱的教育"为主题的师德培训系列活动。每学期初的"开学第一课"师德教育活动，在不断设计和创意生动、活泼的内容中发挥了显性的教育价值，为打造一支专业过硬、师德过关的优秀团队奠定了坚实的基础。

活动一：歌唱《爱的奉献》

"爱是love，爱是amour，爱是rak，爱是爱心，爱是love，爱是人类最美好的语言，爱是正大无私的奉献……"这首曾经伴随一代人成长的歌曲，以清新流畅、婉转温情的旋律，道出人类的主题——爱。

首先，根据幼儿教师"爱唱、爱跳、感性"的特点，我们将这首歌曲确定为贯穿系列活动的主题曲。在活动中，观看气势磅礴的音乐电视作品、随旋律哼唱歌曲、尝试学做手语，有效地调动教师参与活动的积极性。在歌唱中，他们忘记

了工作的疲劳和紧张,点燃了爱的激情,透过歌声用心灵感悟到了爱的含义。

接下来,我们又在园广播站里定时播放这首歌曲,优美温馨的旋律流淌在幼儿园的每个角落。

活动二:理解"爱的真谛"

环节一:讨论爱的话题

在本环节中,我们着重讨论了几个有关爱的话题,如:爱是什么颜色?爱是什么味道,什么感觉?什么可以爱?……教师们非常兴奋,大家各抒己见,呈现了一个比教研活动更热烈的场面。

在"爱是什么颜色"的话题中,有的老师说爱就是红色的,因为我们看到的心都是红色的,它热烈、奔放,给人以愉悦的感受;有的老师说爱是无色透明的,就像水晶一样晶莹剔透,没有一点儿杂质;还有的老师说爱是七色彩虹,赤橙黄绿青蓝紫,充满美感……最有意思的是一名男老师的观点,他说爱的颜色就是街上的流行色,因为爱,所以受到青睐……

环节二:体验反面的"爱"

在平时工作中,我们偶尔会看到个别教师以爱的名义做着伤害孩子的举动:在全班幼儿面前批评某个孩子;在孩子的面前与家长、同事数落其种种不是;孩子因为违反规则,被排斥或隔离到群体之外……孩子们感受到的不是爱,是恨。

于是在此环节,我们下发了特定的反面剧本,让一部分教师换位扮演孩子,感受那些"具有杀伤力"的话语带给孩子的伤害。如其中一个小剧本中,描述了一名教师当着其他孩子的面数落和贬低一个孩子的一段对话,当请扮演被"批斗"幼儿的教师谈感受时,他说:"太伤自尊了,大家以后千万不要这样说孩子……"

环节三:诠释

在"理解爱、表达爱"这一环节,我先组织教师传阅了一些教育格言,如"爱我们的每一个孩子,因为在爱的天平上,每个人都是平等的""用爱倾听每一个孩子心底的声音""关爱童心,感受真爱,欣赏童趣""换一种目光看孩子,换一种方式和孩子沟通,将会带来意想不到的效果"等。

接下来,我们以学年组为单位,通过朗诵、肢体表现、情境再现等形式表达、表现格言的内涵和真谛。在这个环节中,我们的老师结合生活、工作经验,利用自己的专业特长,融角色扮演、剧情设计等为一体,收到了极好的效果。如专业教师组在表现"永远用欣赏的眼光看孩子,永远用宽容的心态面对孩子"这个格言时,采用了时空跨越式的设计思路,将当下教师充满信任、欣赏、爱的教育方式的成果转向30年后的"诺贝尔"颁奖现场,获奖者道出了幼儿园教师给他成功带来的自信。我们不禁感叹教师的智慧和能力。

活动三：品读"爱的鼓励"

孩子需要鼓励和赞美，老师一样需要领导者的肯定和鼓励，虽然很多时候我们也会将对他们的赏识和赞扬溢于言表，但在开展一些活动时我仍能感受到教师的紧张、惶恐、不自信以及对职业年龄的担忧。结合此次活动，我利用业余时间为五十余名一线教师写了名为"爱的鼓励"的信，并装在信封中，送到每个人的手里。当教师们收到我这份特殊的礼物时，他们把感动的目光与掌声送给了我。事后，有的教师给我发短信告诉我她的感动、她的工作动力十足，有的教师则当面表达自己的谢意和决心……

作为每学期教师必修的"开学第一课"，围绕"爱幼教、爱孩子、爱同事"的主旋律，我们的教师学着爱自己、爱别人；践行着李岚清同志赠予育才"大爱无言，润物无声"的题词，努力让爱流淌在育才的每个角落；秉承着幼儿园"爱，在每一个细节"的服务理念，给孩子一个受益终身的幸福童年！

【成长心语】

> 每个人的内心都住着两个完全不同的自己：一个感性到泪水随时夺眶而出，一个理智到近乎冷漠无情。面对童真无邪的孩子和年轻的教师队伍，我们的师德教育既要有硬性的制度约束，又要有及时的培训活动，同时还要摆脱机械说教的单一形式。通过开展丰富多彩的体验式活动，激发教师内心柔软的母性能量，让他们做那个善良、感性的天使，让我们的孩子在爱与自由中度过幸福而美好的童年。
>
> （东北育才幼儿园 陈辉）

用爱陪伴，共同成长

【案例描述】

今天，有人来幼儿园应聘教师岗位，当门卫把她的简历递到我面前时，看到装裱精美的简历我忍不住马上翻阅起来，一看到简历上的照片，咦，很熟悉！突然想起来她是某公办幼儿园经常做公开观摩课的×××老师。对于她，尽管没有近距离地接触过，但在几次大型公开活动中，都看过她的公开教学。莫大的好奇心促使我想见她一面，迫切想知道这么优秀的老师为什么会离职。于是，我把她请到了办公室，算是进行简短的面试。"你为什么离职呢？""园长，跟您说心里话吧，我原来的单位因为政策的改变致使我没有存在感。""那你认为怎样才会让你有存在感呢？""李园长，我希望能和在职人员享受同等待遇。"她走后，我开始反思，不断自问：我们做得怎么样呢？我们去爱自己的老师了吗？我们会不会也有老师带着不满与失望或者是心寒而离开了诺贝尔呢？

带着这个问题我开始走访集团各园，深入了解后我发现一个现象，在六所园中，浑南分园生满为患，这个园的老师个个充满工作热情，脸上挂着亲切的微笑，对待孩子、家长都像自家人一样。家长是笑盈盈的，孩子也是乐呵呵的，一派和谐有爱的景象。置身于这样的园所氛围之中，我也顿感舒服、亲切、愉悦。作为集团的负责人，我以家长的身份咨询刚刚入园的家长，"你为什么把孩子送到诺贝尔幼儿园？""这个幼儿园非常好！我之前也是听别人说这家园好，来了才感觉到真好！老师对孩子就像对自己家孩子一样，老师的爱心家长都比不了！"家长的一番话让我倍觉自豪。与园长深入探讨为何浑南园的氛围营造得如此之好，崔园长发自内心地说："因为我真的觉得老师不容易，我很心疼他们，理解他们，更关心他们！你只要理解、关心或者说像爱自己的家人那样去爱老师，他们就会去爱孩子，用爱回报你！"听了崔园长的话，我下定决心，在全集团打造爱文化，让集团每个幼儿园都以爱而名扬。

【思考与行动】

一、分析与思考

幼儿园全面建设"以人为本、关爱员工"的爱文化，用爱传递文明，用爱传承幼儿园精神，是幼儿园和谐之必要条件。什么是爱？打造爱文化，一定要弄明白什么是爱，否则一切将会流于形式，无法得到真实的效益。有一首歌叫《爱的真谛》，歌词写得很有见地：爱是恒久忍耐，又有恩慈，爱是不嫉妒，爱是不自夸、不张狂，不做害羞的事，不求自己的益处，不轻易发怒，不计算人家的恶，不喜欢不义，只喜欢真理，凡事包容，凡事相信，凡事盼望，凡事忍耐，爱是永不止息。还有我们平时所理解的爱，爱是倾听和真诚的交流，爱是付出、给予，而不是索取。爱的环境是温馨而轻松的，爱的语言是温暖的，爱的行为是利他的，爱的感受是知足和美好的……教职工只有真正地理解了爱的含义，才能去践行，才能感受爱、传递爱。台湾教育家高震东先生说："爱自己的孩子是人，爱别人的孩子是神。"幼儿教育因其教育对象的弱小和不成熟，是一项需要全身心投入"爱"的教育。缺乏爱的教育不是成功的幼儿教育，苏联著名教育家苏霍姆林斯基曾说过："教师技巧的全部奥秘就在于如何去爱学生。"对于幼教工作者而言，其工作的成败在于是否始终忠诚并热爱幼教事业，是否对孩子有发自内心的爱，只有全身心地爱孩子，才能激情饱满地投身于幼教事业，并在幼教工作中自觉学习，不断实现自我完善，呵护孩子幼小的心灵。

因此，幼儿教育应以"爱"为主线，把"爱"贯穿到工作的方方面面，使教师和孩子都能感受到园内充满和洋溢着温暖的爱，促进教师、孩子和幼儿园和谐发展。可以说，爱是幼儿园文化的核心，这种爱不仅指情感的投入，同时也包括幼儿园管理的多个方面。具体来说，这种爱应该是真爱：不虚伪，不做作，发自内心，排除物质或其他利益的干扰，园长对教工，教工对幼儿，源于真诚，一举一动都有爱的影子。还应该是大爱：大爱无疆。由于有一种对国家、对教育、对

幼儿强烈的责任感，幼教工作者能够认识自身工作的重要和伟大，不忘使命，把自身职业当成实现自身价值的手段，让更多的孩子接受到最优质的幼教服务，感受真正的爱，让幼儿在幼年时期就知道爱与被爱，用爱伴孩子健康快乐成长。

二、行动与策略

（一）诺贝尔幼儿园爱文化建设的原则

1. 以人为本的原则。一方面，强调对人的管理，并把强调"人"的重要性有机地融合到幼儿园发展的目标中去；另一方面，强调员工不仅是幼儿园的主体，更是幼儿园的主人，幼儿园要通过尊重和理解员工来凝聚人心，激发热情，开发潜能，极大地调动全体员工的积极性和创造性，使幼儿园的管理更有凝聚力。正确处理幼儿园领导与员工的关系，形成一个全员参与、相互交融的局面，最终实现员工自身价值的升华和幼儿园蓬勃发展的有机统一。

2. 讲求实效的原则。切合幼儿园当前实际情况，符合幼儿园定位，一切从实际出发，不搞形式主义，制定切实可行的方案，借助必要的载体，以科学的态度实事求是地建设爱文化，重点突出、稳步推进。

3. 齐抓共管的原则。爱文化建设涉及面广，推动爱文化建设必须健全共同推进的文化建设工作体制。要建立健全集团领导、分园各部门领导齐抓共管、工会部门分工负责、全体员工积极参与的工作体制和工作格局，形成爱文化建设的强大合力。

（二）诺贝尔幼儿园爱文化建设的内容

1. 最高管理者要充满"仁爱"之心，用爱去浸润团队

园长是幼儿园发展的关键，是幼儿园文化的倡导者和主要践行者。因此，园长首先要有"仁爱"之心，要有"海纳百川，有容乃大"的气度，做一个有思想、有愿景、有个性、有创新精神、走特色之路、富有个性的园长，将爱的理念贯穿在幼儿园的发展过程中，体现到幼儿园管理工作的方方面面。作为团队的组织者和领导者，园长要在形成和建设团队精神上发挥积极的作用，对每个成员既关怀又严格要求，用自己的人格力量，使教职工队伍思想统一，管理认同，情感融洽，行动默契，有高度的组织性、纪律性和全局意识，成为幼儿园团队的精神领袖和力量核心。管理者还要善于将观念物化成为可感可知的爱的行为细节，并逐步变成幼儿园全体员工的一种生活习惯。当爱变成一种至高无上的责任时，教职员工才会愿意为孩子洗净沾有大小便的衣裤，用轻声柔语去安慰一颗紧张的惶恐的心；有了这种责任，当孩子有了过失，教师才会不厌其烦地对其进行引导和教育；有了这种责任，教师才会为每一个孩子的点滴进步而高兴。这种爱的熏陶会使幼儿园全体师生受到激励，其影响巨大而深远。

2. 关爱教职员工是幼儿园爱文化建设的切入点

员工只有幸福了，感受到爱，才会有更多的精力去关爱别人，尤其是关爱幼儿园的孩子。关爱员工，要求各级管理者高度重视、率先垂范，树立关爱教职员工意识，建立关爱职工组织，制定关爱职工制度，增强关爱职工能力，营造互相关爱氛围，建立起分工明确、各负其责、密切配合以及目标一致的工作机制。概括起来，就是"五关爱"：

（1）关爱教职工的职业生涯成长。发挥爱文化教育人、培育人和造就人的作用，培养一支高素质员工队伍，为幼儿园的发展奠定坚实的人才基础。建立职工技能档案，为职工规划职业生涯。开展以职业责任为根本、职业技能为基础的素质提升教育。加大对青年教师的培养使用力度，促进德才兼备、业绩突出的优秀青年教师"岗位成才"，培养具备过硬素质的人才队伍。

（2）关爱教职员工的生活品质。关注教职员工生活品质，从点滴做起，时常嘘寒问暖，让职工感受集体的关怀和温暖；积极改善工作环境，做好教职员工劳动保护工作，为教职工营造良好的工作氛围；构筑员工文化平台，主动作为，经常地开展内容丰富的文化体育活动，满足教职工的精神文化需求，增强管理活力。

（3）关爱教职工的身心健康。关注教职工的身心健康，组织教职工进行健康体检，建立完善教职工健康档案，提供教职工健康咨询；加强与教职工的沟通，全方位了解教职工在生活中遇到的困难并给予尽可能的安慰和疏导；建立执行园长、工会组长与一线教职工的上下交流渠道，及时掌握教职工的思想动态，化解教职工的负面情绪；通过座谈会等形式加强平行交流，促进教职工之间的沟通，协助教职工改进人际关系，增进教职工间的理解与合作，减少矛盾和冲突，使班组形成团结向上的良好氛围；以物质形式给予职工节假日福利，达到职工满意、队伍稳定和人心思齐的目的。

（4）关爱教职工的合法权益。坚持把维护教职工合法权益作为工会的根本和首要职责。当好教职工合法权益的第一知情人、第一报告人、第一帮扶人以及第一监督人，把维护教职员工的合法权益贯穿到工会工作的各个方面，真正为员工解难。让员工享受荣誉感、归属感和幸福感。

（5）关爱教职工的素质提升。采取优惠和激励政策鼓励教职工学文化、学管理、学技能，通过学历教育、自学教育、岗位练兵、技能技巧比拼等成长成才。持续开展集团内部劳动模范、首席员工、爱岗敬业能手以及骨干教师、先进工作者等评选活动，大力宣传他们的先进事迹，在幼儿园内部形成向先进学习、向标兵看齐、争做爱岗敬业的员工的学习氛围。

为此，幼儿园系统设计教职工爱文化的打造框架，建立关爱职工组织，制定关爱职工机制，推出关爱行动具体计划与设想，并付之于行动。因为员工只有幸福了，身上浸染了爱的气息才会释放爱。

附件1：

诺贝尔幼教集团"关爱职工"小组成员

组长：李艳艳（投资人、法人）

副组长：宋畅超（工会主席、督学） 金学伟（财务总监）

组员：聂森、崔文丽、杨丽英、刘云、滕睦、孔亚军（各分园执行园长）

诺贝尔幼教集团X分园"关爱职工"小组成员

组长：×××（执行园长）

副组长：×××（后勤园长） ×××（教学园长）

组员：×××（各班组长）

附件2：

诺贝尔幼教集团员工关爱激励机制

为贯彻"以人为本"的理念，真心关爱员工，推行人性化管理，为员工营造一种更加宽松、快乐的工作和生活环境，努力提高员工的幸福感和快乐感，增强员工对诺贝尔幼教集团的归属感和满意度，特制定四项激励关怀机制如下：

一、建立健全激励机制

1. 目标愿景激励。诺贝尔幼教集团旗下六所幼儿园奋力建设规范化幼儿园，着力打造各区品牌民营幼儿园，力争全部晋升辽宁省五星级幼儿园，实现幼教集团跨越式发展。要加大宣传力度，提高广大教职员工的认同感，通过幼儿园发展目标愿景激励，增强员工对幼教集团发展的信心和归属感。

2. 个人发展激励。一是健全员工教育培训机制，帮助员工提升素质。采用专题培训、观看录像、座谈讨论、征集金点子等形式，重点加强员工职业道德、行为规范及服务礼仪、技能技巧等培训，引导员工更新观念，自觉遵守幼儿园规范，进一步提升文明素质。二是建立健全人才培养机制，激励员工积极进取。制订人力资源发展规划（2017—2022年），制定人才分类培养管理措施，引导员工追求个人成长发展，帮助员工实现自我价值。

3. 荣誉激励。主动培育和树立先进典型机制，激励员工争先创优。开展各类先进典型评比活动，每年评选和培育一批集团内先进，并利用员工集团阵地，采用下发文件、员工学习、事迹报告等形式，广泛开展向身边的先进典型学习活动，引导员工自觉遵守职业道德，规范服务行为，以实际行动向先进学习，营造争优创先的良好氛围。

二、建立健全疏导机制

1. 关心员工的思想和心理。开展员工需求和心理状况调研，开展员工压力管理研究，每季度进行一次员工思想动态分析，通过员工自我激励法、员工压力排解法、搭建员工沟通交流平台等，积极为员工心理健康服务。同时，充分发挥党群组织的桥梁纽带作用，及时有效地传递幼儿园的人文关怀，提供有效的心理疏导。

2. 完善员工沟通制度。工会深入一线，采用座谈会、上门走访、合理化建议征集等形式，多方听取广大员工的意见；利用职代会、公示栏等，广泛发动员工关心、参与、支持、监督园务公开工作，让员工知园情、参园政、议园事，为幼教集团发展、稳定献计献策。

（1）建立每月一次园长接待日，多方听取员工意见，以便更好地履行维权职能。

（2）建立董事长信箱，让员工通过邮件等形式发表个人感受，交流工作经验，为幼儿园发展提出合理化建议。董事长将及时做好来信的答复和反馈工作，做到发现问题及时解决、及时反馈，让员工有说心里话的渠道。

（3）做好领导的参谋、员工群众的贴心人。建立员工沟通网络，以分工会或工会小组为单位，加强同员工的交流与联络，定期开展员工思想动态分析，针对员工关心的难点、热点问题，开展调研与正确引导，对员工提出的问题及时进行落实与解答。

三、建立健全健康生活与快乐工作机制

倡导"健康生活与快乐工作"。开展寓教于乐、丰富多彩的文化活动，培养员工的阳光心态和生活情趣，丰富员工的精神文化生活，营造宽松、愉快的工作环境和生活环境。

1. 办好一年两次的员工节日——新春联欢会和教师节庆祝活动，组织开展员工文艺汇演、年会、酒会等，为员工搭建展现自我、展示才艺的舞台。

2. 每季度组织开展员工文体竞赛活动。如羽毛球、歌唱比赛等，展示员工才艺，促进员工间相互沟通交流。

3. 坚持组织职工旅游或团队拓展活动。

四、制订"十个一"员工关爱行动计划

附件3：

诺贝尔幼教集团"十个一"员工关爱行动规划

1. 送一份祝福：员工生日时，以鲜花、蛋糕、贺卡等方式向员工表示祝福。

2. 送一份关爱：员工生病住院时，及时看望，给予亲人般的关心和爱护，使其安心养病，早日康复。

3. 送一份牵挂：员工退休时，举行欢送会，感谢其曾为幼儿园全面发展做出的成绩和贡献，表达幼儿园在其离开工作岗位后，同样会关心和牵挂,使其离岗不失落,尽快适应角色的转换。

4.送一份祝贺:员工结婚、生育、子女考上大学时,送上一份贺礼表示祝贺,为其锦上添花;员工工作上做出成绩,受到上级或外界表扬时,幼儿园及时给予鼓励和肯定,使其进一步增强荣誉感。

5.送一份慰问:员工直系亲属去世,及时进行慰问,并协助料理后事,使其缓解悲伤。

6.送一份帮助:员工家庭遇到特殊困难时,及时送去一份帮助,帮助其早日渡过难关,使其感受到幼儿园大家庭的温暖和力量。

7.送一份和谐:员工家庭、员工之间发生矛盾时,工会及时出面协调调解,促成双方互相理解、互相包容,和谐相处。

8.送一份感受:继续开展优秀员工激励疗休、旅游等活动,让员工在度假中放松心情,释放压力,进一步提升员工作为诺贝尔人的自豪感和幸福感。

9.送一份孝心:在母亲节、父亲节为员工的父母准备一份礼品,寄送到父母手里,并附上卡片:感谢您为我们单位培养了一位优秀的教师等。

10.送一份关爱:"六一"儿童节时,为有孩子的教职工准备一份儿童节礼品,并附上卡片:亲爱的宝贝,诺贝尔大家庭因有你而变得更加幸福,希望你快乐成长,节日快乐!

诺贝尔幼教集团

3.办园理念中渗透"爱"的文化内涵

爱不是虚无缥缈的,一所充满人文关怀、与人为善、宽容友爱、团结协作、努力为他人服务、守秩序、讲规矩、认真务实等理念的幼儿园才具备爱的前提,才具备播种爱、收获爱的可能。通过几次研讨,体现爱文化的幼儿园办园理念、办园宗旨、宣传口号、教育目标、幼儿园介绍等在幼儿园全体教职工大会上通过。

附件4:

诺贝尔幼教集团爱文化显性内容

诺贝尔幼儿园宣言(宣传口号)
用爱陪伴 共同成长

办园宗旨
以国际视野培养优秀儿童!

办园理念
用爱伴孩子健康快乐成长!

教育理念

1. 让孩子在生活中学习。
2. 改善孩子生活技能。
3. 培养孩子多元智能发展。
4. 落实孩子常规生活礼仪教育。
5. 注重孩子智商（ＩＱ）、情商（ＥＱ）、创造力智商（ＣＱ）、逆商（ＡＱ）、德商（ＭＱ）的平衡发展。

教育目标

以人为本位的全人教育

以人性化情境，培养一个能尊重生命价值的孩子

以本土化教育，引导一个会关心生活环境的孩子

以开放式教育，启发一个可解决生活问题的孩子

以社会化教学，增进一个想沟通人际关系的孩子

以生活化教材，传承一个愿充实生活文化的孩子

诺贝尔幼儿园介绍

诺贝尔幼儿园，爱与被爱的港湾，她让孩子在自由中学会做自己的主人，以规则的内化形成儿童的社会秩序和内在智慧，以平等的关系引导未来社会的和谐文明。在这里孩子不被教育，他们依照生命成长的自然法则创造自我；在这里没有成人去灌输知识，孩子们通过自我体验去获得真知；这里不强调技能的训练，而是注重独立品格与潜力的绽放；这里不是家长托放孩子的地方，而是教师、家长、孩子共同成长的平台；这里的孩子收获的不仅仅是知识，更是生命、智慧和人格力量。诺贝尔幼儿园，倡导"用爱陪伴、共同成长"理念的儿童乐园。

幼儿园在制度制定上要充分体现人文关怀，以"爱"为基点，让全园处处充满爱。在职业道德中，真正的教师之爱是理智、高尚的，不因孩子的顽皮而厌烦，不因孩子接受能力差而急躁，不因孩子不听话而生气。学会用眼、用耳、用脑、用心，更用爱去教育每个孩子。

附件5：

诺贝尔幼教集团爱心天使任务清单

一、自我完成任务

自我警醒：

1. 爱出者爱返，福往者福来，我是爱的使者，爱别人等于爱自己。
2. 路遇他人四部曲：微笑、问好、行礼、让路。
3. 对待他人：仁爱、慈善、包容、忍耐，做一个善良、有爱的人，善

有善报。

换位思考：

1. 假如我是孩子，假如是我的孩子。

2. 假如我是园长（主任）。

3. 假如我是家长。

二、对孩子完成任务

1. 爱心倾听：每天在生活、游戏、来园、离园等时间，倾听每个孩子的心声，哪怕只是喝水等需要。

2. 爱心交流：每天在生活、游戏、来园、离园等时间，能够和每个孩子交谈上，哪怕一句话。

3. 爱心拥抱：每天在生活、游戏、来园、离园等时间，能够拥抱和抚摸每个孩子，哪怕一下。

4. 爱心关注：每天在生活、游戏、来园、离园等时间，能够用眼神给孩子一个肯定和鼓励的提示。

5. 爱心电话：及时给生病未来园的幼儿家长打电话了解情况和进行关怀。

6. 爱的承诺：每天像照顾自己的孩子一样照顾每一个孩子，像爱自己的孩子那样去爱幼儿园的每个孩子。

诺贝尔幼教集团

4. 以活动为载体，让"爱"有形可循

以父亲节、母亲节、教师节、国庆节、重阳节、"六一"儿童节、"七一"建党节作为平台，开展感恩教育，培养幼儿热爱祖国、尊敬老师、孝顺长辈的高尚情感。如：我园经常在重阳节组织幼儿到敬老院看望老人，进行慰问演出，培养传承中华民族尊敬孝敬老人的传统美德；"六一"儿童节组织献爱心教育活动，为贫困山区的孩子捐赠玩具、图书、衣物等。通过这些有形的活动，原本抽象的爱在教工、孩子眼里变得可感可循，当这种爱内化为一种习惯后，我们育人的最高目的也就达到了。

通过两年多园所爱文化的建设，集团旗下六所幼儿园被浓浓的爱包围，爱文化的园所文化使幼儿园口碑传万里，幼儿园的生源持续爆满，文化带来的经济效益日益凸显。在爱的氛围中，人的变化尤为重要，师资队伍稳定，教职员工正能量满满，用爱净化自己的心灵；孩子们生活在爱与被爱的港湾，从小感受爱，传递爱，生成爱，在小小的心灵上播下爱的种子，这颗种子会助力他们一生。

❀【成长心语】

> 幼儿教育面对的是孩子，幼儿教育不可以缺少爱。幼儿园教师要有爱心，要热爱每一个孩子，没有爱就没有教育。而这种爱要来源于教职工自身，首先管理者要有大爱情怀，用自己的身体力行把爱传递给教职员工，让他们感受到爱并认同爱之后，发自内心地去传递爱。在这种情况下，爱才会长久，才会生发，才会有生命力。当大家都认同"爱别人也是给自己积累财富，这个财富虽不是金钱，但却是胜过金钱的无形资产"时，关爱别人就会成为一种自觉、一种习惯、一种文化。在爱文化的指引下，理清办园的方向，统一全体教职工的思想观念，增强大家对幼儿园的认同感和自豪感，提升老师的职业归属感，激励老师们的工作热情，将全园职工打造成"爱"的团队，开创幼儿园新的局面，整个团队人心凝聚、慷慨激昂，幼儿园的教学水平及科研能力大大提升，各管理部门职责更加分明，管理效率大幅度提高。我们越来越坚信：幼儿园"爱"的文化，将是最宝贵的教育资源，更是幼儿园的整体形象、内在气质、独特个性和教育品牌的体现。
>
> （诺贝尔幼教集团 李艳艳）

新老教师对峙后的薪酬改革

❀【案例描述】

一段时间以来心情一直很糟，一位潜心培养了两年、非常有前途的新教师离职，离职的原因说得很敷衍，总感觉有难言之隐。备受器重的优秀人才流失着实让我辗转反侧，彻夜难眠。几年来，这种事情发生过几次了，不仅觉得遗憾、可惜，也让我开始反思园所在人员管理和薪酬待遇方面是否出现问题。

正当我在办公室查阅一些薪酬待遇方面的资料时，办公室的门被敲开了，三个下午班新教师一起走进办公室，她们要和我谈谈。凭借多年工作经验和对三个人面部表情的分析，我立刻意识到她们是来辞职的。通过简短交流得知，这三个人确实是来辞职的，辞职的原因是：幼儿园对待新教师不公平，工资待遇低，工作分工不均。教师A说："幼儿园老教师优越感太强了，干得少，收入高，太不公平了。"教师B说："老教师还霸道，脏活、累活都让我们干，有效益、有好处的事都是自己干，根本不尊重我们。"教师C说："园长，不管我们咋干，收入都没有老教师高，所以我们想辞职了！"听了三位新教师的话，回想起已经流失的年轻教师，我意识到幼儿园的人力资源管理和薪酬架构出问题了，安抚好几位老师后，我开始思考如何开展幼儿园薪酬改革工作。

下午，幼儿园老教师开会，我把当前新教师的思想动态说了一下，老教师一片哗然。有的说："幼儿园开园我就在这，收入高合情合理。"有的说："现在的年轻人没想过我们在建园初期经历的辛苦。"看到大家如此反应，我说："时代变了，咱们的思想也应该转变一下了，公平无论在年轻教师还是老教师面前都一样重要。请大家换位思考，如果你是新教师，你是什么感受？我们新教师频繁流失难道不说明问题吗？"没有人接言，会议在尴尬中结束。

接下来的日子，新老教师冷战，经常会出现有的工作没人干的局面，人员关系呈现出紧张状态。我意识到问题的严重性，立刻召开全员大会，承诺月底进行工资改革，会让新老教师都满意，请大家恢复到以前的工作状态。

【思考与行动】

一、分析与思考

（一）反思过往，找出问题

通过对以往薪酬制度和薪酬体系的分析，反思幼儿园人员分工，发现存在以下问题：幼儿园以往的薪酬制度和体系将幼儿园分成两大派系，新教师一派，老教师一派，年轻教师与老教师之间工资差距巨大且难以调动新教师积极性。以往的薪酬设计出现公平缺失，是一种平均化的薪酬设计，每一派系每个人的收入水平大致相当，"干多干少一个样，干好干坏一个样"。平均化的薪酬设计缺乏对新老教师的激励，难以持久地调动教师的积极性。更为严重的是，平均化的薪酬不利于核心骨干教师的脱颖而出和进一步发展，它使得真正有能力、有抱负的教师失去了希望，变得平庸或频繁流失。这也正是我园年轻教师频繁流失的症结所在。

（二）改革创新，力求公平

通过分析以往存在的问题，我开始思考刺激性薪酬制度，希望通过薪酬改革调动每位教师的积极性并挖掘其潜力，而不再受老教师和新教师的限制，改变幼儿园当前不公平、缺乏激励性的薪酬体系。

1. 外部公平

所谓的外部公平，强调的是本幼儿园薪酬水平同其他幼儿园的薪酬水平相比较应具有竞争力。这种外部竞争力关注的是幼儿园组织之间薪酬水平的相对高低。很显然，外部市场环境是影响薪酬的一个重要因素。为了保持幼儿园薪酬政策的外部竞争力，幼儿园核心骨干教师的薪酬水平应该高于其他幼儿园，或与其他幼儿园保持一致，否则幼儿园就难以避免人才流失和生存危机。

2. 内部公平

所谓的内部公平，指薪酬政策中的内部一致性。这里决定报酬的内部公平准则依据的不是从事这一工作的教师个人特征，而是工作本身。这意味着幼儿园内部报酬水平的相对高低应该以工作的内容为基础，或者以工作所需要的技能要求进行某种组合。总之，内部公平强调的重点是根据各种工作对组织整体目标实现的相对贡献大小来支付报酬。

薪酬设计要实现内部公平的目标，至少应该具备以下三个特征：

（1）完成这一工作所需的知识和技能越多，得到的报酬也越多。

（2）从事这种工作时所处的环境越不好，这种工作得到的报酬应该越高。

（3）工作中对实现组织整体目标的贡献越大，这种工作得到的报酬也应该越多。

3. 教师个人公平

所谓的教师个人公平，指的是对同一个幼儿园组织中，从事相同工作的教师的薪酬进行相互比较时，公平性是否成立。教师个人之间的公平性要求幼儿园组织中每个教师得到的薪酬与他们各自对组织的贡献相匹配。内部一致性强调的重点是工作本身对薪酬的决定作用，而教师个人贡献因素强调的则是教师个人特征对薪酬决定的影响。因此，幼儿园的薪酬政策还应该反映教师个人方面的差异在薪酬中的决定性影响，在人才竞争激烈的今天，这一点尤其重要。

二、行动与策略

（一）确定薪酬体系设计原则

1. 战略性原则

有效的薪酬设计是实现幼儿园发展战略的重要杠杆。薪酬设计的战略原则要求在薪酬设计的过程中要时刻关注幼儿园的战略要求，通过薪酬设计反映幼儿园的经营战略。同时，还要把实现幼儿园战略转化为对员工的期望和要求，再把对员工的期望和要求转化为对员工的薪酬激励，体现在薪酬设计中。幼儿园的经营战略和薪酬设计之间应该是相互促进的，一方面薪酬设计要求以幼儿园发展战略为指导，幼儿园提倡什么、鼓励什么、肯定什么、支持什么，这些都应该体现在薪酬设计中。

2. 公平性原则

公平性原则包括内部公平和外部公平。内部公平是员工自己所得报酬和其他同事所得报酬相比较，尤其是与和自己等级相同或接近的员工比较。外部公平是幼儿园内员工会将自己所得的报酬和其他幼儿园内完成类似工作的员工所得的报酬相比较。为了提高竞争力，必须要制定具有一定优势的薪酬，这样才能在人才竞争中吸引优秀的人才，并留住现有的员工。

3. 竞争性原则

要想具有强劲的竞争力，就必须使幼儿园员工具有较强的竞争力，要想使员工具有较强的竞争力，就需要有竞争力的薪酬来吸引高素质员工。所以，与其他同类幼儿园相比较，想在人才竞争中处于有利地位，就必须提供较高的薪酬。

4. 激励性原则

激励性原则强调设计薪酬时要充分考虑各种要素，使薪酬的支付获得最大的激励效果。薪酬设计的最终目的是吸引和留住人才，并激发他们的工作积极性和创造性，以保证幼儿园的发展。所以，在制定体系时要综合考虑各方面的因素，合理安排。

5. 经济性原则

在制定薪酬标准时要充分考虑到幼儿园自身发展的特点和支付能力，把人力成本控制在一个合适的范围内。

6. 合法性

依据国家的相关法律法规和政策来制定薪酬体系。相关的法律法规主要有：国家关于最低工资的规定、劳动法、薪酬保障法、职工加班加点的工资规定等。

（二）薪资体系的结构设计

1. 岗位分析

岗位分析是确定幼儿园薪资的基础。岗位的评定或评估，重在解决薪资的对内公平问题，通过评定，比较园所内部各个岗位的相对重要性，得出等级排序，为进行薪资设计建立统一的岗位评估标准，使不同岗位之间具有可比性。我们将教师岗位分为上午班教师和下午班教师，因考虑到上午班教育教学任务相对较重，所以上、下午班有一定的工资差，新教师锻炼到一定程度可以与老教师轮流进行上、下午班的工作，每月一轮换。

2. 薪资调查

薪资调查主要是解决对外公平问题而进行的，幼教市场的工资水平也是幼儿园确定薪资水平的重要依据。薪资调查的对象，最好是选择与自己有竞争关系的园所或同行业的类似组织，重点考虑人才的流失去向和招聘来源。薪资调查的资料要有上年度的薪资增长状况，不同薪资结构对比，不同岗位的薪资数据、奖金和福利状况，长期激励措施以及未来薪资走势分析等。通过调查，目前与我们存在竞争的民办园月工资大约为 2000~3500 元，公办园大部分为 2300~4000 元。

3. 薪资定位

在分析同行业数据后，就要进行薪资水平的定位了。然而，影响园所组织薪资水平的因素有很多，从园所外部看，国家的宏观经济、通货膨胀、行业特点和竞争状况，都会对薪资定位和薪资增长水平产生不同程度的影响。在园所内部，经营能力、市场品牌和综合实力也是影响薪资设计的因素。所以，在园所薪资定位上，我园选择领先策略，将薪金定位在 2500~4000 元。

4. 设立激励薪金

设立集团内部教师专业等级和职务等级，按照级别发放专业技术薪金和职务薪金。在幼儿园内部设立岗位工资和教师专业等级工资,鼓励大家积极参加岗位竞聘和等级竞聘,打破以往大锅饭的分配形式,多劳多得。教师根据竞聘标准严格要求自己,切实达到"拿了幼儿园的这部分薪水,就要给幼儿园干出这些活"。同时还要接受大家的监督,一旦发现已评等级与表现不符,幼儿园有权撤销相关等级和岗位职务。这样,不再有新、老教师的限制,制定相关等级条款在年限上倾斜老教师,让老教师有归属感,同时在业务上要求他们必须与新教师一样敬业、积极、富有干劲儿;对于优秀的年轻教师年限上可以放宽条件,利于年轻教师的脱颖而出,也鼓励了年轻教师。

5. 调整薪金结构,体现新老公平

重新制定幼儿园的薪资结构,既考虑老教师的忠诚,又让新教师有强烈的存在感和美好的向往。

附件:

×年诺贝尔幼教集团薪酬分配方案

为了诺贝尔幼教健康、持续、高效地发展,充分调动每名教职员工的积极性和潜能,本着公平公正、人尽其才、优势互补、尊重选择、满足需求、按劳取酬、团结合作的原则,对幼儿园的组织机构、薪酬分配、岗位职责、绩效考评等内容进行调整、细化,构建以"爱"文化为核心的人文环境,打造"关爱、和谐、温暖、积极"的团队文化。薪酬调整方案如下:

教职工月工资的构成:

1. 基本部分

(1)基本工资:1520元,全集团统一标准,不低于沈阳市最低档工资标准。

(2)教龄:5元/年,以有效证件证明为准,如工作证、聘用合同、获奖证书等。不能提供有效证明资料的按照园龄计算,一直在幼儿园的老职工按实际教龄计算,外聘教师最高设置15年教龄。

(3)园龄:满一年后50元/月起,每增加一年加10元/月。

(4)学历:研究生300元/月,本科150元/月,大专100元/月,中专50元/月。

(5)职称:中学高级250元/月,小学高级150元/月,一级100元/月,二级80元/月。该项职称是指由政府人事部门进行认定的资格。

(6)四证:每个证件25元,包括学历证、教师资格证、普通话证、职称证、计算机证,要求提供证件原件。

2. 职务工资

(1)园长、后勤园长:500~1500元/月。对于人数少的园所,后勤园长可兼职,工资按照最高职务发放,不重复发放。

（2）大教研组长：200元/月。大教研组长全集团每个年龄组一人。
（3）班组长：100元/月。

3. 集团教师专业等级工资（动态评聘，每学年评聘一次）

名师：300~500元（每月减半发放，学期末根据考核补发）
首席：200~400元（每月减半发放，学期末根据考核补发）
三星：100~300元（根据实际工作情况，确定具体标准）
二星：50~200元（根据实际工作情况，确定具体标准）
一星：30~100元（根据实际工作情况，确定具体标准）

名师、首席教师的专业等级工资由实际工作质量决定发放额度（300~500元），每月发放总额度的一半，另一半在学期末根据一学期内名师和首席教师的工作考核评估结果酌情发放或者补发。

4. 绩效工资

保教质量奖

（1）每日常规教学检查、考核、评估（分上、下午班），包括一日流程的各个部分的检查，含活动区活动和户外活动。将教师分为优秀、较好、一般三个层级，绩效层级分配比例分别为20%、30%和50%。

绩效发放方法：

①日常教学等考核优秀者上午班奖励150元，较好者奖励100元，一般者奖励80元；下午班奖励金额分别为100元、80元、60元。

②寒暑假没有此绩效。

③班级人数不到定额（规定定额：小班25人、中班30人、大班35人）的三分之一时，教学考核按照标准的三分之一发放；不到定额的二分之一、高于三分之一时，教学考核按照标准的一半发放。

（2）专项活动：专项活动指宝盒、科学发现室、舞蹈、美术、表演、非洲鼓、围棋、书法等。每个园所根据自己的情况开设不超过4个专项活动，每个孩子选学两项或根据自己园所实际情况设定。该专项活动幼儿免费学习，按照每个孩子5~10元给执教教师发放讲课费用。

绩效发放方法：

①专项教师绩效根据集团《专项教师考核标准》发放，考评分为优秀、较好、尚可三个等级，优秀全额发放，较好发放90%，尚可发放70%。

②教职工行为规范达标奖：按照幼儿园教职工行为规范要求执行，注意礼貌待人，有一条、有一次未做到，此奖项为零。奖励标准为保育员、后勤50元，教师100元。

③幼儿出勤率达标奖：平均月出勤率80%~85%奖励80元，86%~90%奖励100元，91%~95%奖励130元，96%以上奖励150元。平均出勤率低

于60%时扣200元，低于50%时扣300元。班级人数不到定额的三分之一时没有出勤率奖，不到定额的二分之一、高于三分之一时出勤率计算后按照正常标准的一半发放。

④家长满意奖：将平日中家长的反馈、投诉等情况作为奖惩的依据。家长公开表扬等情况酌情奖励50~100元，如送锦旗、写表扬信、微信朋友圈表扬等；每两月测评一次，通过家长问卷、电话访谈、谈话、家代会等形式进行抽样测评：满意度>95%奖励150元，满意度>90%奖励100元，满意度<60%扣罚100元，满意度<50%扣罚150元。

⑤安全奖：班内无安全事故发生，每月每人奖励100元。

⑥幼儿超额奖：按照班级规定定额每超一人奖励20元／人，保育员同等，两班合用一保育员时奖励金额减半。

⑦满勤奖：教职工满勤奖励100元，有迟到或早退无此奖。

5. 保险

（1）按照国家规定执行，购买五险。

（2）对于年纪较轻或者不计划在沈阳长期工作的教师，自愿不参加保险的人员须签订《自愿放弃保险协议书》，幼儿园给予保险补助，补助标准：

实习（试用）阶段：无保险。（新毕业生6个月，有经验教师1~3个月）

实习（试用）期满签订合同：300元。

签订聘用合同第一年：450~600元。

签订聘用合同第二年：550~750元。

第三年续签聘用合同：650~850元。

第四年以后续签聘用合同：保险额×70%（随国家调整，目前约1410元），一次性签三年的750元，签五年的850元，相关待遇与约定在合同中体现。中途想购买正规保险时，幼儿园无条件购买。

6. 福利待遇

（1）节日费：100~300元，实物或现金。

（2）年假：工作满半年（含实习期）：2天。

工作满一年（含实习期）：5天。

工作满两年（含实习期）：10天。（冬季一周、夏季一周）

（3）名师、首席教师公费外出学习，费用按照《诺贝尔幼教外出学习制度与要求》执行。

7. 其他

园长奖励：对于对幼儿园有突出贡献的教职员工，以园长奖励的形式发放。

（1）学期奖励：主要是针对荣获国家、省、市、区、园级荣誉的教师，在本学期期末给予表彰奖励。奖励金额（按项目）参考如下：

获国家级荣誉：一等奖 1000~3000 元。二等奖 500~1000 元。

获省级荣誉：一等奖 500~1000 元。二等奖 300~500 元。

获市级荣誉：一等奖 300~500 元。二等奖 100~300 元。

获区级荣誉：一等奖 100 元以内。二等奖 50 元以内。

获园级荣誉：一等奖 50 元以内。

（2）年度奖励：对本年度在教育工作、家长工作、招生工作、园务工作、班级工作中做出突出贡献的教师给予的年度总结表彰奖励。

（3）即时奖励：对受到家长书面表扬的、在招生工作中做出突出贡献的、在园所中创造优异成绩的优秀教师和班级进行的表彰奖励。奖励金额视具体情况而定。

车补：200 元/月。接通勤的教师享受的待遇；对于家离幼儿园距离较远，热爱诺贝尔幼儿园的名师、首席教师享受的待遇。

诺贝尔幼教集团
××××年7月6日

诺贝尔幼儿园月份教师工资表

员工号	姓名	基本工资	职务	保险	学历	教龄	园龄	职称	四证	专业等级	出勤率	行为规范	家长满意度	安全奖	超额	精勤	专项活动	日常教学	园长奖励	车补	应开	事假	精勤	代扣	个人	扣定额	扣伙食	实开工资	签字
1																													
2																													
3																													
4																													
5																													
6																													
7																													
8																													
9																													
10……																													

新的薪酬方案经过几次园务会和职代会讨论后正式颁布，当方案在全集团大会解读时，雷鸣般的掌声此起彼伏，顺利通过。月末发放薪金时，每个人脸上都洋溢着喜悦的笑容，作为总园长的我，收到更多的是年轻教师的感谢和表决心的

话语，还有老教师的肯定和发自内心的认可。集团旗下新老教师冰释前嫌，呈现出的是和谐、友爱、奉献、爱岗敬业的局面。人员稳定了，幼儿园各项工作都顺利开展，每个园都是一派欣欣向荣的景象。

◉【成长心语】

> 　　通过这次薪酬改革，我深深感受到：在设计薪酬时，既要考虑到老教师曾经的贡献与现在的风雨同舟，又要考虑年轻教师的心理需求和存在感，鼓励与激励年轻教师，以利于吸引年轻新教师中的优秀教师，便于幼儿园的长久持续发展，同时还要考虑到年轻教师的个性化需求，比如说不希望过早地买保险，要享受现金多些的待遇。同时感到薪酬制度设计和实施是幼儿园整个人力资源管理中最复杂的工作，无论是薪酬数量的确定，还是薪酬类型的选择，都应遵循一个最基本的理念——公平。只有建立在公平基础上的薪酬政策才是有效的，才能确实起到激励教师的作用，而基于公平理念的教师薪酬设计更应实现三种公平的有机统一，就是外部公平、内部公平和教师个人公平，无论是对老教师还是对新教师，都要以公平为基础。
>
> （诺贝尔幼教集团 李艳艳）

快乐工作　幸福前行

◉【案例描述】

　　开学初的一天下午，在保育员看睡时间，我开始巡视。经过音乐厅时，听到里面有人正在用高八度的声音嚷嚷着什么，我赶紧推门进去，原来是小L老师正在打电话。见我进来，小L低声说了句什么把电话匆匆挂断，并赶紧擦掉眼角的泪水，勉强挤出一丝微笑向我问好。

　　原来，刚才和小L通话的是她爱人，他责怪小L对生病的儿子关心不够，质疑她不是儿子的亲妈，每天早出晚归，心里只装着班里的孩子……丈夫的指责让本来压力就很大的小L终于爆发了。

　　小L家住铁西区，自驾上班，交通顺畅时往返需一个半小时，而上下班时间基本都是交通拥堵时段，往往单程都要将近一个半小时。刚开学，班里事务比较多，虽然自己的孩子病了，想着孩子爸爸可以照顾，就没请假。通过和小L的聊天，我能感受到一向温柔的她内心深处的那种焦虑和纠结……

◉【思考与行动】

一、分析与思考

　　现在，心理问题在各行各业越来越突出，"职业心理压力""职业倦怠"

等相关名词也常出现在我们的现实工作中。心理健康、心灵灿烂的老师才能带出内心强大、阳光向上的孩子,关爱教职工身心健康,关注团队心理健康状况也日益成为幼儿园管理工作中一项重要且不可忽视的工作。

影响幼儿教师心理健康的原因有很多,核心原因在于职业与社会角色等多方面的压力与自身有限的承受能力之间的矛盾。

1. 工作方面:(1)工作时间长;(2)案头工作多;(3)开课多、活动多、比赛多;(4)安全责任的压力。

2. 社会角色方面:很多 80 后独生子女教师都上有老、下有小,是大家庭中的主要支柱,生活压力大。

3. 自我发展的压力。幼儿教师承担着众多的角色,管理者、授课者、教育者、学习者等,需要不断转换角色,这需要幼儿教师发展多种能力,如专业能力、管理能力、人际交往能力、表达能力、情绪控制能力等。此外,随着教育体制改革的不断深入,幼儿教师职业竞争压力也在逐步增强,而幼儿教师的社会报酬、待遇相对较低,这种矛盾也容易使幼儿教师产生不平衡心理。

4. 封闭的工作环境与社会交往之间的矛盾。整天与孩子打交道,给幼儿教师的人际交往提出许多挑战。面对一群天真的孩子,教师常处于教导的身份,容易形成好为人师的性格——总爱教育别人。幼儿教师生活环境单纯,导致思想意识与社会相脱离。幼儿教师做事小心谨慎,爱计较,这本是工作需要的,因为幼儿教师的工作繁杂而细碎,工作需要认真而细致,但如果长期如此,易形成过度敏感的性格特点。在这种情况下,一些幼儿教师就会产生孤独、无助、焦虑、抑郁、自卑等不良心理。

二、行动与策略

(一)心理健康知识宣传,指导教师进行心理健康的自我维护

通过不定期举办教师心理健康知识讲座,进行心理健康测试等形式,加大心理健康知识宣传力度,提升教师自我心理健康防护等意识。

1. 正确认识自我

正确认识自己,客观评价自己,合理要求自己,了解并愉悦地接受自己的优缺点,不给自己设定高不可攀的目标,同时推己及人,也就能够客观地评价别人,接纳并理解别人的缺点和错误,对世事中的不尽善尽美之处能泰然处之。

2. 正确看待失败

正因为教师是心理上"开放"的职业,失败和过错发生的概率就特别大。人无完人,每个人都会有失败的经历,关键是看怎么去认识和对待自己的失败。如果能从失败中吸取教训,总结经验,失败就是成功之母,而且能减少压力和焦虑的来源,更有利于自身的心理健康。

3. 换个角度想问题

心理学中的 ABC 理论指出，当我们遇到不如意的事时，如果我们能换个角度想问题，多用积极的眼光看待事物，那我们的心境也会随之改变。

4. 角色学习

我们每个人都同时肩负着多重的社会角色：大小家庭中的角色、工作中的角色、社会团体中的角色、朋友圈子中的角色等。每一个角色都需要我们自己不断地去学习、去完善，不断平衡好各角色之间的关系，游刃有余地轻松生活。

5. 学会求助

情绪低落时，可找好友或家人交流、倾诉，也可与三五好友、同事针对某件事各抒己见、畅所欲言，不知不觉间烦恼便烟消云散。

每个人所能承载的压力不同，如果压力源过多，超出了你的承受限度，此时应该向专业心理健康工作者求助，及时舒缓压力，健康生活。

（二）持续开展各类文体活动及心理团训活动

园工会每学期组织全体教工参与各类文体活动，如诗歌朗诵赛、歌唱大赛、毽球大赛、短跑接力赛等集体娱乐项目，丰富教工生活的同时倡导大家坚持运动，因为运动是放松身心的最好方式。坚持锻炼，不仅可以强壮我们的体格，还可以强壮我们的人格与心灵。另外，我们还不定期针对教师群体开展心理健康团训活动，以期待在既丰富又有趣、既紧张又轻松的心理游戏活动中不断为教师们减缓压力，放松心情，从而使教师们更加幸福工作，快乐前行。

（三）设置"心理 SOS"信箱

在教师们各类的心理问题和困惑中，有些是属于较私密的，不愿公开或是当众述说。针对这样的情况我们开设了"心理 SOS"信箱，教师可以通过书信的形式向园领导倾诉心中的疑虑和问题，寻求解决方法。如有署名，就进行个别辅导；没有署名，则在合适的场合进行团体辅导，给予他们及时的疏导和帮助。

（四）加强教师队伍文化建设

幼教之父夸美纽斯说："书籍是培植智能的工具。拥有智慧越多，你的烦恼就会越少。"幼儿园以打造书香校园为契机，坚持在教师队伍中开展读书学习活动，以此来陶冶性情，开阔视野。倡导教师们多读书，读好书，书读得越多，眼界愈宽，心灵的空间愈广阔。积极参与学习的人，他的精神境界会让他更有力量化解工作、生活中的压力。

（五）调整作息时间，精简会议次数和时间

为进一步维护和保障教职工合法权益和待遇，关爱教职工身心健康，在保证工作品质的前提下，幼儿园全面调整全园教工作息时间，将教师每天的工作时间由《中华人民共和国劳动法》规定的 8 小时压缩为 7.5 小时。这宝贵的半小时更好地减缓了教师们的工作压力，也更好地平衡了教师们工作和生活的矛盾。同时，幼儿园对各类会议进行了规划和精简，进一步减缓了教师工作时间上的压力。

第一编　引领教师发展

◎【成长心语】

　　面对教师队伍的心理健康问题，我们通过组织大家不定期地开展心理团训活动以及对个别教工进行单独心理疏导等方式，尝试逐渐缓解幼儿园这个特殊团队的心理压力，不断克服教师心理上的"职业倦怠"感。维护和保障教工合法权益，关爱教工身心健康，同时，对教工更加注重人文关怀，倡导我们的教师用智慧的双眸寻找自己工作中的乐趣，快乐地工作，用乐观向上的积极心态谱写我们多姿多彩的生活。

（东北育才幼儿园　王春芳）

附件1：

教职工工作时间表

（一）保教人员

上午班教师：7:20—12:00　　　13:00—16:00

下午班教师：9:00—11:20　　　12:00—17:10

白班保育员：7:20—11:50　　　14:00—17:10

夜班保育员：17:00—次日 7:30（23:00—次日 2:00 主班夜休，次日 2:00—5:00 副班夜休）

专业教师：7:20—11:30　　　13:00—16:20

（二）行政人员

当天值班领导：7:20—18:00（检查安全、午睡、晚值班等，每月一次值长班至 20:30）

其他领导：7:20—11:30　　　13:00—16:20

（三）后勤人员

保管员、采买员、司机、维修人员：7:20—11:30　　　13:00—16:20

值班医生：7:20—11:20　　　12:20—16:00

白班医生：7:20—11:50　　　14:00—17:10

夜班医生：17:00—次日 7:30

白班保安：7:20—17:00

夜班保安：17:00—次日 7:30（22:00—次日 2:00、次日 2:00—6:00 两名保安轮流夜休）

保洁人员：6:30—11:30　　　14:00—16:20

食堂人员：早班：6:30—17:00（含午休）　　　晚班：7:30—18:30（含午休）

早餐时间：7:10 开始，按照工作岗位轮流进餐。

午餐时间：11:20 开始，按照工作时间轮流进餐。

附件2：
常规工作时间表
周一：13:00—14:00 专业教师集体备课

周二：13:00—14:00 一线教师集体备课

周三：13:00—14:00 教师业务学习　15:00—15:50 白班保育员业务学习

周四：13:00 领导班子大会（每月末周四）

周五：7:50—8:30 夜班保育员业务学习　12:30—14:00 全园大会（两月一次）

资源链接

找到工作乐趣的八大定律

榴莲定律——职场新人主动点

问一个从未吃过榴莲的人"喜欢吃榴莲吗"，他是没法回答的——没有尝试，他既不能说喜欢，也不能说不喜欢。这个道理在职场中被称为"榴莲定律"。

> **定律启示：**
> 不少人想找到一份合适的工作，却从不主动去了解和体验，好工作很可能就在你犹豫不决中悄悄溜走。与其纠结如何找到一份适合自己的工作，不如调整心态多去尝试，这样才能在每一次历练中得到最终答案。

二八定律——把精力用在主要的事情上

一个人的时间和精力都是非常有限的，要想真正"做好每一件事"几乎是不可能的，要学会合理分配时间和精力。

> **定律启示：**
> 要想面面俱到还不如重点突破。把80%的资源花在关键效益的20%方面，这20%方面又能带动其余80%的发展。

油箱定律——倦怠了定些小目标

再好的车不加油也会抛锚。对职场人而言，"油"指的是职业目标，是工作的动力。找工作时，先想想职业目标是什么，想从工作中得到什么，然后找出衡量尺度，是薪水、稳定性，还是体现自我价值。

定律启示：
如果在一个岗位待久了，热情渐渐消失，不要盲目辞职，而应想办法给自己"加满油"。可将工作分解成为一个个小目标，学会赞美和奖励自己，哪怕一点点成绩都要肯定自己。

华盛顿合作定律——学会合作与分享

一个人敷衍了事，两个人互相推诿，三个人则永无成事之日。华盛顿合作定律说明人的合作不是人力的简单相加，而是要复杂微妙得多。

定律启示：
在工作中不要只顾自己，学会与他人分享信息，注意修复关系。职场中很多场合都考验你在考虑别人或者集体利益时的表现。记住，帮助别人就是帮助自己。

飞去来定律——跳槽前先找找病根

很多人企图通过跳槽、辞职来逃避本应付出的努力，可到头才发现很多事情还得面对。就像玩飞去来器，扔出去还是会飞回来。

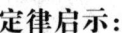

定律启示：
跳槽前想想，如果自身能力不足，就要想办法提高自己的水平；如果是目前的平台不适合，就先要明确职业定位，评估换工作的风险，并找好时机。此外，审视自己对工作单位的不满意是否客观也很重要。

梦露定律——不要放大不满意

梦露曾说："如果你不能接受我最糟糕的一面，那么你也不配拥有我最好的那一面。"对待工作也是如此。

定律启示：
当你对工作产生不满时，首先要找出根源：是难以处理与同事、上司的关系，还是觉得公司对自己不公平、不被认可、发展前景渺茫等。接下来要找解决方法，问问自己：在人际关系方面是否做到了尊重、沟通和包容；在发展方面，目前的工作能否提高你的能力。

赌注定律——攀关系不如练内功

"赌注定律"是指职场中很多人都挖空心思找捷径,希望发现最快速、最省力的方法。于是,他们往往把赌注压在不可控的事情上,比如走后门、攀关系。

定律启示:

通向成功的道路是脚踏实地的人一步一步走出来的,他们获得的宝贵阅历是走捷径的人难以企及的。好好修炼内功,稳扎稳打才是最佳策略。

碰撞定律——成绩是争取来的

"碰撞定律"告诉我们,运气是一种概率,你在职场生涯的碰撞越多,获得好运气的概率就越大。

定律启示:

与其等待运气不如去创造机会。在做好本职工作基础上,每天多干一点儿,能吸引更多注意,创造机会。敢于接受新任务,保持最好的精神状态,不要害怕失败。

第二编 优化内部管理

专业解读

本章内容以优化幼儿园内部管理为出发点进行解读和剖析,提出了园长在幼儿园管理方法上的具体知识要求,并在行为和能力上为园长提供了"怎么办"的具体做法。正如德鲁克所言:"管理是一种实践,其本质不在于'知'而在于'行'。"优化幼儿园内部管理的前提是园长具有正确的管理理念,通过学习专业的管理知识,运用科学的管理方法,促进幼儿园的高质量发展。

一、幼儿园内部管理

幼儿园内部管理是将幼儿园的各项工作和对各类人员的要求条理化、系统化,并做具体的规定。幼儿园是一个具有内在运行机制的组织系统,园长作为这个组织系统的管理者和第一责任人,应对幼儿园组织系统内的人、事、物实施科学的、规范的领导和管理,从而形成健全的幼儿园规章制度,有效地凝聚全体员工,合理地配置各项资源,发挥幼儿园的整体优势。优化内部管理有利于提高幼儿园保教质量,促进幼儿园的发展。

幼儿园内部管理包括依法治园、以德治园、优化组织、健全制度、实施科学与民主管理、加强危机管理等内容。

二、坚持依法治园、以德治园

(一)依法治园

遵循着依法治国的步伐,依法治园、依法治教成为必然趋势。依法治园是幼儿园管理者必须树立的管理新理念,这样才能使幼儿园管理制度化、法制化,让制度和法律贯穿于园所管理的始终。当前的幼儿园管理已不再单凭经验从事管理,而是需要管理者时刻树立法律意识,做到心中有法,运用法律手段维护幼儿园及教职工的合法权益。作为园长,在管理的过程中,总会遇到各种各样的突发事件,因此,园长通过学法、懂法、知法、遵法、依法、执法来规范自己的管理行为,选择合法正当的解决问题方式。根据国家对园长专业素质的要求,园长必须要学习和掌握各级各类与幼儿园工作密切联系的法律法规,认真学习并掌握重要知识和规范要求及所要遵守和执行的基本准则。法律法规是园所发展的指南针,而园长则是其中的主体,在依法办园和加强制度建设中起着决定性作用。因此,园长要拥有敏锐的政治眼光,具有高度的责任感和爱岗敬业精神,树立高尚的职业道德,严格遵守、执行、落实相关法律法规,从而更好地指导幼儿园工作。

园长应认真学习从中央到地方各级各类部门所颁发的相关的法律法规，这无疑为园长处理幼儿园各方面事务提供了有力的依据和依靠。因此，作为一园之长，为了使幼儿园工作顺利开展，保证幼儿身心的健康成长，增强园所凝聚力，提高教职工专业水平和构建良好的师德师风，必须要主动学习，熟练掌握相关的法规政策，带领全员增强法律意识，严格遵守相关法律法规，学习相关法律知识，并教导教职工懂得依法履行应尽的义务和维护自己的合法权益。

1. 国家层面的相关法律法规

《关于幼儿园教育改革和发展的指导意见》、《幼儿园教育指导纲要（试行）》（以下简称《纲要》）、《规程》、《条例》、《指南》等文件同时对学前教育的发展目标和手段做出了解释，体现了国家对学前教育行业的高度重视。对于促进学前教育可持续发展，保证教职工队伍的精良具有重要意义。幼儿园园长可根据自己幼儿园的特色，因地制宜，具体问题具体分析，领会法律法规的主要精神，灵活高效有针对性地进行管理。

2. 地方性相关法规及政策

《辽宁省学前教育条例》《辽宁省教育厅等八部门关于印发〈辽宁省小规模幼儿园暂行管理规定（试行）〉的通知》《大连市学前教育机构管理规定》《大连市教育局关于进一步加强和改进学校安全管理工作的意见》等文件是地方政府及各行政部门根据国家颁布的教育政策法规的要求，对本省本地区学前教育工作做出的细致规定。园长在具体的管理过程中还可以通过更加细致的法律及文件精神的学习来指导自身的领导工作。

（二）以德治园

学前教育是基础教育的基础，肩负着幼儿启蒙教育的重任。幼儿园作为学前教育的重要场所，良好的办园风气、高尚的教师品德与精神风貌、科学的教学思想等都将直接影响幼儿道德行为的养成，进而关系幼儿的人生走向。园长作为幼儿园的最高管理者，其道德品质决定着园所的道德文化，因此，园长首先应从战略的高度充分认识道德建设的重要意义，坚持管理与教育相结合，法治与德治相交融，两手都要抓，两手都要硬。《园长标准》中明确要求"崇尚以德治园，注重园长榜样示范、人格魅力、专业引领在管理中的积极作用"，可见"以德治园"应上从园长做起，下到每一名教职工都应"以德润身"，树立正确的人生观、价值观，养成良好的职业道德，为人师表，努力拼搏，才能切实提高幼教工作水平，促进幼儿园的可持续发展。

教育立国、科教兴国，一切根源在于教师。教师是人类灵魂的工程师，不仅教学还要育人，更应为人师表。师德是教师的灵魂，因此，在以德治园的过程中，园长应重点加强教师队伍的师德修养，推动师风建设，提高教师素质，更新教师观念，调动教师工作的积极性和创造性，提供教师成长的平台，让教师的个人价值与才华真正得到发挥与施展。

三、优化组织机构，健全规章制度

（一）优化组织机构

幼儿园内部管理应建立完备的组织系统，它包括正式组织机构和非正式组织机构。正式的组织机构通常包含党组织、行政组织、工会组织、团组织、教研组、年级组和班组，它们不是一成不变的，不同类型、不同规模的幼儿园在具体划分及人员配备上会有所不同，组织体系也有所不同；而非正式组织一般是在员工群体中自发产生的，他们观点一致、兴趣相投，有所谓的"精神领袖"，有一定的内聚力。因此，园长应重视、强化正式组织的协作效应，发挥正式组织的效能，同时加强对非正式组织的引导和关注，带领他们推动幼儿园的发展，而非将其边缘化。

1. 建立完备的组织机构图

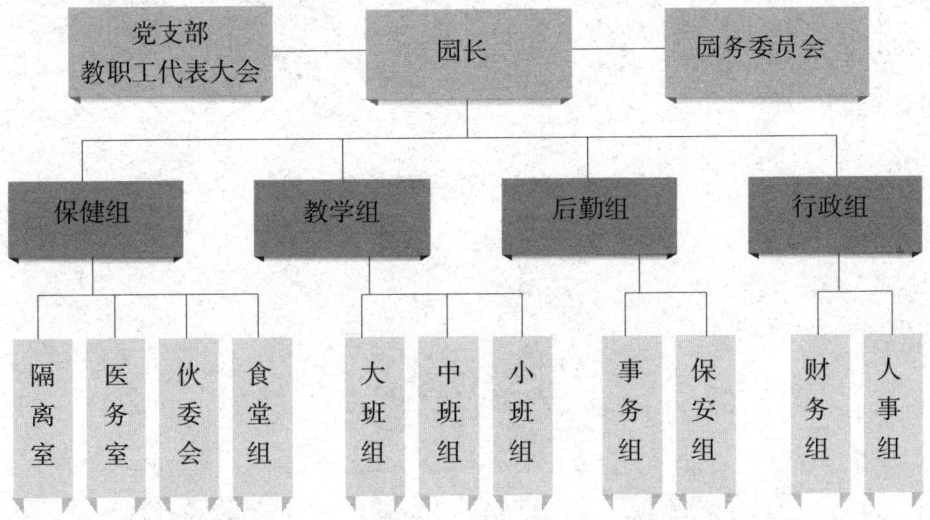

2. 明确各部门工作职责

（1）建立职责管理网络图

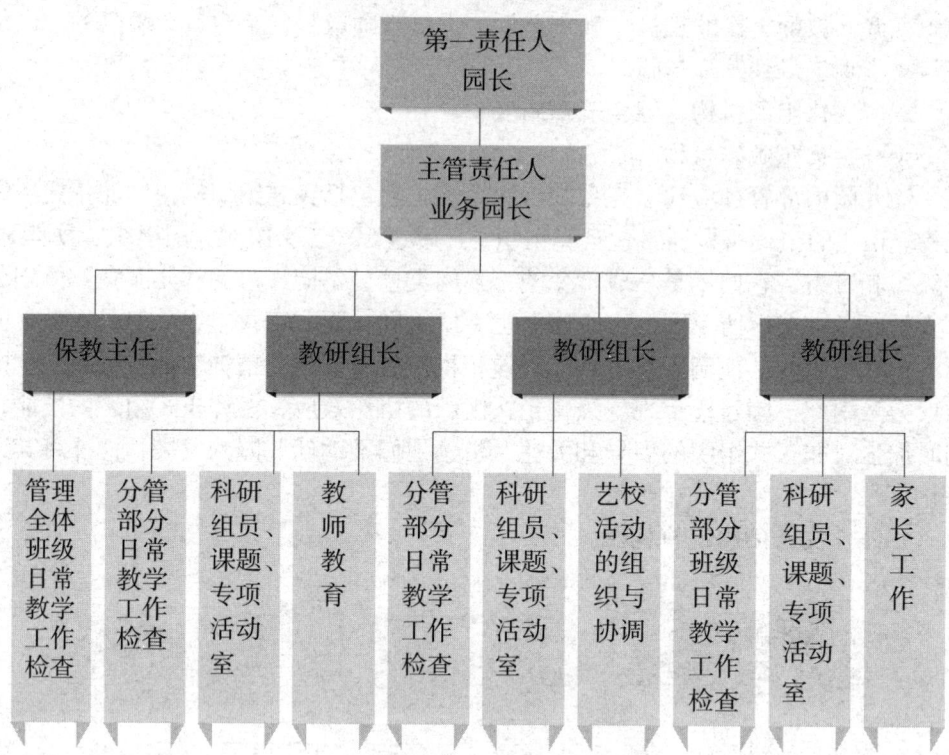

教学部门职责管理网络图

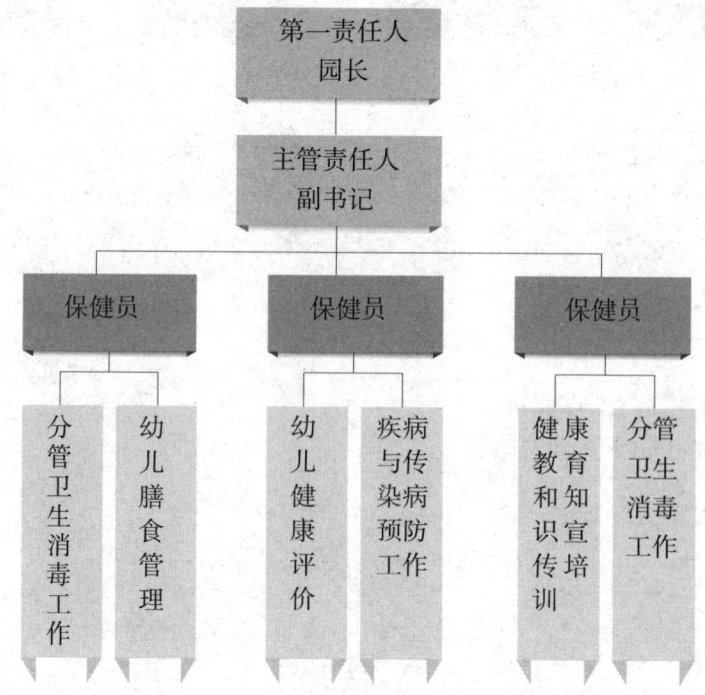

卫生保健部门职责管理网络图

（2）发挥党组织的核心作用

我国现今的幼儿园领导体制是以园长负责制为大背景的，因此，幼儿园园长的一举一动、一个思想、一个举措都会对幼儿园的各项事务产生重大的影响。园长的决策和领导方式、对领导班子成员的选拔和任用及整合、对办园特色大方向的把控等都会成为影响幼儿园成长方向和发展前景的重要因素。但一所幼儿园，仅凭园长一人之力是远远不够的，因此，以园长为核心组成领导班子是至关重要的，同时以领导班子为核心进行教工团队建设也是必不可少的。

幼儿园领导班子作为领导阶层，他们的思想、专业性、素质和教学水平直接决定了整个幼儿园的管理水平和发展程度；领导班子是否有凝聚力，决定了幼儿园是否团结。因此，加强领导班子的凝聚力，发挥其政治核心作用就显得尤为重要。领导班子在注重提高教职工的专业水平之外，还要注重人文关怀，进行人性化管理，使管理既有威严能够令人信服，又使员工享受这种有爱的管理，发挥党组织对幼儿园的保教工作和行政工作的积极作用。因此，幼儿园要积极配合党组织工作的开展，并且尽可能为党组织提供各种条件。作为园长，更要从党员的身份出发，以身作则，积极参加党组织开展的各项工作，并鼓励和带动全体员工共同参与。

（二）建立健全规章制度

1. 规章制度的含义

制度是组织的基本活动准则，是任何一个组织正常运转的保证。幼儿园的规章制度就是幼儿园的"法"，是实现幼儿园目标以及对幼儿园各项工作和各类人员的要求加以系统化、条理化而规定的必须遵守的行为准则和工作规程。

幼儿园的内部管理离不开完备的条例系统，它包括刚性制度管理和柔性制度管理。规章制度是指导一个团体有序运行的基础，是有效管理幼儿园的重要保证，也是维系幼儿园管理系统日常工作正常运行的保障性制度，这类制度的管理通常带有直接的强制性。

2. 幼儿园规章制度的作用

没有了章程的集体就像一盘散沙，因此，建立和完善幼儿园的规章制度，可以提高园所的工作效率，实现横向管理和纵向管理相结合，明确层次，使各岗位教工各司其职，能够便于统一管理。

（1）制约与保障作用：幼儿园规章制度是具有一定约束力和强制性的行为准则。良好的制度有利于将教职工的积极性纳入科学管理体系内，保证正常的保教工作的开展，同时制约教职工的某些不良行为。

（2）导向与规范作用：能增强教职工的责任意识，引领各类人员各司其职，各负其责，对形成良好园风和工作作风具有重要的作用。

3. 幼儿园规章制度的内容

幼儿园的规章制度整体由两大部分组成，一是国家立法机关和各级政府及其教育行政部门统一制定的法规和规章制度，如《中华人民共和国教育法》等；二是幼儿园内部依据国家及教育行政机关的相关法律法规，结合本园实际或主办部门的相关要求自行制定的规章制度。一般情况下，幼儿园内部规章制度主要包括以下四个方面：

（1）全园性制度：可以指导集体活动，统一全园各类人员行为。如考勤制度、业务学习制度、安全制度、家园联系制度、上下学接送制度、值班制度等。

（2）部门性制度：可以明确各部门工作任务和职责。

行政会议制度包括园务制度、班务制度、教代会制度、伙委会制度、家委会制度等。

卫生保健部门相关制度包括卫生保健制度、健康检查制度、生活作息制度、膳食营养制度、卫生保健登记统计制度等。

保教部门相关制度包括备课制度、常规检查制度、教研活动制度等。

后勤部门相关制度包括财务管理制度、材料管理制度、采购验收制度、安全保卫制度等。

（3）各类人员岗位责任制度：这是各项规章制度的核心，是其他制度执行的保障。如园长岗位职责、业务园长岗位职责、保教主任岗位职责、教师岗位职责、保育员岗位职责、炊事员岗位职责、保健员岗位职责、保安人员岗位职责等。

（4）幼儿园考核奖励制度：能保障其他制度的贯彻执行，同时可调动全园人员工作的积极性。如出勤考核制度、工资绩效制度、教师自主考评制度、教师民主考评制度等。

4. 制定幼儿园规章制度的原则

（1）切合实际，具有可行性：一定要符合本园的实际。

（2）明确具体，便于执行：易于执行者理解和掌握。

（3）集中性与群众性相结合：既要有集中，同时也应发挥广大教职工的积极性。

（4）相对稳定性：一项规章制度颁布后，就要保持其相对稳定，不能朝令夕改，要保证执行制度的严肃性。但这不意味着规章制度的一成不变，规章制度应随着社会形势、园所发展的变化而变化，通过适当调整、修改、补充使其不断完善，因此，规章制度保持相对稳定的同时要有一定的适应性。

5. 幼儿园规章制度的执行与完善

（1）通过讲解宣传、试行等方式让每一位教职工都知晓，从而遵照执行。

（2）注意制度执行的严格与严肃。

（3）制度面前人人平等。
（4）制度的修订与完善。

合理健全的规章制度就像整个园所的指向灯，能够指引幼儿园发展前进的大方向，帮助提高幼儿园整体水平，因此至关重要。

四、实施科学管理、民主管理

树立科学、民主的管理理念是当前适应幼儿园自身发展以及参与未来竞争的需要，民主管理是幼儿园健康合理运行的重要保障，是使幼儿园管理高效可行的重要手段。幼儿园园长在具备深厚扎实的专业知识的基础上，还必须拥有一定的管理理念，在严格遵守国家相关法律法规、方针政策的基础上，保证幼儿园所有制度与环节的有效运行，实现幼儿园科学地、民主地发展。幼儿园良好的发展离不开园长实行科学的、民主的管理方式，而民主管理的实行需要园长具有科学的、民主的管理理念。幼儿园应健全"园长全面负责，党组织保证监督，教代会民主管理"的管理体制，园长应自觉接受教职工、家长和社会等全方位的监督，园长的工作情况应自觉接受教育督导评估及群众和有关部门的监督。

推行园务公开是实施民主管理的重要形式，是提高幼儿园党的执政能力的重要内容，是依法治园的重要体现，是教职工参与民主决策的重要途径，是实现民主管理的有效渠道。幼儿园推行园务公开是完善监督机制的重要内容，是维护广大教职工切身利益的武器。每位教职工都是幼儿园的一颗螺丝钉，任何一颗螺丝钉松了都会对幼儿园整体造成不好的影响。因此，每位教职工的合法权益和既得利益应该得到妥善的安排和保障。《园长标准》指出："建立教职工大会或教职工代表会议制度，推行园务公开，尊重和保障教职工参与幼儿园管理的民主权利，有条件具备的幼儿园可根据需要建立园务委员会。"因此，完善内部管理，需要在幼儿园实行民主化、透明化，实施科学决策，以提高幼儿园实务的决策水平。

五、加强危机管理意识

幼儿园的服务对象基本是3~6岁自理能力还不成熟的幼儿，因此，根据幼儿的身心发展特点，可能会出现一些意外突发事件，甚至会威胁幼儿的安全和生命。突发事件一般是指毫无预期、突然发生并常常带来恶性结果的事件。园长应提高危机管理的意识与能力，一方面做好应急预案和急救措施，另一方面还要在日常生活中教授幼儿基本的自我保护意识、安全意识和自我保护能力。

幼儿园应将所有可能会发生的意外情况做出总结，如火灾、食物中毒、触电、溺水、幼儿相互打闹误伤等。针对不同情况提出相应的解决办法，进行宣传教育，同时做好家长工作，家园共育，共同保障幼儿的生命安全，尽可能做到防患于未然。妥善处理各种幼儿园中可能出现的突发事件，建立健全应急机制，提高教师的反应和应急处理能力，提高幼儿的安全意识和自我保护意识，是确保幼儿和教职工生命安全、保护幼儿园财产安全、保证幼儿园正常的教育教学秩序具有前瞻性的重要措施。危机处理能力是当今检验幼儿园园长管理水平的一个重要指标。

案例分享

网上投诉风波

【案例描述】

2016年9月,我在参加园长培训期间,同行的园长所在的幼儿园接到"民意网"转来的投诉:幼儿家长反映该园准备开设特色课程,让家长自愿缴纳教材费,部分家长反映极其强烈,一来对幼儿园收费有异议,二来对幼儿园所谓的"自愿"表示不屑——谁会愿意让自己的孩子没有教材就参加活动呢?因此,特色课程只能搁浅。与此同时,另一批家长在"民意网"上持相反的意见:幼儿园已经说明是"自愿缴纳",如果不缴费就应该视为不要教材,而园方仅仅因为部分家长反对就停止了正常的活动,是对缴费家长的漠视和对幼儿受教育权的剥夺,恳请幼儿园能够继续安排特色活动。

突如其来的状况让这位同行焦头烂额,她觉得家长是"鸡蛋里挑骨头",这么宽松的缴费条件还要投诉,她咨询我们一行人该如何解决。我听她回顾事件的来龙去脉,发现问题其实可以尽早避免,而此事也并不难解决。

【思考与行动】

一、分析与思考

该园长所在的幼儿园收取教材费的行为表面上采取自愿原则,看似尊重了大部分家长的意愿,但实际上这种行为已经严重违规了。虽然有的家长出于"爱子心切",对幼儿园的收费行为有不同见解,但是这并不能证明幼儿园收取教材费的合法性。作为园长,必须把握"依法办园"的思想红线,在办园过程中,应该谨慎、全面地考虑幼儿园行为的可操作性和合法性。对于国家或地方法律法规中明确禁止的内容一定不能打"擦边球"。如:《幼儿园收费管理暂行办法》(发改价格【2011】3207号)第十一条指出:幼儿园不得收取书本费;《大连市幼儿园收费管理实施细则》(大价发【2014】103号)第一章第三条提出:学前教育属于非义务教育,幼儿园可按照规定,向幼儿家长收取保育教育费、住宿费(仅对夜间住宿幼儿)、伙食费(仅对就餐幼儿),除上述三项收费外,幼儿园不得向幼儿家长收取其他任何费用。

西方一位哲人说过,世界上大多数的矛盾来自于沟通的缺失或无效沟通。案例中的投诉情况也说明该园长在做这项决策前未能与家长进行沟通与了解,进而导致矛盾激化。如果幼儿园能充分重视和收集家长意见,早些回应家长的质疑,和家长能就教材收费与否的核心问题交换意见,此事就不会发展到被投诉这一步。保持顺畅的家园沟通是化解矛盾的有效途径。

二、行动与策略

事件发生后,为尽快科学合理地解决问题,我们和该园园长研究制定了以下几个解决策略:

(一)召开家长恳谈会,及时反馈处理结果

组织家长恳谈会,由各班级家委会成员代表参加。首先,园方对教材收费问题给家长带来的困扰进行道歉;其次,园方听一听家长对收取教材费用的想法;第三,结合家园协商的内容,园方应做出承诺,向家长表明态度,即保证每位幼儿人手一套教材。

(二)开展家长舆情监督工作,开通园长信箱

家长向上级投诉的原因往往是由于无法向幼儿园表达个人诉求。幼儿园应充分意识到家园沟通的必要性,保证家园多通道沟通:一是开展全面的家长舆情监督,主要对家长在QQ群、微信群以及其他各渠道的意见反馈和核心关切进行收集汇总,并上报幼儿园管理部门;二是开通园长信箱,分为实体邮箱和网上邮箱两部分,家长的意见和建议可以通过这两种方式直达幼儿园决策层,免去中间环节,提高了沟通效率。这样才能充分体现幼儿园接受家长和社会监督的诚意。

(三)开展全员学习法律法规活动

该园长在教材费用是否收取的决断过程中,犯了"想当然"的错误,她认为只要家长自愿缴纳,就可以规避管理责任,实则暴露的是对法律法规的掌握存在缺位和盲区的问题,导致家长出现抵触情绪。我们作为园长,首先应具有政治敏锐性,学习相关法律法规,之后再组织全员教职工学习国家及各省市地方政府颁布的关于幼儿园教育的有关规定等直接干预办园行为的法律法规,努力提升全体教职工的法律意识,营造和优化幼儿园的法制环境。

经过这位园长的积极处理,事情终于圆满解决了,但此次事件也带给我们不小的警示。我更加清晰地了解,作为园长,必然有不可触碰的道德"高压线",但更应认清家长的"高压线"是什么,永远不要抱着打"擦边球"的侥幸心理,严格按照国家法律法规管理幼儿园,坚决杜绝"想当然"式的管理,让幼儿园在法治范围内得到最大的发展。

【成长心语】

随着社会的进步,人们的法制意识不断提高,关于幼儿教育的立法也在不断发展和完善。园长的政治头脑和法制意识对办园方向和办园质量起着决定性的作用。在依法办园和制度建设中,园长必须具备敏锐的政治眼光,了解和熟悉党和国家的有关方针政策,关心幼教发展与改革的动态和方向。

同时,园长还应正视两方面的关系。一是正视与家长之间的关系。家长是园所的重要工作伙伴,是教育工作的重要配合者,是主要的教育对象

信源，园长应该摒弃敌视思想，主动靠近家长，通过真诚的沟通获得更多有助于教育工作开展的助力。二是正视监督与被监督的关系，家长乃至全社会是幼儿园工作质量的主要感受者和测评人。有的园长面对监督时，总是畏首畏尾，怕露怯，喜欢掖着藏着，这不但不符合新形势下的办园理念，更与习近平总书记"洗洗澡、治治病、照镜子、正衣冠"的要求背道而驰，这样无助于办园质量的提升。

有两条原则可以让我们大家共勉："无规矩不成方圆"，训诫依法治园的重要性；"靠近你，温暖我"，诠释幼儿园与家长乃至全社会，及其带来监督之间的关系。

（大连市甘井子区教育局蓝山幼儿园 宋清豪）

以德治园 传递榜样力量

【案例描述】

两岁半的小天成自入园来始终表现出严重的分离焦虑，每天早上不愿意来幼儿园，抱着妈妈不撒手，排斥班级教师。当班的两位老师尽管较有经验，但是对于小天成的焦虑状况还是感到无从下手。当我了解情况后，先与天成妈妈进行了沟通。第二天早接待时，我早早地等待天成的到来，送了他一本绘本，和他做游戏、聊天，让他熟悉幼儿园的环境，慢慢地帮他度过了焦虑期。

几天后，我收到了一个署名"幼儿家长"发来的快递。起初，我以为是幼儿家长发来的投诉信，于是怀着不安的心情打开，里面竟是一张超市购物卡和一张写着"感谢您的家长——天成妈妈"的卡片。看到这份"礼物"，我能理解天成妈妈的心情，但是我不能接受她的感谢方式。于是，我将购物卡打好包装并留了一张纸条："天成妈妈您好，心意已领，照顾孩子是我们的责任。收礼是我们决不允许的行为，而我作为园长更应该为教师们做表率，望您理解。"将礼品卡用一份匿名的快递发送给小天成的妈妈。一天后，天成妈妈给我发来一条信息：您是一位令我尊重的好园长。此时，我为自己做了一件正确的事情而感到欣慰。

【思考与行动】

一、分析与思考

园长应该深知"学高为师，身正为范"的为师原则，时刻把控不收礼的师德师风底线。当下的家长越来越重视孩子，怕孩子在幼儿园受委屈，于是有的家长给老师送东西，希望老师格外照顾一下自己的孩子，或者有的家长真心想趁着节日对老师表示感谢，老师不收还会不高兴。正是因为这些现象和行为，才让我们教师的专业形象遭到了社会的误解，产生了教师德行信任危机。作为园长，如果面对幼儿问题置若罔闻,或认为那是带班教师的责任,而面对家长答谢却安之若素,欣然接受,那么将会更加严重损害自身及幼儿园的形象与道德立场。尤其在处理类似天成妈妈这样"报恩的家长"问题上,园长更应明确态度,坚定立场,决不能有放松心理,纵容他们的报恩行为,要始终坚守教师的道德底线,才能在教师中起到"风清气正,防微杜渐"的带头作用,树立德才兼备的思想,做到以德配位,向教师传递正能量。但在处理方式上园长要有智慧,一来不能违反师德师规,二来要顾全家长面子,妥善回应谢意。与此同时,园长更应重视对每一位教职工的师德教育,这样才能形成良好的园风,树立起幼儿园的形象。

二、行动与策略

收礼问题是涉及幼儿园师德师风的重要问题,作为园长,要想树立良好的幼儿园师德师风,首先要从自身出发,做好德行榜样与表率,在管理中坚持依法治园、以德治园,坚持把师德教育摆在教师队伍建设的突出位置,再通过加强领导与规范,强化师德建设观念,在教职工群体中弘扬爱岗敬业、为人师表、无私奉献精神。

(一)建立师德师风领导小组

幼儿园以园长为核心建立师德师风领导小组,一方面,着力进行师德行为的培养,上至园长,下至教师、保安,向每一位教职工宣传良好的师德信念,从而提高保教人员的师德意识;另一方面,领导小组负责监督教职工的师德行为,当教职工遇到无法拒绝的好意时,可以将物品交到领导小组,做好记录与登记,由领导小组出面联系家长,这样既解决了教职工的难题,同时也向家长树立起不收礼的良好园风、师风。

(二)签订师德承诺书

由师德师风领导小组拟定师德师风承诺书,请教职工进行阅读并签字确认。一方面,让教职工明确幼儿园的规章制度;另一方面,签字确认是要让教职工为自己的行为负责,以此来严格规范自身的师德行为。

(三)定期召开师德学习会议,做到师德教育经常化、制度化

园长定期组织教职工进行师德学习,增强抓好师德建设的责任感和紧迫感,提高活动效率。坚持教职工的集中学习与平时学习相结合,保证每月安排师德集中学习不少于1次。

(四)设立"润心箴言",警示你我他

"润心箴言"设立在幼儿园大门口的教育信仰窗口,既能帮助家长了解幼儿园的教育理念,也是规范师德行为、教职工躬身自省的重要途径,大家常读常新,使良好的师德规范转化为个人的自觉行为。

(五)建立《素心集》,记录榜样事迹

《素心集》是记录教职工廉洁从教行为的平台,引导教职工自我约束、规范

言行，同时发现身边的廉教榜样，向教职工传递"三爱"信念：爱事业、爱岗位、爱幼儿，最终达到提高教职工自身师德修养、自省自律的目的。

（六）组织榜样活动，发扬榜样精神

在《素心集》的基础上开展"赞美身边的榜样""年度榜样"颁奖活动，借此完善"榜样骨干带领榜样教师""榜样教师鼓励榜样幼儿"的榜样价值传递链条。让榜样的影响不仅仅是一次颁奖典礼、一场事迹宣讲、一次交流互动，更是融入教职工心田的一缕阳光。

❀【成长心语】

> 管理的最高境界不是给予，而是引路。园长的德行示范、榜样引领对教师无疑产生着映射和浸染作用，具有直观的立教特点，对教师的工作态度、价值取向、生活常态等都产生巨大影响。喊破嗓子不如做出样子，园长应时时处处注重率先垂范，铭记自己是集体生活中的一分子，言行举止应该起到引领风气之先的作用。园长的榜样作用犹如阳光照亮每一个人，我们有义务成为阳光播撒者，把这种"阳光般的榜样力量"撒在每位教职工的心田，将从教处事的高标准广而告之，推而广之，用品德与才干赢得尊敬，用对职业的敬畏与志向引领幼儿园发展、壮大。
>
> （大连市甘井子区教育局橄榄季幼儿园 赵一力）

附件1：拒收家长礼品记录表

序号	日期	班级	幼儿姓名	家长姓名	拒收内容	教工签字	备注

大连市甘井子区教育局橄榄季幼儿园

附件2：师德师风建设承诺书（教师篇）

教师师德承诺书

为了深入持久地开展师德师风建设活动，充分展现我园教职工的良好形象和精神风貌，提高全体教职工廉洁自律的意识，我在此郑重承诺：

一、坚守高尚的道德情操，不利用职务之便谋取私利；不收受幼儿家长的礼品、礼金及购物卡等有价证券，不接受宴请。

二、主动、及时向家长汇报幼儿成长的情况，虚心接受家长的意见、建议，不断改进工作。

三、关爱幼儿，尊重幼儿人格，注重幼儿个性发展，不侮辱、不呵斥、不体罚或变相体罚幼儿，做到公平公正对待每一个孩子。

四、遵守幼儿园的规章制度，不使用幼儿物品；不吃拿幼儿食品，保管好幼儿衣物及学习用品。

五、以促进幼儿发展、保护幼儿身心健康为原则，妥善处理幼儿之间的纠纷；不以任何理由、任何形式向家长索取钱物。

六、不以任何借口和理由从事微商工作，一经查实非编教工立即解聘，在编教工报请上级主管部门处理。

七、在网络、媒体、微信朋友圈等发布的消息应传播正能量，不屏蔽领导、同事的微信或其他媒介，以免影响团结。

八、凡不遵守承诺违反纪律要求，按幼儿园考核细则进行处理。

承诺人（签字）：

大连市甘井子区教育局橄榄季幼儿园
2016 年 3 月 1 日

附件3：师德师风建设承诺书（家长篇）

"明德廉教　共创共享"承诺书

各位老师：

你们好！作为孩子的家长，我们深知教育孩子的不容易，当我们把孩子送入幼儿园的第一天起，便是对幼儿园和全体教师的信任，我们相信幼儿园的园风清正，教师们的师德高尚。同时作为家长，我们也愿意积极配合幼儿园的工作，自觉抵制社会不良风气的延续，并做出如下承诺：

1. 拒绝送礼。不给老师赠送钱财和礼品，不宴请老师，尤其在节庆期间，不借机表示"谢意"，不给老师增添心理负担，还孩子们一个平等的环境。如发现老师师德师风方面存在问题，我们会及时与园所沟通，不让这种社会不良风气继续扩散。

2. 正面沟通。如对幼儿园或老师有所误会或不满，我们会通过幼儿园提供的正当途径予以沟通，不在不了解前因后果的情况下散播负面消息，影响幼儿园声誉。

3. 榜样作用。家长是孩子的第一任老师，言传身教的重要性不言而喻。作为家长，绝不在孩子面前辱骂或贬低老师，为孩子树立好榜样。

4. 家长桥梁。理智地配合幼儿园和老师处理好发生在孩子们之间的事情，与其他家长和谐融洽地相处。同时尽己所能帮助老师处理与家长之间的关系，维护幼儿园的名誉。

5. 配合工作。积极参加幼儿园组织的各项家长活动。乐意参与班级管理，积极出谋划策，给班级提出合理化建议。爱护幼儿园设施与环境。

6. 以身作则。行为举止文明礼貌，不打架，不说粗话、脏话，不乱扔垃圾，不随地吐痰。形成合力的行为习惯并留心让孩子学着去做。

7. 理性教育。多向老师请教家庭教育的方式方法，对孩子以正面教育为主，不打孩子，不对孩子大声喊叫。正视孩子的缺点和过错，不溺爱孩子。在孩子犯错时，及时予以纠正。多和教师沟通了解孩子在园情况。

8. 自立自信。帮助孩子树立自信心和责任心，让孩子学会自己吃饭、穿衣、如厕等力所能及的事情，整理自己的床铺和玩具，尽到自己的一份责任。

相信在我们家长和园所的共同努力之下，孩子们能够在健康纯净的氛围中健康快乐地成长。

承诺人（家长签字）：

幼儿所在班级：

大连市甘井子区教育局橄榄季幼儿园
2016年3月1日

附件4：润心箴言

附件5：素心集

廉洁从教行动记录

班级	时间	地点	当事人
事件描述			
事件感想			
记录人			

大连市甘井子区教育局橄榄季幼儿园

用民主化管理提高教师工作热情

【案例描述】

一学期快要结束了，又到了学园一年一度分班的时候。每年，我都要为分班的事组织中层干部开好几次会，仔细研究、调整分班方案。但分班后，还是有许多老师不满意。不是因为双方合作不好，就是因为有个别老师工作不尽力、不负责任，不服从主班管理。

今年，我采取了一个新的分班办法：教师参照主、副班聘任资格，根据自身

条件，自主申报主、副班，经过民意测评，投票选举出主班、副班教师，再结合主班与副班的双选意向，结成班级小团队。这样一来，有几位老师坐不住了。她们有的是原来工作不认真、个性强不好管的，有的是与同事相处不好的，主班们都不愿选她们。最后出现了她们没班可去、班里还缺人手的状况。

于是，我开始分别找这几位老师谈话。首先，让她们总结自己原来工作的表现；然后，帮她们分析落选的原因，让几位老师明确了自己的缺点。慢慢地，我做通了这几位老师的思想工作，于是她们向我保证：如果主班选用她们，她们一定认真工作，与其他老师好好配合。之后，我再次召开主班会，做主班老师的工作。希望主班老师从全园的保育教育工作出发，给这几位老师一次机会，先试用一个月，如果不行，我们再重新商议。

这次的分班按照民主投票的方式改革后，各班的工作情况都有了改观。不仅增强了班级老师间的集体凝聚力，调动了老师的积极性，促进了老师的责任心，还提高了老师的反思能力，让其在反思中不断前进。

❀【思考与行动】

一、分析与思考

本次分班采用的竞争上岗、自主选举、分层聘用人事管理制度，无疑是对以往完全按照我个人想法"独断"分岗的一种挑战。在新时期大力强调"以人为本"的思想下，将自主选择权交给教师，引入竞争机制，采用自主选举、分层聘用的方式，既给广大教师带来紧迫感，又能有效地调动教师的积极性，最终促进工作质量的提升。这种民主管理的方式，不仅使班级教师间能够很好地配合协调，还能提高教师的工作热情。此次事件激发了我对民主管理工作的反思，我对现阶段推行民主管理过程中存在的问题进行了认真的分析：

（一）中层干部民主管理意识淡薄

结合本次选举事件，就民主管理这个问题我与中层干部进行了探讨，发现中层干部对民主管理的概念没有深入了解。在他们看来，对教师应采用激励的方式，想办法去激发教师们的工作动机，提高教师的工作积极性。主要通过精神和物质奖励来实现。激励是一种较好的人本管理方式，但通过激励最终实现的是学园管理效能的提高，在认知层面还是停留在只会运用、不会完善的阶段。通过激励机制要达到怎样的目标，如何在幼儿园的管理过程中把教师、保育员作为管理的中心，充分调动他们的工作积极性，是幼儿园管理层要继续思考的问题。

（二）对教师的培训单一化

教师培训是统一办园理念、形成办园特色的重要手段之一。既有利于让教师快速适应学园的工作需求，又有利于建立起一支高素质的教师团队，促进学园长期健康发展。我园在教职工培训上大多采取园本培训，培训方式也较为简单，每周三、周四组织各领域有专长的教师运用自己的教学知识理论和教学经验，面向全体教师开展该方面的培训。同时根据在教育教学中出现的状况，进行答疑解惑并传授经验。除此之外，对于白班保育员以及夜班保育员也会定期举行有关"工作宝典""一日流程"的培训会。虽然内容看似丰富，但是经过斟酌，我发现从形式上来看，我园的培训方式是较为单一的，主要以经验传授为主，缺少对教师技能方面的培训。从教师个人素养来看，也是参差不齐的。如：有些老师能从自己班级的活动中总结出很多有关教育教学、家园共育方面的经验，制作出精美的PPT供大家学习；而有些老师只会简单地运用办公室软件进行文字编辑，还出现错别字、格式错误等基础性问题。

（三）教师缺乏参与管理的积极性

对内而言，学园一个普通教师的工资构成包括基本工资、绩效工资、全勤工资、幼儿出勤奖励等。教师的工作情况也与其每月绩效息息相关，学园有详尽的360度绩效考核制度，具体细则很多，细化到一旦发现幼儿没披裤子、穿反鞋、没洗手、没擦嘴等情况，教师的当月绩效就会减少。在与教师们谈话时，我发现她们对这些规定还是有一定怨言的，特别是对于一些细微的错误，觉得作为领导的我们应该"手下留情"一些。

对外而言，从每学期下发的《家长满意度测评问卷》中可以看出家长对学园的整体满意度以及对课程、教师、饮食卫生等方面的满意度都比较高。学园非常重视家园共育，也非常重视家长的需求和想法，不定时地对家长进行电话访问、约谈等。学园的每一个教职工，从领导干部到行政人员再到门卫，都可以叫出每个幼儿的名字，认出幼儿的家长。正是过于把精力放在家长身上，对教师的内部管理存在了一定的忽视。无论是对内还是对外，都降低了教师参与管理的积极性。

二、行动与策略

（一）营造良好的人文关怀，提高教师参与学园管理的意识和能力

第一，人本化的园所管理体现了管理者对教师的尊重、关心与理解，有助于培养教师的自尊、自信与自爱。尊重就是要尊重幼儿教师的人格与自尊心，当教师的自尊心得到了保护，他们的工作热情就会高涨，教学效果就会提高。首先要让教师从内心认识到自己的成长与自身的价值，从而激发他们的积极性与创造性，使其潜能得到最大的发挥，专业得到发展。

第二，将教师参与民主管理的制度真正落实下去，而不是口头上的简单宣传。幼儿园管理层积极研讨，为教师创设多种途径和渠道，让其参与到学园的计划策略、发展目标、重大措施决策、教师培训等决策中。认真、诚恳地听取教师的建议，对可行建议给予肯定、支持和采纳。这不仅使学园的管理决策变得更有效，还能让教师在此过程中意识到自己的重要性，进而增强自尊感和自信心，提高自身的参与意识与决策能力，促进专业成长，最终增强教师对学园的认同感和责任感。

（二）以多种形式拓宽民主管理途径，变"被动管理"为"主动管理"

首先，幼儿园管理层经过几番研讨，为教师建立了不同层次的会议公开制度。每学期召开一次学园领导与教职工代表的民主谈话会，充分听取各个层面的教职

工对学园工作和领导班子的意见和建议，经领导班子研究讨论，商量解决办法，由我以及各中层干部在全园大会上作出答复或解释，并要求有关责任人对所涉及的问题及时整改，全园监督。

其次，带领全园坚持做好民主选举工作。为了改变年级组长、教研组长、保教主任、保育主管等人选由领导说了算、难以服众的现象，以上职位面向全体教师实施公开竞聘，即先由竞聘者公开发表竞聘演说，再由全体教师以不记名投票的方式选举，产生出大家心目中的各级领导干部，使应聘者人人满意，落聘者人人服气，全园未出现一丝杂音。选举出的各级领导，本着为学前教育事业和全体教师利益负责的态度，正确行使民主管理权利，反映群众的心声，为学园的发展建言献策。

最后，改变园务保守的传统工作制度，让其透明化，为全体教师公开学园五年规划、学年工作计划、职称评聘、月绩效考核、班组人员调整、工资调整、教师休假、评先评优、学年工作总结等园务工作内容，在时间上坚持每学年、每月公开与随时公开相结合，使广大教师能随时了解学园工作的真实情况，从而取得教师的信任与支持。

（三）自主参与培训，提升教师自身的专业素质

经过幼儿园管理层对教师的观察、访谈，总结出现阶段教师在专业素养中存在的不足，为教师开展"师德建设""教育理论""教科研"等多主题的培训活动，让教师根据自身欠缺自主参与培训，有效提升自身的专业素养。如：我园贯彻落实教育部《关于进一步加强和改进师德建设的意见》，深入开展以学习《幼儿园教师职业道德规范》为重点的专题培训活动，加强师德教育；从教育基础理论入手，通过专家引领、自学教育理论专著等途径，主动吸收和借鉴国内外教育发展过程中形成的各种最新理论成果，对教师实施有针对性的培训，以提高教育水平；着眼深化素质教育，以"学园生态教育体系"为依托，充分运用常规教研、落地式教研组等有效形式，帮助教师更好地把握理念，并将其转化为先进的教学行为；做好学园教师的心理辅导工作，从心理素质方面提高教师的专业水平和自我调节能力，使其为教育工作做出更大的贡献。

❀【成长心语】

> 幼儿园的民主管理说到底是对人的管理，而倡导"民主管理"就是集群众智慧来管理幼儿园，充分发挥全体教职工的工作积极性，使教职工真正成为幼儿园的主人。在以后的道路中，我将继续领导幼儿园的中层干部及时分析、整合、采纳教职工的合理化建议，充分发挥全园教职工的聪明才智，集思广益，共同管理，定能取得最佳管理效果。
>
> （东北育才幼儿学园 全 玲）

用法律手段维护幼儿园的权益

【案例描述】

2015年6月的一天，我正在去沈阳参加会议的火车上，途中突然接到副园长打来电话说："有一位家长反映女儿的下体近来发红，怀疑孩子在园遭到了侵犯，但这位家长并没有谈要求，而是提出想要私了此事。"听到这里，我坚定地告诉副园长："这件事情节严重，涉及我们幼儿园以及教工的声誉，绝不能同意家长私了的要求，我们必须严查此事，公事公办，如果发现真如家长所说，我们一定严惩，如果此事不属实，我们也绝不能纵容家长的诋毁。你将我的话转告家长。"挂断电话，我又做了四件事：第一，将此事上报教育局主管领导；第二，联系了我们幼儿园聘用的法律顾问，进行专业的咨询，了解事件处理的程序；第三，让信息专干查看监控；第四，请副园长面谈班级教师，了解情况。

经过园方和警方的调查，并没有找出任何证据能够说明幼儿在园遭到侵犯。一周后，我约谈了这位家长，但家长竟然将电台记者、报社记者一起带来，准备采访我。我当即拒绝，表示在事情没有查清楚之前我们不接受任何形式的采访和报道，只约谈幼儿的监护人。谈话中，我向家长说明了园方和警方的调查情况，并介绍了我园聘请的法律顾问所进行的调查工作后，家长态度有了明显转变，他表示无法拿出证据或是任何的医院诊断，想就此罢了。家长的这种猜疑行为，影响了幼儿园及教工的名誉，我想追究他的责任，但鉴于对幼儿的影响以及家长的态度，我们选择原谅家长，他也同意向幼儿园及班级教师公开道歉，此事才得到了圆满解决。

【思考与行动】

一、分析与思考

通过这个案例可以看出，家长有的投诉其实是主观臆断、出于猜测的，对于虚张声势、协同不明记者来恐吓幼儿园的行为，如果园长因法律意识淡薄而退让，这对园所的发展是不利的。如果园长能够知法、懂法、用法，善于利用法律武器维护园所的权益，运用法律认可的程序进行事故纠纷处理，那么，既能够维护幼儿园的利益，同时也能消除误会，使得事件得到圆满解决。

另一方面，在调查过程中，我发现部分教师法律意识淡薄，在面对家长咄咄逼人的质问时表现得很胆怯，甚至不知怎样查找证据来维护自己。对此我认识到，幼儿园的发展不仅需要园长具有法律意识，学习相关法律法规，研读国家政治、教育、文化等多方面的政策，同时应该加强对幼儿园教工的法律知识的培训，提高教工的法律意识、维权意识，勇敢地用法律法规保护自己。

二、行动与策略

为确保相关事件在日后能够科学规范地处理，我们认真吸取本次事件经验教训，梳理总结了处理幼儿安全事件的工作流程与策略。

（一）上报教育局主管领导，取得教育局领导的支持与重视

教育局是幼儿园的直接上级，幼儿园出现事故时应该由园长第一时间上报教育局领导备案，取得教育局领导的支持并且得到局领导的指导与重视。

（二）园内形成调查小组，由园长、副园长、中层领导及工会领导组成

《规程》（2016）第四十条明确提出，园长应贯彻执行国家的有关法律、法规、方针、政策和地方的相关规定，负责幼儿园的安全保卫工作，维护教职工的合法权益。这其中明确规定了园长应承担的责任和工作范围，园长始终处于园本管理系统的核心，起着主导和决策作用，在有效理顺园本关系的同时，要做好对外协调，与家长、社区、教育行政主管部门以及社会的方方面面处理好关系。因此，当幼儿园出现安全事故时园长应明确自身职责，勇于面对。

（三）咨询律师，了解事故处理的法律程序

现代社会是法制社会，幼儿园管理中必须树立法律意识——学法、守法、知法、用法。近几年幼儿伤害事故时有发生，并日益成为社会关注的焦点，家长也越来越知道用法律来维护自己的权益。因此，我们更加应该严格按照国家规定，依法办园、依法治园，用法律武器保护自己。

在案例中，正是因为有律师的专业支持，根据事件给出合理有效的解决策略，才使得幼儿园圆满地解决了纠纷。因此，幼儿园聘请专业律师是必不可少的。

（四）依法收集证据

案例中家长所描述的事情如果是真实的，那么对幼儿、对幼儿园、对教师所产生的严重性、危害性、影响性是相当大的，因此，我们坚决不能向家长妥协，"私了"解决，而应照章办事，依法解决。通常，幼儿园收集事故证据的途径有以下几种：

1. 查看监控，了解事件发生的真实性。
2. 约谈涉案教师。
3. 举证。

3~6岁幼儿属无行为能力人群，作为监护人的家长，应该拿出医院诊断或直接相关证据进行举证；而幼儿园则需要被举证，拿出并未发生的事实证据，进而双方进行证据核实。

（五）澄清事实，确定解决方式

事件调查清楚是确定解决方式的重要依据，因此，在澄清事实后必须得到相应的解决。案例中，家长所指并非真实，是子虚乌有的事件，幼儿园应该追究其责任，理应让其为自己的行为对幼儿园、教师所带来的不良影响道歉，挽回幼儿园的声誉。经与家长约谈，了解了幼儿的家庭情况，为避免影响幼儿的身心健康，园长选择不追究家长的法律责任，但必须让家长向幼儿园及教师公开道歉，以维护教工的权益。

（六）开展教师培训，依法治教

经过上述事件之后，幼儿园更加重视师德建设及教师法律意识的培养，将教师文明执教意识、依法维护自身权益意识纳入不容忽视的师德教育内容。

1. 定期学习相关的幼教法律、法规、政策

定期以各种形式组织教职工集体学习《纲要》《规程》《中华人民共和国未成年人保护法》《国家中长期教育改革和发展规划纲要（2010—2020年）》《条例》《辽宁省学前教育条例》《学生伤害事故处理办法》等，使每位教工都知法、懂法，提高教师依法执教的能力，学会用法律武器维护自己的权益。

2. 开展师德调查征集活动

通过开展师德调查征集活动来贯彻"以人为本、敬业奉献"的师德观念。通过此次活动，全园共收集教师禁语412条，教师师德感悟206条。经过筛选，我们整理出《甘井子区教育局幼儿园励言励行40条》《甘井子区教育局幼儿园禁言禁行30条》等，使每位教师更加明确师德的真正含义和标准，不触碰师德高压线，严格按照法律、法规和幼儿园规章制度依法执教。

【成长心语】

> 园长管理不能单凭经验，而必须时时、处处、事事都体现法律意识，做到心中有法，办事依法，通过法律手段维护幼儿园及教工的合法权益。依法治园是实施教育法制的基本内容和基本要求，也是依法治教在幼儿园的具体体现。要想管理好幼儿园，既要遵循幼儿教育规律，又要严格遵守幼儿教育相关法律法规。只有加强法律法规的学习，不断增强法律意识，依法依规办园，同时不断提高教师的师德水平，严格按照规章制度治教，确定好各岗位职责，才能切实规范办园行为，提高办园水平。
>
> （大连市甘井子区教育局幼儿园 王秋霞）

附件：教师言行规范——励言励行、禁言禁行

励言
- 老师希望每天都看到你的笑脸。
- 没学会不要紧，老师再教你一遍。
- 我们一起来表演，相信你会表演得比老师还好。
- 老师最爱听小朋友唱歌，我们一起来唱歌好不好。
- 你真棒，如果××方面做好，你就更棒了。
- 小朋友，我们比赛看谁睡得好、长得高。
- ××小朋友讲的故事真好听，小朋友都很喜欢听你讲故事。
- 你做得真好。

- 小朋友很聪明，你们肯定能想出许多办法来的。
- 你最近进步很大，继续加油，你会是最棒的。
- 做不好没关系，再试一试，老师相信你，加油，你一定行。
- 你的想法真有创意，老师太佩服你了。
- 你的小手真能干。
- 你真是老师的好帮手，小朋友的好伙伴。
- 改了就是好孩子。
- 慢慢来，老师等着你，不急。
- 他不是故意的，原谅他吧。
- 别灰心，再画一张（再做一次）。
- 你真是个聪明的孩子。
- ××小朋友是一个爱动脑筋（讲卫生、爱帮助人）的好孩子。

励行

- 蹲下来跟孩子说话。
- 户外活动时，让每个孩子都在自己的视线内。
- 跟家长交流时，多说孩子的优点。
- 教育孩子应该做到的，自己首先要做到。
- 与孩子一起参与游戏。
- 微笑着和孩子讲故事、唱歌。
- 面向全体幼儿，多提问那些胆小、不主动表达的小朋友。
- 每天离园时，总结幼儿一天的表现，给予适当的奖励。
- 让每个孩子都有当小组长、值日生的机会，学会自己管理自己。
- 对待家长有礼貌，做幼儿的表率。
- 主动保持教室及室外环境卫生，捡拾果皮纸屑。
- 对自理能力稍差的孩子多加鼓励。
- 把好动的孩子放在眼皮底下。
- 多弯下腰跟孩子交流。
- 午睡多巡视、多观察，起床后提醒幼儿及时穿衣服。
- 把班里的每一个幼儿当自己的孩子对待，关心幼儿生活中的点滴小事。
- 对待家长的疑问要耐心解释。
- 领导来园，热情有礼，起立迎送，积极应答。
- 主动跟家长打招呼。
- 入园时主动问幼儿好，离园时主动跟幼儿说再见。

第二编 优化内部管理

禁言

- 等着,没看到老师在忙吗?
- 快点,老师要收拾了。
- 笨死了。
- 不许哭,再哭出去。
- 你真是愁死我了。
- 你怎么每天中午都不睡觉。
- 你真傻。
- 就你毛病多。
- 你怎么老是不听话。
- 我看见你就烦。
- 闭嘴,听老师说。
- 再不听话,上一边坐着去。
- 再尿裤子老师就不喜欢你了。
- 乱扔垃圾,父母怎么教你的。
- 管好自己的事,别管别人。
- 别吵了,烦死了。
- 再打人,给我站一边去。
- 你看你那脏样,叫你妈给你洗一洗。
- 再讲话,起来站着。
- 快吃,老师要扫地了。

禁行

- 当着孩子的面吃零食(当着孩子的面化妆)。
- 孩子吃饭时(孩子午休时),大声讲话。
- 上课时,手机铃声响了。
- 向家长索要财物。
- 上班时间干私活。
- 乱传小道消息。
- 同事之间打架斗殴。
- 在背后说同事的坏话。
- 穿着拖鞋、高跟鞋上班。
- 讽刺、挖苦孩子(家长)。

大连市甘井子区教育局幼儿园

ISO 国际管理认证体系在幼儿园管理中的运用

【案例描述】

在我刚刚成为一名园长时,由于缺乏管理经验、管理知识和有效的管理方法,导致对幼儿园日常工作的管理要求提得不够全面、不够细致,出现了管理细节上的问题,如:

问题一： 在组织教工学习上级部门文件精神时，有的教工说部门负责人没有下发此文件，而部门负责人却说已经发了，因没有教工签收文件记录制度导致教工之间出现矛盾。

问题二： 有的教工因事假或病假而没有参加会议，又没有进行会议签到，导致部门负责人忘记了缺席本次会议的人员，当对其进行工作检查时，此人说不知道会议要求，且没有人通知他。

问题三： 在到班级指导、检查工作时，发现环境创设的吊饰和主题墙的个别地方有破损现象或活动室的某块玻璃不干净等问题，已告知本班教师和保育员，但第二天再进行班级工作的复检时，还会出现之前发现的个别问题没有及时进行整改，班级的老师会说"忘了""没记住""没听清"的现象。

问题四： 因对个别新教师培训不及时，对家长办理退园的流程不明确，让家长走弯路，给家长带来了不必要的麻烦，导致家长对幼儿园的工作不满意。

问题五： 班级出现财产损坏后，保育员口头告知部门负责人，部门负责人因没有见到维修单，导致班级维修工作落实不及时。

【思考与行动】

一、分析与思考

上述种种现象让我意识到幼儿园管理工作中出现的问题：规章制度不够完善，工作要求不够具体，工作流程不够明确，部分教工不明确"先做什么、再做什么、最后做什么"。为了弥补管理中的不足和漏洞，园长应掌握国家相关政策和幼儿园的管理知识，树立精细化管理理念，建立适合本园实际情况的幼儿园管理体系，提升园长的管理水平和规范化办园质量。

幼儿园领导班子经过研究，决定运用ISO9001国际质量管理体系，重新审视幼儿园的管理问题，确定本园的管理途径和方法，运用流程管理，贯彻以预防为主的管理思想，进行全过程控制，采取有效的纠正措施和预防措施，建立全面的质量管理体系，提升教工执行力和工作效率，使工作落实更加有理有序，责任落实具体到位，节约管理成本，形成良性循环机制，提高幼儿园的管理水平，更好地为幼儿提供优质服务，满足幼儿、家长的需要，从而提高幼儿园信誉度和美誉度。

二、行动与策略

（一）培训为先，践行质量管理理念

作为园长，在决定引入ISO质量管理体系标准之前，要对全员教工进行培训，通过实物介绍产品，让教工知道什么是ISO9001及实施ISO9001质量管理体系对幼儿园的发展有什么益处。对幼儿园领导班子及中层以上干部进行培训，使他们明确实施ISO质量管理体系是对原有的管理思想和管理习惯的有力挑战，需要转变管理思想、管理理念，树立有效和高效的做事观念和习惯，倡导问题意识、改进意识和创新意识。

培训之后,改进本园的管理体系,从建立基础管理体系到探索系统化管理体系,在管理过程中不断创新,深刻理解标准,严格贯彻标准,同时也体验了科学管理带来的有序与高效。

（二）依据文件,建立质量管理体系

依据质量方针和要求,我们建立了质量手册和程序文件,以"转变观念、完善制度、明确职责、优化流程、确立要求"为重点。为实现这一重点,对幼儿园的所有工作、岗位,依据有关质量体系标准,制定了细致严密的流程,一切都按标准流程来运行,实行全程质量管理。具体分为完善制度、明确职责、优化流程和确立要求。（内容详见附件）

（三）细化过程,提高质量管理效能

依据ISO9001质量管理体系要求,把幼儿园的各管理环节作为管理的组织和资源,通过制订计划、监督指导、反馈改进、总结评估,进行集中调控,分层、按序管理,以激励机制贯穿管理的全过程,充分发挥各职能部门的作用,来实现幼儿园的管理目标,从而提高质量管理效能。

1. 制订计划

计划是管理工作的基础,是管理活动中最重要的环节。"计划工作"主要解决两个问题:一是干什么,二是怎么干。制订全园规划、全园工作计划、各部门工作计划、班级工作计划、教育教学周工作计划、各部门月周等工作计划,同时通过实施工作任务单、食品采购申购单、物品购置申请单等专项计划来完成。

2. 监督指导

各部门负责人严格以ISO9001国际质量管理体系要求和标准定期、随时到基层进行检查,从检查内容、发现问题、处理措施等环节,加强管理监督,过程控制,检查指导工作落实情况。采用《日常工作检查记录本》《指导单》《解决问题单》等形式,更好地落实各项工作。各部门负责人针对检查中出现的问题随时与园长沟通,共同商讨解决策略,使工作落实到位。

3. 反馈改进

幼儿园反馈工作是指园领导及时根据教工完成工作任务的情况,进行评价与反馈的过程。通过《月考核表》《表扬单》《看评课评析记录》《财产损坏报告》《会议签到表》等形式,激励教工更好地完成各项工作任务。

4. 总结评审

根据ISO质量管理体系标准要求,幼儿园要建立评估机制,保持持续改进,除了自评、互评、领导小组考评外,还要进行管理内审、管理评审,接受质量评审机构一年一度的复审,即第三方评审,以更好地评价教工的履职情况。

每次评审都能发现一些不合格项目,各相关部门负责人针对不合格项目制定出纠正、预防和改进措施,在一定期限内整改。通过不断地评估、审核,幼儿园不断发现和改进管理过程中的问题，从而使幼儿园始终保持在一个持续改进和不断完善的状态中。

（四）关注幼儿，规范质量管理服务

从对待幼儿的角度来讲，幼儿园的产品是服务、提供知识信息和技能服务，只有不断改进和自我完善，检查自己的师德、责任心、业务能力及综合能力，才能达到教育质量管理规范的基本要求，以获得幼儿、家长、社会的满意。

1. 了解和满足家长的实际需求

家长工作是幼儿园管理工作的重要组成部分，关注家长的需求是幼儿园规范质量管理服务的体现。

（1）我园每学期开学时下发《家长需求表》，及时听取家长的意见和建议，站在家长的立场上换位思考，急家长所急，想家长所想，提供全方位的服务策略。

（2）解决家长的个性需要，对于想看幼儿在园录像的家长，需填写《查阅内容申请表》。

（3）对于想提前接幼儿的家长，每天早晨送幼儿入园时，需填写《幼儿提前离园申请单》。

（4）有些家长想利用休息时间来参加幼儿园的志愿者行动，需填写《家长志愿者行动登记表》。

（5）家长看到幼儿园的环境创设都是废旧材料的再利用，便主动将家中的废旧材料送到幼儿园，看到家长这一行为，我们建立了《家长善行录》，将废旧材料用于幼儿园和班级的环境创设、玩教具的制作，为幼儿园教育教学提供丰富的物质资源。

2. 组织个性化的亲子活动

我园每月进行一次亲子活动，活动前，我们为家长提供《家长开放日活动记录》，家长可以了解活动的过程，并进行记录。活动后，我们为家长提供《家长开放日反馈表》，让家长及时提出宝贵的意见和建议。

3. 充分发挥家长协作小组的作用

我们遵循ISO9001管理质量体系中精细化、标准化、目标化管理的原则，最大限度地满足家长参与的需求，最大限度地挖掘家庭教育的资源，根据工作需求和家长专长对家长群体进行细分。以家长专长细分：管理策划组、课程研究支持组、亲子策划组、科学育儿组；以教育需求细分：单亲家教组、隔代教育组。六个小组的工作相互联系、相辅相成，构成了家长参与幼儿园管理的网络，每一位家长都是网上的一个结，织就了幼儿幸福生活的网。

4. 进行服务质量测评：家长每月对教师进行服务质量测评

为了尊重家长的意见，重视家长的评价，倾听家长的心声，保障家长参与幼儿园教育质量评价的权利，我们每月进行一次家长对教师服务质量的测评，让幼儿园的教工更好地服务幼儿、教育幼儿，让幼儿在幼儿园健康快乐地成长，从而更好地规范幼儿园管理服务质量。

总之，在实施ISO9001质量管理体系的过程中，需明确"做什么、为什么做、谁来做、何时做、怎么做和做到什么程度"六方面。其精髓是"该说的要说到、说到的要做到、做到的要有效、有效的要有鉴证"。以使"目标同向、工作同力、考核同步"，最终达到管理目标，并为"建设好班子、培育好队伍、创造好机制、服务好家长、塑造好文化"打下重要基础。通过实施ISO9001质量管理体系，我们全面提高了幼儿园的管理质量，有质量地完成育人目标，使幼儿园管理法制化、规范化、程序化、有效化。

【成长心语】

> 影响学前教育发展水平的一个重要因素是幼儿园的管理。园长是幼儿园管理的第一责任人，更是幼儿园发展的领头人，必须把握时代的脉搏，不但要熟悉幼儿园管理的基本知识，还要通过各种途径了解国内外幼儿园管理的先进经验，并将其运用在幼儿园管理的实践中。在实施ISO9001质量管理体系时，进一步明确了管理的精髓是"该说的要说到、说到的要做到、做到的要有效、有效的要有鉴证"以及"做什么、为什么做、谁来做、何时做、怎么做和做到什么程度"六方面管理要求。以使全体教工"目标同向、工作同力、考核同步"，最终达到管理目标，并为"建设好班子、培育好队伍、创造好机制、服务好家长、塑造好文化"打下了重要基础，幼儿园的管理更加法制化、规范化、程序化、有效化，有利于提高幼儿园的管理质量。
>
> （大连市甘井子区教育局幼儿园　王秋霞）

附件：建立幼儿园质量管理体系

幼儿园全面引进了ISO质量管理体系，对幼儿园的所有工作、岗位，依据有关质量体系标准，制定了细致严密的流程，一切都按标准流程来运行，实行全程质量管理。

项目名称	内容	具体明细
完善制度	修订完善了教育教学管理、科研工作、伙房卫生消毒、多媒体管理、健康检查和家长联系等保教工作关键环节的规章制度，并增加了文件管理制度、质量记录管理制度和师德双评制度。	**伙房卫生消毒制度** 一、要保持伙房的清洁，经常清扫。 二、厨房用具，如刀、案板、盆、抹布等，要做到生熟分开，洗刷干净，食具一餐一消毒，食具消毒方法是用水煮或上笼蒸。 三、伙房内地面和墙壁每周消毒一次。 四、灶台、冰柜、食品架每周用消毒液消毒一次。 五、炊事员要坚持上灶前洗手，如厕前脱工作服，便后用肥皂洗手，操作时不抽烟。 六、伙房要安装防蝇设备。 <div align="right">大连市甘井子区教育局幼儿园</div> **质量记录管理制度** 1.填写质量记录时要及时、真实、内容完整、字迹清晰，不得随意涂改；如因某种原因不能填写的项目，应说明理由，并在该项上画单横线；各相关栏目负责人签名处不允许空白。 2.如因笔误或计算错误需要修改，应用单横线画去原内容，在其上方写上更改后的内容。 3.部门质量记录要按类别、日期顺序整理好，存放于通风、干燥的地方；各部门按规定的期限保存记录；所有的质量记录要保持清洁，确保字迹清晰。 4.质量记录发放、借阅和复制。 （1）各部门填写《文件发放、回收记录》，向办公室领用所需记录空白表。 （2）各部门保管的质量记录应便于检索，需借阅或复制者要经相关部门负责人批准，并填写《文件借阅、复制记录》,由记录管理人登记备案。 5.质量记录如超过保存期或其他特殊情况需要销毁时，应填写《文件销毁申请》，交办公室审核，报管理部门和代表批准，由授权人执行销毁。 <div align="right">大连市甘井子区教育局幼儿园</div>

（续表）

项目名称	内容	具体明细
明确职责	对各部门进行系统的职责分工，有班主任职责、保安人员岗位职责、保管员职责、保育员职责、炊事员职责、档案管理员职责、电教管理员职责、会计岗位职责、伙房班长职责、伙管员职责、教具管理员职责、教师职责、科学发现室管理员职责、门卫职责、图书管理员职责、卫生保健员职责等。	**教研组长岗位职责** 1. 协助领导带领本组完成教育教学任务，制订教研组计划、教学进度计划及专题研究计划。 2. 组织教师集体备课，开展教育活动，组织观摩、学习，开展专题研讨及业务竞赛活动等。 3. 向领导汇报本组保教工作情况，反映群众的意见和要求，传达领导的意图。 4. 纠正本组教师工作中出现的问题，做好思想工作，协调组内成员的关系，增强凝聚力。 5. 负责本组的工作总结。 6. 负责组内节日和大型活动内容的制定、材料的准备及组织的协调工作。 7. 完成园领导交代的其他各项任务。 大连市甘井子区教育局幼儿园 **班主任职责** 一、根据幼儿园教育教学工作计划、级部工作计划及本班幼儿实际情况，制订班务工作计划。 二、协调本班保教人员的工作，形成团结协作、积极主动的工作作风。 三、协助级部主任组织、协调本班保教人员履行岗位职责，并进行检查督促。 四、安排、落实本班节目、环境创设及观摩准备等具体事宜。 五、有计划、有针对性地采用多种形式开展班级家长工作；充分利用社区及周围教育资源。 六、配合幼儿园的安排开展各种活动，并及时反馈交流班级情况及存在的问题。 七、评析幼儿发展情况，做好幼儿成长档案，及时与家长沟通，促进幼儿健康成长。 八、负责本班财产的保管，及时收缴幼儿学习及生活费用，及时收集班级档案材料。 大连市甘井子区教育局幼儿园

（续表）

项目名称	内容	具体明细
优化流程	没有流程，管理就是空话。要使我们的管理落地，必须认识流程、制订流程、把控流程、执行流程。运用流程管理不但有利于提升教工的执行力，更有利于提升园长的管理水平和规范化办园质量。只要按照流程走，工作的效率与质量自然就有了保证。	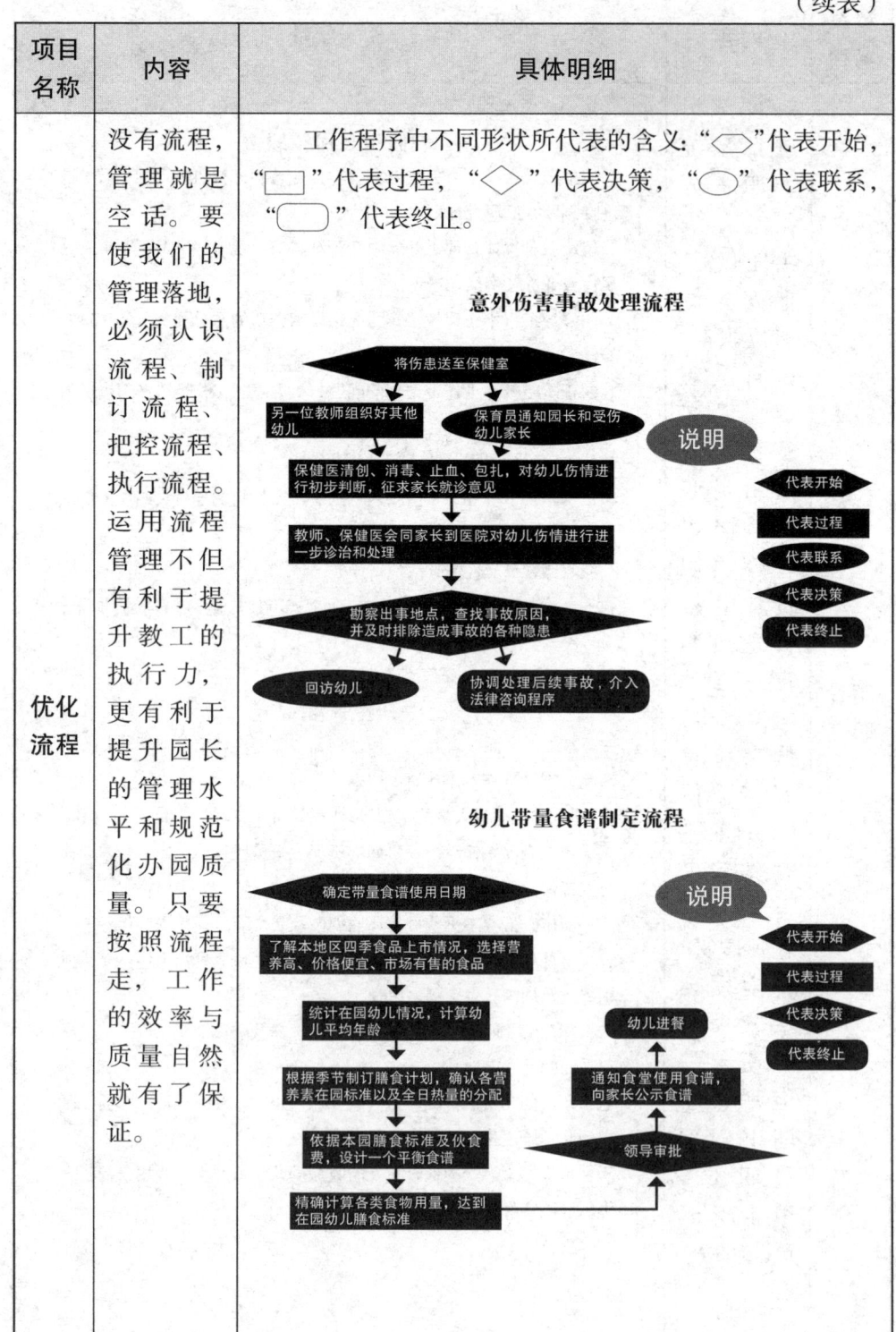

项目名称	内容	具体明细
确立要求	修订了集中教育活动、升旗活动、户外活动、班长工作、教研组长工作、教师工作、灭火器的位置和使用方法、接待家长等工作的要求及行为规范，并建立完善各项工作质量记录。	（1）工作要求	**我园幼儿食品索证索票工作要求** 1. 采购人员采购原材料时，为保证全园师生的食品卫生安全，须定点采购食品。 2. 不采购不符合食品卫生标准的食品和原料，不采购无卫生许可证的食品生产经营者供应的食品及原材料。 3. 及时建立食品、食品原料、食品添加剂和食品相关产品的采购记录制度。 4. 从食品生产单位采购猪肉类、畜产品、家禽类时，查验、索取并留存供货者的相关许可证复印件、产品合格证明以及动物检验检疫相关文件。 5. 从固定商场、超市或者供货基地采购时，查验、索取并留存商场或供货基地的资质证明、每笔供货清单。 6. 从农贸市场、个体经营商户等采购时，应索取摊位号、摊主有效身份证件及联系电话，并留存采购清单。 7. 每日及时并如实记录所采购产品的名称、规格、数量、生产批号、保质期、供货者名称及联系方式、进货日期等内容。 大连市甘井子区教育局幼儿园
	（2）每周、每月、每学期、每年必做的几件事。如果园长能够了解每个部门、每个人在固定时间必做的几件事，可以提高管理的效率	如：园长必做几件事、副园长必做几件事、保教主任必做几件事、档案员必做几件事、教师必做几件事、电教员必做几件事、保健员必做几件事、保健医必做几件事、保育员必做几件事、炊事员必做几件事、会计必做几件事、出纳员必做几件事、采购员必做几件事、保管员必做几件事、资料员必做几件事、维修工必做几件事。 **园长必做的几件事** | 时间	必做几件事
---	---
每周	1.写业务笔记。2.搜集学习资料。3.看评半日活动。4.周一召开班子会议。5.周三组织政治学习。6.周五开展家长接待日。7.周五召开部门负责人会议。8.抽查各部门、各岗位工作。
每月	1.撰写全园月工作计划、总结。2.反馈考核成绩。3.召开园务委员会会议。4.组织家长学校活动。5.创新、失误汇报。6.批阅记录本。7.组织部门工作总结。
每学期	1.修改规章制度。2.召开家长委员会会议。3.组织教工购书。4.组织幼儿园部门管理评审。5.组织课题成果汇报。6.撰写全园学期工作总结。
每学年	1.撰写全园学年工作计划、总结。2.修订工作目标。3.组织教工考核评定。4.组织"六一快乐周"活动。5.组织全园管理评审。6.组织家长进行满意程度调查。	

（续表）

项目名称	内容	具体明细
确立要求	（3）行为规范 如：幼儿园保教人员日常工作行为规范、保教人员接待家长行为规范	**保教人员接待家长的要求** 1. 热情、微笑地接待家长，主动问好、问早。 2. 坚持用普通话与家长交谈，相互沟通。 3. 正确对待家长提出的意见和建议，并合理地给予解答。 4. 及时向家长反馈幼儿在园的表现。 5. 认真、耐心地倾听家长反馈幼儿在家的表现。 6. 积极配合家长提高育儿能力。 7. 入园时，亲手从家长手中接幼儿进活动室；离园时，亲手将幼儿送至家长手中。 8. 坚持正面引导的原则，不在家长面前批评、指责幼儿。 <div align="right">大连市甘井子区教育局幼儿园</div>
	（4）建立完善质量记录 ① 新生准入证 ② 看评课记录 ③ 幼儿个案跟踪记录 ④ 活动区域记录	**看评课记录本** 	日期		执教者		班级		幼儿人数	
---	---	---	---	---	---	---	---
内容							
时间	活动记录					随评	
总评							| **幼儿个案跟踪记录表** 班级：　　教师姓名：　　观察时间：　年　月　日 | 观察对象		性别		出生日期	
---	---	---	---	---	---
观察内容					
幼儿行为表现记录					
原因简析					
措施						 <div align="right">大连市甘井子区教育局幼儿园</div>

（续表）

项目名称	内容	具体明细
确立要求	⑤排便记录 ⑥喝水记录 ⑦食品留样记录、过敏食物记录、伙食反馈记录、无剩饭记录	**食品留样记录** | 日期	餐次	食品名称及数量（g）	留样时间	留样人签字	班长签字
---	---	---	---	---	---
月 日	早餐		时 分		
	早点		时 分		
	午餐		时 分		
	午点		时 分		
	晚餐		时 分		
	晚点		时 分		
月 日	早餐		时 分		
	早点		时 分		
	午餐		时 分		
	午点		时 分		
	晚餐		时 分		
	晚点		时 分		
月 日	早餐		时 分		
	早点		时 分		
	午餐		时 分		
	午点		时 分		
	晚餐		时 分		
	晚点		时 分		| 注：按规定数量留样，冰箱冷藏48小时，留样容器应消毒后使用。 **食物过敏幼儿的管理记录** （ ）月（ ）日班级用餐幼儿数： 大一班：　　大二班：　　大三班：　　中一班：　　中二班： 中三班：　　小一班：　　小二班：　　小三班：　　小四班： 班级过敏体质幼儿出勤情况： | 班级	幼儿姓名（过敏源）	教师签字
大一班		
大二班		
大三班		
中一班		
中二班		
中三班		
小一班		
小二班		
小三班		
小四班		
汇总分布	海鲜类　　蛋类　　果蔬类　　其他	| 伙房食物对策： 保育员取餐确认签字： 　　　　　　　　　　　　　伙房主管签字：

（续表）

项目名称	内容		具体明细
确立要求	所有的规章制度、各种考核、承诺及行为规范都需要每位教职工的签字确认，让每位教职工明确并遵守自己所签字的内容。所有的制度、任职条件、岗位职责、工作程序、工作要求、行为规范、质量记录作为幼儿园的管理性文件，明确规定了幼儿园内部教职工的权力、职责、行为。质量记录为每一项工作提供客观证据。	⑧教师参与教研活动记录表 ⑨教师各种本表上交情况记录表 ⑩园务公示、各项制度、考核、津贴签字	**教师各种本、表上交情况记录** 班级：　　教师姓名：　　观察时间：　年　月　日 | 序号 | 姓名 | 周计划 | 区域计划 | 学习故事本 | 看评课本 | 区域观察 | 班级日记 | 班务会议 | 业务本 | 师德学习 | 园务学习 | 安全学习 | 卫生保健 | |---|---|---|---|---|---|---|---|---|---|---|---|---|---| | | | | | | | | | | | | | | | 大连市甘井子区教育局幼儿园

芝麻卷过敏事件

【案例描述】

小四班陈××小朋友有牛奶、鸡蛋、核桃、花生过敏史。入园时，家长已经在幼儿园保健室进行登记备案，保健医也正式告知班级教师和食堂。

2014年5月19日晚上6点左右，陈××妈妈先后给班级主班老师和生活老师打电话，主要的通话内容是：晚餐陈××吃的是什么？有没有吃花生？陈××从幼儿园接回家后，发现有过敏症状：身上起疹子，呕吐，有点儿喘。老师反映："幼儿园晚餐食谱是麻酱卷、菠菜海米粥、蒜薹炒素鸡、清蒸莲藕肉丸。因为肉丸中有鸡蛋，没给陈××吃，陈××吃的食物是两个麻酱卷、少量的蒜薹炒素鸡和菠菜海米粥，肯定没有进食花生。"家长认为孩子出现了食物过敏症状，目前没有太大危险，建议幼儿园进一步调查。

次日早7点45分，老师电话联系陈××家长，爸爸在电话里说："孩子现在已经没事了，昨晚我们和老师通完电话后，孩子一直昏迷，到今天早上7点左右才清醒，昏迷了11个小时。我们怀疑麻酱卷的麻酱中可能含有花生的成分，希望老师能到食堂问问是否是这样，并想告诉食堂人员，一定不能再让孩子吃到含有花生的食物了。"随后老师找到食堂负责人，了解相关情况，在逐一检查原材料的过程中，发现麻酱卷中的麻酱包装标签为"王致和牌混合芝麻酱"，配料中含有花生。幼儿园向配送公司索要的是"王致和纯正芝麻酱"，但配送公司更换了货品，幼儿园没有进行细致的验收和核实。

幼儿园领导研究后，认为应该把这件事情原原本本告知家长，不隐瞒，不推卸责任。当事家长表示能够理解，并提出建议：希望幼儿园加强对过敏儿童的饮食管理，不要再发生类似的事情。

【思考与行动】

一、分析与思考

每一位园长都有这样的感受，幼儿园报告食物过敏的儿童越来越多，从水产品到肉类、干果、水果，直至谷物都有过敏病例。而迫于幼儿园加工条件的限制，多数幼儿园尚不能满足独立加工的需求。我们知道，一般过敏症状主要表现在皮肤、肠胃和呼吸道，有时甚至发生全身性的过敏反应。多数反应只是持续几分钟或几个小时，少数可能持续几天，症状则因人而异，有的出现腹痛、腹胀、恶心、呕吐等消化道过敏症状，有的出现荨麻疹、风疹、湿疹、瘙痒等皮肤过敏症状，有的严重时还可能会产生呼吸困难、神志不清等呼吸道和神经系统症状。但可以肯定的是，对特定食物的过敏，如花生、坚果、鱼类和贝类等，有可能造成更严重的过敏反应，如引起过敏性休克。对于日益严峻的新问题，我们应该采取什么对策呢？

二、行动与策略

发生上述事件后,幼儿园采取了以下措施:

(一)科学认识儿童食物过敏病症

我们责成幼儿园保健医负责对食物过敏病症进行全面科学的了解,掌握疾病原理、好发儿童、症状表现、食物种类、预防措施等。

(二)对幼儿园过敏儿童进行全面统计

由卫生保健室负责,对在园幼儿进行过敏食物统计,家长需持幼儿过敏源化验报告在园里登记。新生入园之初,进行过敏食物报告等,真实掌握全园幼儿的过敏病例。经过调查,幼儿园6%的幼儿存在食物过敏症状,涵盖了近20种食品原材料。

(三)对全体教职员工进行食物过敏科普宣传

由卫生保健室对全体教职员工进行科普讲座,提高大家对过敏症的认识,积极地思考应对办法。

(四)制定相关管理监督办法

幼儿园制定了涵盖时间流程、责任范围、内容分工等一个维度交织的《幼儿园食物过敏幼儿相关管理办法》,以事件发生为起点,开始实施。(见附件)

(五)定期反馈总结新问题

❀【成长心语】

> 孩子身上无小事。园长应结合新形势,发现新问题,制定新标准,总结新经验。特别在日常工作中抓住可能造成严重危害的典型事件,追根溯源,科学分析,积极应对。应科学统筹全园工作,形成支持幼儿健康成长的保障体系。
>
> (辽宁省政府机关幼儿园姜玲)

附件:

幼儿园食物过敏幼儿相关管理办法

项目	序号	内容	责任人
幼儿管理	1	办理幼儿入园手续时,卫生保健室要请家长如实填写《入园病史调查表》,并告知家长,如有隐瞒,发生问题,后果自负。	保健室班长
	2	保健室要与过敏幼儿家长进行约谈,全面了解、记录幼儿的过敏源与发生过敏时的体征表现,并向家长介绍幼儿园过敏症儿童食品管理办法,约谈后将儿童过敏情况以书面形式通知班级和食堂。	保健室班长

（续表）

项目	序号	内容	责任人
幼儿管理	3	如入园后幼儿出现对新增食物过敏的情况，班级教师应立即通知保健室，并请家长配合做好保健室的约谈调查工作。	保健室班长
	4	对于严重过敏幼儿，通过佩戴幼儿园统一发放的特殊标识加以提示。	早班教师
	5	对于过敏源超过三种的幼儿，幼儿园可建议家长暂缓幼儿入园。对食物过敏有严重症状，能导致生命危险的幼儿，保健医要及时通知园里并婉拒该幼儿入园。	保健室班长
	6	卫生保健室建立在园食物过敏幼儿管理档案，定期进行跟踪回访。	保健室班长
教职工管理	1	每学年初，卫生保健室结合整理的全园过敏幼儿情况，对班级教师、保育员及食堂相关工作人员进行过敏儿童知识培训，了解幼儿过敏源及其过敏症状。	保健室班长
	2	保健医向班级、食堂发放告知书，请相关教师、食堂人员了解后确认签字。	保健室班长
	3	班级建立过敏幼儿登记表，详细记录幼儿过敏源及家长联系方式。相关教师与食堂人员要将告知书或过敏幼儿及过敏源放置醒目位置，便于提醒。	教学班长、食堂班长
	4	班级教师因升班、请假等原因出现交接、替班情况时，要将过敏幼儿情况一并交接（认真填写交接单），以免幼儿食用过敏食材。	交班教师
	5	保健医、食堂人员在就餐巡视时要留心观察过敏幼儿就餐情况。	巡视的保健医、食堂人员
	6	每次进餐后，带班教师应对易过敏幼儿多加观察。	当班教师、保育员

（续表）

项目	序号	内容	责任人
食品管理	1	食堂人员要加强对食品进货渠道、食材配料成分的严格检查把关工作，避免幼儿误食过敏食材。	食堂班长
	2	对于容易引起幼儿过敏的食材，配餐保健医应尽量酌情选择其他食材进行替换，降低幼儿可能发生过敏的几率。	配餐保健医
	3	食堂要对食物过敏幼儿特别备餐。	食堂班长
	4	每次进餐前，当班教师、保育员要对食品严格检查，做到层层把关，不让过敏幼儿食用能导致过敏的食品。	当班教师、保育员
发生食物过敏情况的应对措施	1	若幼儿出现过敏症状，应及时到保健室就诊，并通知家长。	当班教师、保健室
	2	若幼儿出现呼吸困难或晕厥时，应立即告知园领导并通知家长，同时拨打 120。	当班教师
	3	在发现幼儿有过敏状况时，及时检查幼儿进食的食物，查找并确定过敏源。	当班教师、食堂班长
	4	若幼儿因在园进食，但回家后才出现过敏反应的，家长告知后，教师须立即逐级报告，以便相关部门及时查找幼儿过敏原因，积极做好幼儿治疗工作。	班级教师
	5	做好事后的探访安抚工作。	班级教师

2014 年 5 月 26 日

打造"四先四型"领导班子，形成凝聚力

◆【案例描述】

2016 年 1 月 17 日，我接到同学打来的电话，当时她情绪很激动，和我诉说着她任副园长以来与园长之间发生的不愉快，她认为园长在工作中强势、独断专行、管理不民主、听不得别人建议、不理解下属等，这让她很难开展工作，甚至

有了想要调离岗位的念头。从她的倾诉中我听得出两人的关系已经严重影响了她的工作。我安慰她遇事要冷静，抛开园长的问题，先要反思自身，是否有未理解园长意图、不负责任、推脱责任、好人主义、缺乏创新、被动等待的现象，然后劝解她再换位思考一下园长的处境，学会掌握与园长进行沟通、协调的方式方法。同时，我将自己如何与园长形成一个和谐班子，彼此间如何做到补位、到位、不越位的方法与她分享。听了我的建议后，她渐渐平静下来，也表示会反思自己的做法与行为，并且愿意在今后的工作中调整与园长沟通的方式方法。

◆【思考与行动】

一、分析与思考

俗话说："火车跑得快，全靠车头带。"在幼儿园，"车头"就是一个园所的领导班子，通过与同学的交谈，我更加认识到如果领导班子思想认识不统一、缺乏内部沟通，对各自的角色定位、职责、权力模糊不清，必然导致班子不团结、无法形成凝聚力，从而阻碍园所的快速发展。幼儿园的管理不仅仅依赖园长一个人，更需要领导班子既有分工，又能通力合作来完成，和谐的领导班子才能营造和谐的园所文化，有凝聚力的领导班子才能充分发挥党组织的政治核心作用。

通过对上述案例的思考，我们认为大力加强班子建设、增强凝聚力和战斗力是领导班子建设的首要任务，也是幼儿园党建工作的重要内容。《规程》（2016）第五十七条提出，幼儿园应当加强党组织建设，充分发挥党组织政治核心作用、战斗堡垒作用。我们通过"四先四型"班子建设理念，打造和谐、有为的领导班子，紧紧围绕教育教学中心工作，不断更新观念，突出实效，促使教育教学管理与党建工作双双迈上新台阶。

二、行动与策略

（一）先学一步，提升修养，做学习型领导班子

1. 加强政治理论学习，强化思想武装，增强班子成员党性修养。一方面，将党章、党史、党规、准则、条例及新时期党的理论及各项政策作为班子成员必学内容，形成领导班子必须遵守的铁的纪律。另一方面，学党支部的各种制度、职责、工作程序、领导班子考评细则，领导班子必须要先学先明，带头遵守。

2. 加强业务学习，强根固基，提高业务指导能力。要求"两学"：一学《纲要》《指南》《规程》，把握幼儿教育的实质与方向；二学幼儿园工作的目标、计划、决策，清楚我们的工作目标是什么，为了这个目标我们要做怎样的努力，怎样去落实与实施。

（二）先思一步，凝心聚力，做活力型领导班子

"思"能够让班子成员达成共识，明确"争第一、创唯一"的工作目标与工作规划，对下步工作有着更真的思考才能促使领导班子对幼儿园的发展进行新的定位，引领幼儿园走上发展的快速轨道。如我们开展的"我为领导班子献计策""我

看领导班子的变化"座谈会,大家从不同角度对领导班子工作提出建设性的意见和建议,充分表达了自己对领导班子发展的关心与关注。

(三)先研一步,引领业务,做专业型领导班子

知识与领导能力是密切联系在一起的。知识是基础,没有这个基础,领导能力就成了无源之水、无本之木。领导班子在职责分工上有所不同,但工作的宗旨是一致的,因此,领导班子应立足本职,以园本研修活动为载体,以课题研究为途径,带头走进教育现场,了解教育实情,发现教育困惑,学习教育知识,解决教育问题,提高教育能力,从而创造一流的工作业绩,在行动上做到专业引领。

(四)先行一步,做好服务,做先锋型领导班子

1. 开展"争做先锋型领导班子一员"专题研讨活动,设立领导班子奉献日,确定服务内容及措施,组建"献爱心志愿者"服务队,建立领导班子服务记录本,充分发挥班子示范带头作用。

2. 开展"三结对"活动,实现领导班子与中层干部、与骨干教师、与青年教师的三个层次结对活动,发挥班子先锋作用,提高园所骨干力量。

3. 建立领导班子自评手册,每月进行一次个人自评,树立"大事讲原则、小事讲风格"的理念,以保证凝心聚力抓中心、议大事,工作不跑偏、教育不走调。

❀【成长心语】

> 领导班子凝聚力是园所发展的"魂",它决定着这个班子的战斗力。在我们领导班子的成长过程中我深刻地体会到,领导班子是科学组合起来的最佳群体,是共同做事的最佳拍档,班子成员应在谋事中和谐,在共事中和谐,在干事中和谐,在治事中和谐,时刻以园长为核心、民主意识为基本思路、工作目标为指向,通过"特别的引领作用,特别的担当精神,特别的实干业绩"共同推进领导班子建设的内涵发展,推动办园质量的提升。
>
> (大连市甘井子区教育局幼儿园 王露荣)

被"细化"的保教结合

❀【案例描述】

2016年7月4日上午9点,我看到一个班级的植物角里的土生植物有很多枯叶,水生植物容器里的水比较混浊,一看就是班级教师对土生植物和水生植物的管理不到位。我请当班的教师组织幼儿做好植物的管理,并带领幼儿给土生植物的枯叶进行修剪,给水生植物换水并将容器清洗干净。教师说:"好的,我告

诉我班的保育员将容器清洗干净。"我当时愣了一下，老师又说："清洗容器是由我班保育员负责的。"而我认为，在组织幼儿换水时，就应该顺便把容器刷一下，干净的容器盛装的水才不容易混浊，不必非等着保育员来清洗。同时，我又想到了前几天看到的一幕：一个班级的活动区柜子上摆有杂物，我对保育员说："请不要把杂物堆放到柜子上。"保育员小声地说："都是老师的东西。"我找到卫生保健部门询问，卫生保健老师说："老师的东西到处乱放，保育员也不好意思说，也不能随便把老师的东西收走，害怕收走后老师找不到。"理由看似挺合理，但却影响了班级工作的质量。

【思考与行动】

一、分析与思考

此案例引发了我对班级保教结合工作的思考。针对植物管理的问题，教师应该在组织幼儿管理植物的过程中，树立整体观念，教育幼儿管理植物并不单单是教师或保育员的职责，应该分工不分家，让保育和教育紧密结合。关于物品摆放事件，保育员不敢说，怕得罪老师，班级工作应彼此通力协作、互帮互助，老师和保育员都应关注班级的卫生及生活管理，不应将物品随处摆放。

当前我园的管理制度虽然比较齐全，但还不够完善，缺少班级保教结合制度，缺少细节性的工作要求，为了有效做好保教结合，促进班级保教质量提升，我认为有必要建立班级保教结合制度。

二、行动与策略

（一）召开班级会议，查找问题

各班班长召开班级会议，自查班级教师、保育员是否明确工作职责，是否能够相互配合完成工作，班级整体工作质量是否得到提升。在会议研讨中发现，教师和保育员的工作结合点不足，存在各自为政的现象，教师没有对保育员进行指导，而保育员也缺少对教师的配合。

（二）针对问题，健全制度

我们将各班的问题进行汇总，在园务会议中针对问题进行研讨和审议，最终形成了班级保教结合制度，并向全体教工公示，征集大家的意见与建议。制度建立的过程中，我们从三个方面考虑：第一方面，从工作内容出发建立工作制度，如教师管理制度、保育员管理制度、教育教学管理制度等；第二方面，从工作岗位出发建立岗位职责，如保育员岗位职责、教师岗位职责、班长职责等；第三方面，建立各项工作的要求，如配班制度、保育员班级消毒制度等。

（三）制定工作流程，量化岗位机制

各部门明确自己的职责，再由部门负责人制定出工作流程，让岗位工作顺利有效地进行。以制定保育员岗位工作流程为例：

步骤一：部门主管领导向保育员告知岗位职责及相关制度。
步骤二：保育员每周向主管领导汇报一次工作，同时每周召开一次班务会议。
步骤三：总结反馈工作质量，共同提高保育员职责意识。

（四）实施民主考评，完善内部管理

各个部门之间健全各自的规章制度，明确和落实教职工岗位职责。每月进行自评、他评、总评，按照考核细则做出评分机制，公开透明，人人参与，真正体现民主考评。每月根据考核评分进行规章制度的调整，岗位职责的完善，做到月月自查，时时进步，有利于教职工认识自己与岗位要求的差距，明确学习成长的方向和目标，从而提高幼儿园的整体工作质量。

❀【成长心语】

> 在幼儿园管理实践中，良好的管理制度是幼儿园发展的重要保障，因此园长应该从建立细致的工作制度开始，以清晰的流程指导教职工有序开展工作，以明确的内容规范每位教职工的职责。教职工根据制度来调整自身的行为方式，使个人水平得到最大限度的发挥，充分调动教职工的积极性，实现教职工和幼儿园的同步发展。
>
> （大连市甘井子区教育局蓝山幼儿园 李从玉）

附件1：

班级保教结合制度

● 班级教师负责指导及协助保育员对班级幼儿进行生活及卫生保健管理，如果出现幼儿生活及卫生保健的责任或者安全事故，均由双方共同承担。责任事故按照主次比例承担。

● 班级固定财产主要由保育员管理，班级教育教学财产主要由教师管理。如果班级的固定财产或教育教学财产出现丢失及损毁现象，均由双方共同承担责任。

● 班级所有卫生工作由保育员负责，如果出现班级卫生管理不到位、物品摆放杂乱等现象，保育员与教师需共同承担责任。

● 教师指导保育员做好配班工作，填写配班记录。

● 班级的保育与教育工作评价，均以班级为单位进行评价与奖惩。

附件 2：

教师考核自评表

班级： 　　　　　　　　教师姓名：

项目	内 容	评分
师德	无体罚和变相体罚，无安全事故 +1 分（大声训斥幼儿减 0.5 分）	
	无聚堆、无脱岗，带班期间仪表规范 +1 分（带班期间打电话减 0.5 分，穿高跟鞋、穿拖鞋、披长发、戴大耳环、不穿园服一次减 0.2 分）	
	本月迟到一次减 0.2 分，忘记打卡一次减 0.1 分，无上述现象 +1 分	
教科研	认真做好早晚接待，组织好幼儿值日生工作和升旗活动 +1 分	
	认真执行作息时间，组织好集中教育活动、室内外游戏活动，做好英语、日语配班工作 +1 分	
	做好皮亚杰、早期阅读、情感教育、常规课题等研究工作，培养幼儿良好的生活、行为、学习习惯 +1 分	
	创设主题墙，自制玩教具，区域材料丰富、与课程相结合 +1 分	
	班级、办公室、环境卫生到位 +1 分（有一项不符合减 0.1 分）	
园务	认真填写各种本表并按时上交 +1 分（少一个本减 0.1 分，内容缺少减 0.1 分）	
	按时参加园内外各种会议、学习及培训活动 +1 分（不认真开会减 0.1 分，手机响一次减 0.1 分，每缺少会议一次减 0.2 分）	
家长工作	本月无家长上访 +1 分	
	按时下发、回收家长相关材料，每月按时更新家长园地 +1 分	
	本班托保费按时缴纳 +0.5 分	
工作业绩	各种比赛、表演演出、评优课、优秀辅导奖、教育案例、玩教具、承担上级检查：（有证书）全国 +2 分，省级 +1.5 分，市级 +1 分，区级 +0.5 分；（无证书）全国 +1.5 分，省级 +1 分，市级 +0.5 分，区级 +0.25 分。配班教师按实际接待情况加主班教师分值的一半	
	论文：全国 +2 分，省级 +1.5 分，市级 +1 分，区级 +0.5 分（发现抄袭不加分，并取消参加各项荣誉评选资格）	
	参加经验交流会议：全国 +2.5 分，省级 +2 分，市级 +1.5 分，区级 +1 分，园级 +0.5 分	
	书籍、报纸、电视台、电台发表：全国 +2 分，省级 +1.5 分，市级 +1 分，区级 +0.5 分	
	网络信息：全国 +1 分，市级 +0.5 分，区级 +0.25 分，园报 +0.2 分（从未发表）	
	建议被采纳 +0.2 分，表扬信 +0.2 分，表扬单 +0.2 分	
	每月部门负责人 +0.4 分，教研组长 +0.3 分，班长 +0.2 分	
	班级在定编的基础上，平均出勤率超一人 +0.1 分（每缺一人减 0.1 分）	
注明：（1）年终 90 分以上者有资格参加各项荣誉的评选。（2）病事假一天，犯同样错误 2 次，当月考核总分减 1 分。（3）填表要求：如此考核项无加分，要填"0"。		总分合计：

大连市甘井子区教育局幼儿园

附件3：

教师考核互评表

项目＼姓名	思想品德		教学工作			教育工作		教科研工作		工作量		总分合计
	政治思想	职业道德	备课辅导批改	课堂教学	教学效果	班主任科任工作	教育效果	教科研工作	继续教育	教学工作量	教育工作量	
	10	10	8	10	12	10	10	8	7	8	7	100

大连市甘井子区教育局幼儿园　　2016年7月12日

附件4：

2017年师德考核评价表（考核组成员填写）

项目＼姓名	依法执教	爱岗敬业	关爱幼儿	崇尚科学	团结协作	廉洁自律	师德行为	总分合计
	15	15	15	15	10	10	20	100

大连市甘井子区教育局幼儿园　　2016年7月12日

第二编 优化内部管理

我们为聘用教师投上一票

◎【案例描述】

2017年3月8日,保育员朱老师成为小一班的一员,正式聘任上岗。对于聘用这件事她笑谈道:"本以为能否被聘用都是园领导来决定,想着只要在试用期间在园长面前好好表现、做好沟通就可以留用,可没想到的是决定自己去留的权力掌握在大家的手中。在试用期的这一个月中,自己先是被安排在小一班,然后是小二班,最后与每个班级的教师都接触了一圈,最终由大家民主投票决定是否留用。就这样,大家的事情大家做主,通过民主的形式、自己的努力,我在群体中获得了大家的认可和支持。这种聘用方式,让我更好地实现了自我价值。"

◎【思考与行动】

一、分析与思考

园务公开,是在幼儿园工作中依靠教职工办好幼儿园,实现决策民主化、科学化的重要举措;是调动教职工积极性,维护教职工合法权益,深化学前教育改革,确保稳定和发展的有效途径。案例中朱老师的一番话恰恰反映出园务公开的园务公示制度优点,它既能从教工的利益出发,满足教工的需求,又能体现幼儿园与时俱进的管理理念。

汉高祖刘邦得天下后,曾谦虚地告诫群臣,"运筹帷幄之中,决胜千里之外",刘邦的高明之处就在于他博采众长,善于集中众人的智慧。一个民主的园长,要善于联系群众,公开幼儿园事务,群策群力,做好幼儿园的工作。幼儿园要经常把教师们普遍关心、涉及教师们切身利益的问题作为园务公开的重点内容,广泛听取教师们的反馈意见,反复讨论后再集体决策,这样才能够体现教师的意愿,决策才不会偏颇。

二、行动与策略

园务公开工作以贯彻落实"三个代表"重要思想为原则,以教职工(代表)大会、园务公示为基本形式和主要途径,把教职工的知情权、建议权、监督权落到了实处,把园务公开工作融入本园的发展、改革和稳定的工作中,让园务公开成为依法治园、以德治园、民主治园的基本制度和方式。在推进园务工作中做到了制度健全、责任落实、工作规范、内容真实、公开及时、程序合法、教职工满意,充分调动了教职工的主动性、积极性和创造性。在以后的工作中,我们将继续努力,不断完善不足之处,做到政策公开、过程公开、结果公开,保证公开的真实性,让园务公开取得更多的实效。

(一)健全民主监督机制

加强制度建设,严格按制度办事,保障园务公开工作规范运行,健全主动公开制度。建立教职工代表大会制度,充分保障教职工对园务的知情权、参与权;建立教工自我评定考核制度,每月开展教工自评、班级考评工作,落实教职工主人翁地位,促进幼儿园民主建设,维护教职工的合法权益,调动教职工的积极性。

（二）成立监督智囊团

尊重教职工主人翁地位和民主权利。幼儿园通过民主推选，分别在教师队伍、保育员队伍、后勤人员中选出一名代表，成立"监督智囊团"——教代会。采取"教工有建议，智囊团来商议""幼儿园有政策，智囊团来监督"的形式，时刻保障教职工参与幼儿园民主管理和民主监督的合法权益，处处发挥智囊团的审议、监督作用。

（三）设立公众"对话日"

设立公众"对话日"，保障教工发言权。教职工可通过"传递纸条"发表建议或随时表达诉说想法。同时，将每周五定为"园长谈心日"，园长与教职工相互坦诚相见，畅所欲言，推心置腹解决实际问题；每两周开展一次"答复会"，针对教职工的"纸条建议"，由园长和智囊团共同商讨，采纳教职工合理化建议，并做出答复；每月开展一次"部门工作评议会"，教职工间开展各部门工作情况的评议，保证教职工参与评价的权力，充分调动教职工的民主管理积极性。

总之，园务公开，是幼儿园建设向阳空间、规范办学行为的重要手段；是建设和谐教育、和谐园所的必然要求。尊重和保障教职工的民主权利，是办优质园所、传递优质教育的重要举措。

【成长心语】

2003年，被誉为"阳光工程"的园务公开是一项贯彻落实"三个代表"重要思想，代表最广大人民群众根本利益的顺民意、得民心的"民心工程"。

实行"园务公开民主管理"是加强民主政治建设、民主管理的基本组成部分和重要形式，是坚持和完善教职工民主管理体制和民主监督制度的进一步深化。园务公开的目的是在"民主、公平、公正、公开"的原则下，吸引全园参与管理，使幼儿园的各项管理更为透明化。

园务公开体现了制度建设的即时性和精细性。园务公示的内容是结合实际情况、根据现实要求随时生成的，因此，园务公示制度就具有了一定的即时性，需要在有效的时间段内做出反应。制度建设要充分体现"精、准、细、严"的基本原则，将管理的内容、步骤逐一分解，量化为具体的数字、程序、责任，使每一项工作程序都能看得见、摸得着、说得清，使每一个数据、结论都能有据可查；其最基本的特征就是重细节、重过程、重具体、重落实、重质量、重效果，讲究专注地做好每一件事，在每一个细节上精益求精、力争最佳。制度建设的精细性是一种观念、一种认真的态度、一种精益求精的文化。

（大连市甘井子区教育局橄榄季幼儿园 赵一力）

附件：
园务公开明细表

项目	明细
具体内容	面向社会公开的办园目标和发展规划；幼儿园招生区域；收费项目、标准、办法；作息时间安排表及课程设置情况；师德承诺、学风建设；幼儿每一阶段的学习内容、目标、需要家长配合的事项；幼儿园教育教学的重大活动等。面向园内教职工公开的幼儿园财务中各项收支情况；评优、推优情况；重大福利、绩效分配情况；教职工考核成绩等。
主要形式	（1）设立园务公开栏，对群众或教职工切身利益、关注的热点问题及有关重大问题的解决方案、步骤、结果及时在园务公开栏公布。幼儿园设立意见箱、监督电话，畅通园务公开的联系渠道。 （2）每学年召开 1~2 次教代会，将有关园务公开情况在教代会上公布，接受代表监督。 （3）建立园务委员会、教职工代表座谈会和民主议事会制度，定期或不定期通报或交流情况。
公开的程序及措施	（1）由园务公开领导小组研究确定应公开的事项、内容、方式、时间等，并提出具体要求。 （2）由园务公开有关工作小组整理出真实、全面的公开内容。 （3）由园务公开领导小组对公开的内容进行初步审查，提出意见。 （4）把决定公开的内容材料交园务公开监督小组进行全面审查核实。 （5）经园务公开领导小组审核批准后，根据所采取的公开形式，按规定程序进行公开。 （6）有关事项进行公开后，对群众反映的问题，提出的意见、建议或投诉，必须安排专人办理，认真查处，并认真负责地答复，做到件件有落实，事事有回音。 （7）对教职工在园务公开的过程中提出的意见、建议，监督小组要进行督办。
监督检查	在园务公开工作中，要加大群众监督力度，突出监督重点。首先，必须突出对幼儿园重大改革方案制定和实施全过程的监督。其次，必须突出对党风执行情况的监督，重点为幼儿园领导班子执行党风党纪及问题的整改情况。

安全工作警钟长鸣

【案例描述】

2011年6月27日中午12时33分40秒,抚顺经济开发区高湾经济区以东附近(北纬41.89度,东经123.8度)发生了里氏2.9级地震,而我园的位置正处于该经济开发区,所以震感较强。

当地震来临的那一刻,全园正在按部就班地进行着常规活动:孩子们在床上甜甜地午睡;老师们在恪尽职守地看睡,不时巡视着,为孩子们整理被子,纠正不良睡姿;保育教师们按照工作制度进行消毒、清扫等工作;而我,则像平常一样,在安静、井然有序的学园中走着班,例行检查着学园的一切,享受着这样祥和的状态。

当我走到三楼的时候,忽然感到一阵晃动,我一边扶住中一班门口的幼儿衣柜,一边从晃动带来的诧异中清醒过来,意识到地震了!我快速平复心情,脑中飞快地想着应急措施。我知道,灾害不等人,必须当机立断做出决定,不能有一秒的延迟!于是,我镇定地打开中五班的门,用响亮但柔和的声音说:"潘老师,快组织孩子们下床,我们一起玩一个藏猫猫游戏,大家都躲到课桌下、讲台旁,但是要避开吊灯、窗户等一切悬挂物!"潘老师好像听懂了我的意思,对我点头示意。接下来,我奔跑着,用相同的方式告知三楼、二楼的其他班级。当我到达一楼时,看见后勤副园长正在组织老师和孩子们向户外空地上撤离。我告知副园长在撤离时千万要注意避开户外的大型玩具,如果来不及跑出去,就躲在最近的课桌、楼梯间墙角下面,千万不能乱跑!

大约过了十分钟,中层干部与专业组老师都汇聚到了一楼,此时已没有震感。我组织中层干部在户外空地上召开了三个方面的紧急会议:一是决定让二、三楼的孩子撤出教室,由老师组织进行户外活动;二是通知食堂将糕点、水果等食物以及饮品拿到户外,在危急中确保孩子们的饮食与饮水;三是与相关部门取得联系,掌握最准确的地震信息。

看着在户外玩耍、浑然不知发生了什么的孩子们,我无比欣慰。虽然刚开园我们只有65个孩子,但能够迅速撤离,避免这样一场灾难,也算是对我们应急能力的一种考验。

下午4点左右,学园一位老师从爱人那里得到准确信息,得知这次地震震级是2.9级,实际上这是一次小级别的地震,对于人来说只是有一些震感,基本上没有什么破坏性。后来,有关部门没有再次监测到异常的情况,大家绷紧的神经终于放松了下来。

看看时间,已近黄昏,到下班时间的老师们都表示不愿离开,想在学园里继续陪伴孩子。我也在思考,虽然现在是65名孩子,但是当我们发展到165名、265名、365名孩子时,我们的应急措施也会如此迅速吗?

【思考与行动】

一、分析与思考

2006年《国家突发公共事件总体应急预案》中提到了国务院处置重大突发公共事件的工作原则、组织体系和运行机制，标志着我国的突发公共事件处置步入了规范化、制度化和法制化轨道。作为园长，在贯彻国家纲领性文件的基础上，对学园的应急机制也做了多角度、多层次的分析。长期以来，幼儿园的安全工作主要是依靠主观想象和主观臆断，方案基本出于制订者的"主观想象"，但"想象"中总会出现一些考虑不周的"漏洞"，对于未来容纳近600名幼儿的园所来讲，安全管理专业化应早日提上日程。

（一）认识突发事件类型，避免出现"后知后觉"的情况

作为园长，首先对各类型突发事件进行了自学梳理，分别对安全类突发事件、公共卫生突发事件、事故灾害事件、自然灾害事件的界定与防范做了再次学习。学习到了应急知识，提升了自身应急能力。只有学园最高管理者首先树立起"安全意识"，才能让教师、幼儿都明白"安全责任重于泰山"的含义，特别是班级教师要明确自己的安全管理责任，正确实施班级安全管理方法，创新安全管理模式，构建起学园、家庭、社会三位一体的安全管理网络，才能真正确保孩子的安全。

（二）提高教师与幼儿的安全意识及应对能力，避免由慌乱造成的危害

从这次地震中的表现看，学园的教师以及幼儿在安全意识上存在"短板"，地震发生时，幼儿与教师的第一反应均是躁动，不能冷静地处理事件。在一日生活中我们没有对幼儿进行安全教育，导致幼儿不知道如何保护自己，教师安全意识薄弱，缺乏防范意识，出现问题只能束手无策，产生慌乱情绪。殊不知，在突发事件中，慌乱情绪只能带来更加消极的影响，发生诸如踩踏等危险事件，造成更大伤害。所以，只有让教师、幼儿积极建立危机意识，掌握处理危机的常识，提高处理危机技能，才能让教师、幼儿知道如何冷静地处理突发事件。

（三）完善安全管理机制，为幼儿创建安全的环境

在以往的管理中，我一直认为幼儿园发生突发事件的概率小之又小，所以只把工作注意力放在教育教学上，导致出现重教学轻安全的现象。一是安全管理制度不健全：工作职责不明确，缺乏有效的安全管理措施；二是规章制度不完善：执行不到位，检查考核不严格，奖惩不分明，没有建立安全责任追究制度，安全管理措施落不到实处；三是安全应急预案形式化：虽有预案，但未进行安全演练，即使做了安全演练，也只是趋于形式，缺少总结和反思；四是监督工作不到位：忽略对安全工作的检查监督，未能及时发现安全工作存在的问题，未能及时整改安全隐患。总结起来就是，安全工作处于"想起啥就做啥，能做啥就做啥"的状态，缺乏完善的、科学的管理机制，这样无法从真正意义上为孩子们创建安全的学习、生活环境。

二、行动与策略

（一）加强领导，落实制度，强化责任

第一，成立安全管理领导小组，由园长担任组长，后勤副园长担任副组长，各年组组长为小组成员。作为园长，理应成为园里安全工作的第一责任人，鼓励老师们不断提高安全工作的意识，增强他们的责任感和使命感。副园长要根据学园的总体部署抓好各项安全工作。各小组成员以检查发现、督促为重点在各自负责的年组开展工作。逐层签订安全责任书，形成了层层有人管、级级有落实、事事有人负责的良好局面。

第二，构建安全责任长效管理机制，出台一系列如接送卡制度、每日安全报告制度、食物安全检验制度、卫生保健制度、门卫制度等一系列严格的考核制度。根据国家预案编制框架，结合我园实际情况，设置安全应急预案，成立食物预案小组、疾病预案小组、自然灾害预案小组，并制定应急措施。如：食物中毒怎么办？中暑怎么办？发生地震怎么办？……将每周五定为全园设备设施安全隐患排查日，各部门、各年组负责人自觉对负责区域进行排查，及时消除安全隐患，并进行记录。如发现隐患，及时通知有关人员进行处理。

（二）将安全教育融入保育教育中，促进教师、幼儿共同成长

首先，利用午休时间，定期组织教师进行有关防火、防震、急救、报警等安全技能的学习；组织教师观看消防、社会治安类电影，对社会安全故事案例进行分析；邀请律师、医生、警察等专业人员到学园讲课，使教师能对意外事故的基本症状进行分析，掌握基本的急救技能；为教师展示学园内诸如消防、监控等安全系统……通过多种教育途径提高教师处理突发事件的能力，提高自身心理素质。

其次，将安全知识融入学园"三生教育"中，在"生存"教育中设置"我是消防员""走失怎么办""食品监督员""火灾来了怎么办"等课程，通过"圆圈谈话"来提升幼儿对突发事件的原有经验；在日常琐碎时间中，为幼儿创编了有关安全防护方面的儿歌，用"寓教于乐"的形式让幼儿在潜移默化中掌握安全知识；开展一系列的安全知识竞赛，用"游戏"的形式培养幼儿的安全意识，增加幼儿的安全知识。

最后，学园将每个月最后一周的周五设定为"安全演练日"，组织教师与幼儿进行安全预防训练，开展消防逃生演练、地震逃生演练、突发事件应急演练等活动。教师们在演习前将正确应对危急事件的方法和手段教给幼儿，确保他们能够快速有效地疏散和撤离。有计划地设计一些情境，如轻信坏人被绑架、在家给陌生人开门被绑架等类似的教育活动，对幼儿起到警示作用。活动后还要给幼儿做适当的心理抚慰，减少他们的恐惧心理。

（三）改造完善设施设备，消除安全隐患

学园是幼儿生活、学习的场所，改造完善设施设备，是学园安全工作的前提

和基础。我们首先对学园楼体建筑结构进行检测，发现其结构完全符合抗震设计的要求，还配置安装疏散指示标志、应急照明、安全出口指示和充足的灭火器材，保证消防通道畅通，消防水源充足，满足了防火安全的要求；对于使用时间较长、已经老化的供电线路及设施，学园安全管理小组做到及时排查，并设置专项资金进行及时更换改造；定期检查维护大型玩具，不能满足安全要求的及时更换，定期维护室外场地，保证场地平整、安全；结合学园情况，按照重点覆盖、全面控制的原则，在班级、楼梯间、出入口、厨房甚至停车场安装视频监控系统，有效震慑、警示违法行为。

【成长心语】

通过落实以上安全管理制度，不仅人文化地提升了教师的安全意识，游戏化地让孩子掌握了安全知识，更促进了全园安全素质的普遍提高；通过"责任到人"的管理措施，使得安全管理长效机制得到了真正的落实，让每个人都能有章可循；积极改造、完善学园设施设备，增加现代科技，大力消除一切安全隐患，为孩子们创造了安全、绿色的园所环境。

（东北育才幼儿学园 全玲）

消防安全突发事件应急演练

【案例描述】

为了提高幼儿抗击突发事件的应变能力，增强防火逃生意识，提高全体师幼防火救灾、自救自护的能力，我园于2016年6月9日上午10点开展了一次消防紧急疏散演练。本次演习为突发事件应急演练，事先并没有通知。在此之前，教师对幼儿进行过安全教育和应急逃生教育，有安全演练的经验。演练前，全体教职工就像往常一样工作和开展各种活动，并不知道演习的起火地点和时间。演练开始时，警报声传遍整个幼儿园，可是大家听到警报声时都很疑惑，没能立即做出应对，直到安全演练负责人公示《幼儿园防火应急疏散方案》，并组织消防疏散领导小组紧急疏散。演练后半段，虽然大家能够按预定方案各行其职、随机应变，既有分工又有合作，但至演练结束花费了近40分钟时间，大大超出预期。

【思考与行动】

一、分析与思考

早在本次消防演练活动之前，我园就对全体教职工进行了数次消防知识培训，并制定了详细的演练方案，同时又安排各班教师对幼儿进行了专门的安全教育活动，使幼儿详细了解了火灾的危害，火灾中自救逃生的注意事项，以及出现危险怎样处理……但此次消防演练为何效果不尽人意呢？

事后经研讨发现，我们平日的演练都是提前告知，有确定的时间、方案，并且所有人都熟知。所以演练时每个班级的幼儿都能够在教师的组织下迅速排队，用湿毛巾、湿手帕等捂住口鼻，弯着腰，手扶楼梯的栏杆，不吵不闹，紧张而有序地按照本班的疏散路线撤离到安全地带，并由班主任清点幼儿人数后向负责人汇报情况。而此次安全演练，因为是突发事件，是在全体人员毫无防备的情况下进行的模拟演练。在这种情况下，教师、幼儿都未能快速应对，最终还是由负责人进行每一步的现场安排指挥，导致最后用了40分钟才完成演练。

对于此次演练暴露的问题，我们认为提高教师专业化程度是必要的，对教师还要多加强安全知识与技能的培训。同时不断建立健全、修改、完善幼儿园各项安全制度，增强安全防范，注重安全管理制度化，将安全真正融入平日的常规管理中。

二、行动与策略

完善幼儿园安全管理制度，实施安全预案演练，不断增强教职工和幼儿具体的逃生技巧和自我救护意识。具体来说，有以下几个方面的行动策略：

（一）建立健全安全管理制度

建立安全管理领导小组，针对幼儿园安全工作，尤其是日常生活中的安全问题，建立健全检查和管理制度。每周按时集中全体教职员工进行例会，对安全情况进行总结分析。每月召开安全工作专题研讨会，发现隐患及时处理，使安全工作做到万无一失。

（二）加强教师安全培训力度

每月坚持组织教师学习幼儿园安全教育相关内容，每学期安排教师参加安全教育活动课件比赛等，让教师在工作中不断深化安全教育知识和指导策略，这样教师和幼儿才能对突发安全事故有灵活的应变能力。

（三）加深幼儿安全教育

幼儿园进一步将安全教育渗透到日常教学中，作为首要工作常抓不懈，为幼儿的健康快乐成长创造安全的环境。如每学期的安全教育活动，从防火、防骗等方方面面让幼儿理解和学习生活中的安全常识，逐渐形成自我保护意识。

【成长心语】

> 安全重于泰山。幼儿园的头等大事就是安全工作，做好安全工作是保证入园幼儿身心健康发展的首要任务，关系到家庭和社会的稳定。做好安全工作应明确幼儿园安全工作的重要性，增强教职工的安全意识；采取安全防范措施，保证安全工作正常进行；进行安全教育，帮助幼儿树立安全意识。

（大连市甘井子区教育局橄榄季幼儿园 赵一力）

附件1：

幼儿园防火事故应急预案

1. 处置消防事故人员

幼儿园值班人员、保安人员、保教老师及安全员等参加。

2. 程序

（1）火情发现者迅速组织有关人员携带消防器具赶赴现场进行扑救。

（2）根据火势情况，如需报警立即就近用电话或手机报告消防中心（火警电话119），同时组织幼儿疏散。报警注意讲明具体地点、火灾发生时间、当前火势，报告基本内容为："××幼儿园×时×分发生火灾，请迅速前来扑救。"待对方放下电话后再挂机。

（3）迅速判断火势及火灾种类，组织教职工在可能的情况下进行灭火工作，并再次与119联系。

（4）当班教师向值班行政领导报告。

（5）值班领导向区教育局报告。

3. 组织实施

（1）参加人员：在消防车到来之前，行政人员迅速赶到现场，以本园安全消防组成员为主，全体教师均有义务参加扑救。同时组织人员有秩序地疏散，要求教师走在幼儿后，干部走在最后。若有人员伤亡，同时拨打120急救电话，注意说明幼儿园具体地点及伤亡情况。

（2）消防车到来之后，园内人员配合消防专业人员扑救或做好辅助工作。

（3）使用器具：灭火器、水桶、脸盆、铁锹、沙子、水浸湿的棉被等。

（4）全体干部要迅速组织人员逃生，原则是"先救人，后救物""先幼儿，后成人"。

（5）无关人员要远离火场和园区内的固定消防栓，以便消防车辆驶入。

4. 扑救方法

（1）扑救固体物品火灾，如木制品、棉织品等，可使用ABC灭火器。

（2）扑救液体物品火灾，如汽油、柴油、食用油等，只能使用BC灭火器、沙土、浸湿的棉被等，绝对不能用水扑救。

5. 注意事项

（1）火灾事故首要的一条是保护人员安全，扑救要在确保人员不受伤的前提下进行。

（2）火灾第一发现人应查明原因，如是电源引起，应立即切断电源。

（3）火灾后应掌握的原则是边救火、边报警。

（4）人员在逃生时应掌握逃生预案。

（5）保护现场，协助有关部门调查火灾起因。

（6）不得组织未成年人进到灭火现场实施救火。

（7）及时把伤员送医院急救，同时通知其家属。冷静处理善后工作。

大连市甘井子区教育局橄榄季幼儿园

附件2：
2017年大型玩具、燃气、消防器材检查表

检查日期					
大型玩具					
燃气					
消防灯					
灭火器					
逃生通道					
检查人					
备注					

大连市甘井子区教育局幼儿园

资源链接

园长应知道的法律法规

一、现行幼儿园法律法规

1.《儿童权利公约》	2.《儿童生存、保护和发展世界宣言》
3.《幼儿园管理条例》	4.《全国幼儿园园长任职资格职责和岗位要求（试行）》
5.《幼儿园教育指导纲要（试行）》	6.《学生伤害事故处理办法》
7.《关于幼儿教育改革与发展指导意见》	8.《中华人民共和国民办教育促进法》
9.《中小学幼儿园安全管理办法》	10.《教育部关于加强民办学前教育机构管理工作的通知》
11.《教育部办公厅关于中小学幼儿园安全工作2009年第2号预警通知》	12.《全国儿童保健工作规范（试行）》
13.《全国家庭教育指导大纲》	14.《儿童孤独症诊疗康复指南》
15.《国家中长期教育改革和发展规划纲要（2010—2020）》	16.《关于进一步加强学校幼儿园安全防范工作建立健全长效工作机制的意见》
17.《托儿所幼儿园卫生保健管理办法》	18.《国务院关于当前发展学前教育的若干意见》

（续表）

19.《关于规范幼儿园保育教育工作 防止和纠正"小学化"现象》	20.《中小学幼儿园安全工作2011年第2号预警》
21.《幼儿教师国家级培训计划》	22."国务院关于印发中国妇女发展纲要和中国儿童发展纲要的通知（国发［2011］24号）"
23.《校车安全管理条例》	24.《国务院关于加强教师队伍建设的意见》
25.《幼儿园收费管理暂行办法》	26."关于加大财政投入支持学前教育发展的通知"
27.《幼儿园教师专业标准（试行）》	28.《学前教育督导评估暂行办法》
29.《教育部关于建立中小学幼儿园家长委员会的指导意见》	30.《开展0~3岁婴幼儿早期教育》
31.《教育部等七部门关于2012年治理教育乱收费规范教育收费工作的实施意见》	32.《关于加强幼儿园教师队伍建设的意见》
33.《3~6岁儿童学习与发展指南》	34.《中华人民共和国未成年人保护法（2012年修正本）》
35.《关于加强义务教育阶段农村留守儿童关爱和教育工作的意见》	36.《幼儿园教职工配备标准（暂行）》
37.《幼儿园工作规程（2016）》	38.《教育部关于在中小学幼儿园广泛深入开展节约教育的意见》

二、幼儿园的重要法律问题

幼儿维权	幼儿法律保护	幼儿财产权
幼儿名声行为能力	幼儿生命健康权	幼儿著作权
幼儿肖像权	幼儿名誉权	幼儿姓名权
幼儿精神损害	儿童权利公约	法定监护
幼儿伤害	共同侵权	幼儿法定义务
幼儿法定权利	幼儿园过失行为	过错原则
幼儿园责任免除	委托监护	园内伤害
园内患病	拐卖儿童	食物中毒
火灾事故	园外伤害	劳动合同
劳动权利	劳动保护	解除劳动关系
法定义务	教学管理	持证上岗
经费管理	财物被盗	购买保险
幼儿园转让	园舍买卖	园舍租赁

团队凝聚力小游戏

1. 团队组建初期适合的游戏：棒打薄情郎、寻找我的那一半、无家可归、解开千千结等

棒打薄情郎

目的：尽快相识，增进团体凝聚力。

时间：约20分钟。

准备：用挂历纸或旧报纸卷成一根纸棒。

操作：全体成员围坐一圈，轮流介绍自己的名字、兴趣、出生年月等。每个人需专心记忆其他成员的信息，然后选一个执棒者站在圆圈中间。游戏开始后，由坐在执棒者对面的人开始大声说出一个成员的姓名，执棒者需马上跑到那个被说出名字的人面前，被说出名字的人则马上再叫出另一个成员的姓名。如果说不出来，就会受当头一棒，然后执棒。依次类推，直到大家互相熟悉姓名为止。如果一个人被打3次就必须出来表演，作为惩罚。

寻找我的那一半

目的：彼此相识，建立互动关系。

时间：约30分钟。

准备：将彩色纸剪成三角形或正方形，并一分为二；胶水、硬纸板。

操作：团体成员自由抽取裁好的彩色纸，在团体内找到与自己同色且形状相匹配的另一半，找到后，将彩色纸贴在硬纸板上，并在彩色纸上写上两个人的名字，两人自由交谈5分钟，互相认识。然后，全体成员围圈坐下，每一对轮流向大家介绍对方，使团体中每个人都能相识。

无家可归

目的：让成员体会和感受个人与团体的关系，团体对个人的重要性，从而更愿意投入团体，增强团体的凝聚力。

时间：约20分钟。

准备：宽敞的场地。

操作：全体成员手拉手围圈，充分体会大家在一起的感觉。然后，领导者发出游戏口令"变，4个人一组"，成员必须按照要求组成四人组，形成新的"家"。此刻，请那些没找到"家"的人谈谈游离在团体之外的感受，大多数人会谈到"孤独、孤单、被抛弃、没依靠、失落、担心……"。也可以请团体内的成员和大家分享在一起的感觉，大多数人会表达"温暖、有力量、安全、踏实……"。

领导者可以多次变换人数，让成员有机会去改变自己的行为，积极融入团体，体验有家的感觉，体验团体的支持，从而更加愿意与团体在一起。

解开千千结

目的： 团体合作，靠集体的力量解决困难，体会团队支持对个人的意义和重要性。

时间： 约 30 分钟。

准备： 宽敞的空间。每组 8 人，可增加到十几人。

操作： 每组成员手拉手围成一个圈，看清楚自己的左手和右手都是谁，确认后松手，在圈内自由走动，指导者叫停，成员定格，位置不动，伸手拉左右手，从而形成许多结或扣，不能松手，但可以钻、跨、绕，要求成员设法解决难题，回到起始状态。练习过程中，需要成员有耐心，互相配合，齐心协力。练习后，请成员分享活动的感受。成员常常会主动谈出团体互助等感受，体会和确认团体合作的重要性。

2. 有助于增进团体信任的游戏：盲行、请帮助、信任圈、信任跌倒等

盲行

目的： 通过助人与受助的体验，增加对他人的信任与接纳。

时间： 约 60 分钟。

准备： 指导者事先要选择好盲行路线，最好道路不坦途，有阻碍，如上楼、下坡、拐弯，室内室外结合。每人准备好蒙眼睛用的毛巾。

操作：

团体成员两人一组，一位做盲人，一位做助人者。"盲人"蒙上眼睛，原地转三圈，暂时失去方向感，然后在助人者的搀扶下，沿着指导者选定的路线，绕室内外练习。期间助人者不能讲话，只能用手势、动作帮助"盲人"，体验各种感觉。练习结束后，两人坐下交流当盲人的感觉与帮助别人的感觉，并在团体内交流。然后互换角色，再来一遍，再互相交流。交流讨论集中在以下几个方面：作为盲人，你看不见后是什么感觉；使你想起什么；你对同伴的帮助是否满意，为什么；你对自己或他人有什么新发现；作为助人者，你怎样理解你的伙伴；你是怎样想方设法帮助他的；这使你想起什么。

请帮助

目的： 团体人际温度测量，并建立信任关系。

时间： 约 40 分钟。

准备： 足够的空间。

操作： 领导者请成员闭上眼睛，让成员想一想自己小时候最喜欢唱的歌是什么，想到者举手示意。当成员都想到了，就请睁开眼睛，站起来，一边哼唱自己喜欢的歌，一边听别人唱什么。接着，当听到与自己一样的歌时，聚到一起，组成小组，谈谈为什么喜欢这首歌，然后一起大声唱。接着，交流小时候喜欢玩的游戏，为什么喜欢，再一起玩一玩，最后各组表演。在此过程中，成员找到了知音，回到了童年的生活，心情放松愉快，且交了朋友。

信任圈

目的：增进彼此合作，建立信任感，培养团体气氛。

时间：约 25 分钟。

准备：宽敞的场地，8~12 人一组。

操作：每组围圈，邀请一位成员到中间，其他成员手拉手。练习开始时，圈内人闭上眼睛，自觉舒适地倒向任何一方，其他成员必须手挽手，形成保护圈，不能让圈内人摔倒，他往哪里倒，团体就往哪里去接住他，给予保护，将他推到中间的位置。如此倒下、接住，使中间的成员从紧张到很放松，可以换人到圈内体验。活动充分体现团体的合作。

信任跌倒

目的：建立团体信任感和培训团体的融洽气氛。

时间：约 20 分钟。

准备：每组 8~12 人，需要一定的空间可以活动。

操作：领导者邀请成员两两成对，一人倒，一人接。当领导者喊"倒"，倒者身体绷直向后倒，倒到一半时，接者平稳接住。然后互换角色。做完后在小组内讨论。

3.促进团体凝聚力的游戏：图画接力赛、突围闯关、组歌大比武等

图画接力赛

目的：培养成员合作的态度，训练思考、讨论和创造的能力，学习合作的行为，培养团队的合作精神。

时间：约 60 分钟。

准备：每组 8 人，一张大图画纸，一套油画棒或水彩笔，奖品。

操作：指导者介绍活动规则，各组成员根据所规定的题材（如走进考场、我们的学校、未来的学习、成功的日子等），在限定的时间内，通过充分讨论，发挥各自的想象力，轮流接力将图画完成。

要求每个成员都必须动手，图画必须由团体合作完成。成员如果各执己见，不能充分讨论协商，会由于意见不集中而耽误时间，无法顺利完成任务；如果成员协商充分，意见集中，作品不仅有创意、有特色，而且所花时间少。成员通过此练习，可以学习团体内如何沟通、促进合作。成员之间可以提供意见，但不可代画，每人限画 5 分钟，时间到就换人接着画，直到最后一位成员画完，张贴各组的作品，请每组派代表对图画进行解说。根据各组合作的程度、图画的新颖、解说的水平等进行评比，最后宣布评奖结果。

突围闯关

目的：促进人际关系，培养团队合作精神。

时间：约 50 分钟。

准备： 足够宽敞的活动空间，人数 8~12 人。

操作： 玩游戏时，推选一位成员站在团体中间，作为突围者，其他成员互相勾紧手臂，形成包围圈，突围者可以采用钻、跳、推、绕、拉、诱骗等方式，力求从圈子中突围出来。而包围圈的人尽量不让他出来。坚持一段时间后，若突围者无法成功突围出来，可以宣布放弃，换另外的成员体验。如果突围成功则游戏结束，然后成员分享突围活动的感受。

闯关时，一位成员站在圈外，作为闯关者，力图设法进入圈内，可以用推、拉、钻、绕、跳跃、甜言蜜语等方法；全体成员围圈面向外，彼此勾紧手臂，竭力排拒，不理睬闯关者，直到闯关成功，或者闯关者声称放弃。可以再换人试一试。活动结束后彼此分享感受，可以讨论活动中你是否感觉到团体的重要；你是怎样阻止或成功进入的；被团体拒之圈外是什么感受；你如何理解堡垒是从内部攻破的；团体在合作中有什么问题，怎样改进；活动对你的生活有哪些启发等。

组歌大比武

目的： 了解他人，增进合作，培养团队意识和归属感。

时间： 约 40 分钟。

准备： 每组 8~10 人，一支彩色笔，一张大白纸。

操作： 游戏者自由分组，每组 8~10 人，指导者首先请每组成员充分谈谈本组的特征，有针对性地给本组命名，如"七仙女组""魅力四射组""铿锵八人组"等，然后寻找大家熟悉的歌曲，保留曲子，自己填词，唱出各组的特色，然后排练。准备完毕，开始比赛，可以事先设立奖项并准备奖品。通过团体内充分互动，达到增强团体凝聚力的作用。如"玫瑰组合"小组用《下定决心》歌曲为组歌旋律，填词"你我大家，来自各地，朝夕相处，心心相印；助人自助，送上温馨，他人舒心，我也开心；下定决心，学好咨询，我用我心，帮助别人"。

4. 催化成员自我探索的游戏：我是谁、生命线、自画像、个性发现、天生我才、我是一个独特的人、生存选择、工作价值观探索、价值拍卖等

我是谁

目的： 让成员很快行动起来，在活跃的竞赛气氛中彼此认识和了解。

时间： 约 20 分钟。

准备： 个人信息卡（信息可根据团体目标和成员的不同而变换），奖品。

操作： 给每个成员一张信息卡，要求他们立即行动起来，在团体中寻找具有信息卡上特征的人。成员拿到卡，走到一个人身边问他是否有信息卡上的特征。如果有，请告知他的名字，填写在卡上。如果没有，继续问下一个人，看谁先将信息卡填满，率先完成者读出卡上的内容，念到名字者站起来。前三名获得奖励。

附件：
"谁是谁"信息卡

信息特征	符合条件的人
来自天津	
喜欢吃饺子	
有一个十岁的男孩	
每天坚持锻炼身体半个小时以上	
有五双皮鞋	
喜欢上网聊天	
有时外出旅游	
喜欢交朋友	

生命线

目的：对过去的我、现在的我、未来的我做评估和展望。

时间：约60分钟。

准备：一张纸、一支笔。

操作：团体指导者先说明练习内容（见附件），然后让团体成员自行填写，10分钟后大家一起分享交流。小组交流中，每个人都拿出自己的生命线给其他人看，边展示边说明，注意自己与他人内心的反应。

附件：
习作——生命线

0 ———————————————— 预测死亡年龄

出生时间：		
预测死亡年龄的依据：		
*本人的健康状况	*家庭的健康状况	*生活地域的平均寿命
找出今天你的位置：		
*写上今天的年龄	*写上今天的日期	
思考过去的我与未来的我：		
*列出过去影响你最大或令你最难忘的三件事 （1） （2） （3）	*列出今后你最想做的三件事或最想实现的三个目标 （1） （2） （3）	

自画像

目的：强化成员自我认识，促进自我觉察。

时间：50~60 分钟。

准备：一张图画纸，一盒彩色笔或油画棒。

操作：指导者给每位成员发一张图画纸，每人或几个人合用一盒彩笔。然后请成员画出自己，可以有标题，也可以无标题。若有标题，如大学生活中的我、我的梦等。无标题则让成员随自己的意愿，可以用任何形式画出自己，抽象的、形象的、写实的等。总之，把自己心目中最能代表自己的东西画出来。这种方法可以使成员发现隐藏在潜意识层面的自我，在不知不觉中对自己做出评估和内省。画完后挂在墙上，开"画展"，让团体成员自由观看他人的画，不加评论。欣赏完毕，请每人对自己的画进行解释并答疑。自画像用非语言的方法将画者的内心投射出来，是一种独特的自我探索、自我分析、自我展示的方法。通过团体内交流，可以促进成员深化自我认识，加深对他人的认识和理解。

个性发现

目的：认识他人，坦诚反馈，了解自我。

时间：约 50 分钟。

准备：《个性特征表》。

操作：每人一张《个性特征表》，请大家详细阅读。然后研究一下团体内其他成员每个人的个性，把你的认识记下来，对每个人可选择一种类型或多种（3~5 种）特征。每人都写完后，指导师按顺序找出其中一人，请其他人说出对他的选择。最后由他本人发表对别人评价的感受及自我的分析。也许非常一致，也许差别很大。为什么会有差别，深入探讨一下，会有许多收获。

附件：

个性特征表

类型	长处	短处	适合职业
乐天派	热切、诚恳、乐观、抱希望、富感情、优越感、感性强	冲动、浮躁、不坚定、意志弱、易怒、易懊悔	讲员、生意人、演员
易躁型	意志坚决、坚强、敢冒险、独立敏锐	急躁、激烈、不太会同情人、易谋私利、骄傲自大、报复心重、不太会深思	将军、老板、政治家
忧郁型	思想深远、透彻、能自治、信实、可靠、有天分、有才华、理想主义、完美主义、忠心	抑郁、沉闷、忧愁、痛苦、多猜疑、情绪化、好自省、过分求完美、易怒、悲观	艺术家、哲学家、教授
冷静型	平静、稳定、随遇而安、温和、自足、实事求是、善于分析、有效率	冷淡、缺感情、迟钝、懒惰、无动于衷、不易悔悟、自满	教师、科学家、作家

天生我才

目的： 通过练习，协助参加者了解自己的长处，珍惜自己的潜能，学习自我欣赏、自我肯定，学习欣赏别人，增进自信和信任。

时间： 约60分钟。

准备： 每人一张"天生我才"练习表（见附件），一支笔，每组8~10人。

操作： 领导者先介绍活动名称，请成员填写"天生我才"练习表，然后请小组成员按条目一一讲出自己所填的答案，要求是每位参加者说出同一项答案后，再开始下一项。所有条目都说完答案后，开始组织讨论。讨论大纲：

①你是否同意"每个人都有长处"？为什么？

②当你做了一件事，如"帮助一个盲人安全过马路"或"考到理想成绩"等，你会欣赏自己的行为吗？为什么？

③当你做了一件事，如"在一次重要约会中迟到了"或"考试时，完全不会回答问题"，你会怎样对待自己呢？会责骂自己吗？为什么？

总结： 每个人都有其长处，有值得自己或他人欣赏的地方。对于优点，应欣赏、珍惜及继续发展；对于缺点，应了解和改善。

附件：

"天生我才"练习表

请完成下列句子：

①我最欣赏自己的外表是 ＿＿＿＿＿＿＿＿＿＿＿＿＿＿＿＿＿＿＿

（如头发、身高、牙齿）

②我最欣赏自己对朋友的态度是 ＿＿＿＿＿＿＿＿＿＿＿＿＿＿＿＿

③我最欣赏自己对求学的态度是 ＿＿＿＿＿＿＿＿＿＿＿＿＿＿＿＿

④我最欣赏自己的一次学业成绩是 ＿＿＿＿＿＿＿＿＿＿＿＿＿＿＿

⑤我最欣赏自己的性格是 ＿＿＿＿＿＿＿＿＿＿＿＿＿＿＿＿＿＿＿

⑥我最欣赏自己对家人的态度是 ＿＿＿＿＿＿＿＿＿＿＿＿＿＿＿＿

⑦我最欣赏自己做事时的态度是 ＿＿＿＿＿＿＿＿＿＿＿＿＿＿＿＿

我是一个独特的人

目的： 协助成员认识自己的长处和不足，欣赏自己的长处，接纳自己的不足，扬长补短，并找到优化自我的方向。

时间： 50~60分钟。

准备： 每人一张"我是一个独特的人"练习纸，笔。

操作： 指导者先说明每个人都很独特，有自己的所长所短，了解自己非常重要，可以充分发挥所长，走自己独特的发展道路，然后各自填写，写完在小组内分享。

附件:

我是一个独特的人

我的长处:	我的不足:

当我再一次看清楚自己的长处和不足之后,我感到:

生存选择

目的: 探讨并澄清价值观,通过交流认清生活中最有价值的东西。

时间: 60~80分钟。

准备: 每小组(5~8人)一份材料及统计表。

操作: 指导者告诉成员:假如地球上发生了核战争,人类将要灭亡,但是一位科学家发明了一个特别的核保护装置。如果谁能进入其中,谁就能生存下去。现在有10个人,但是核保护装置里的水、食品和空间有限,只能容纳7个人。也就是说,只能有7个人继续生存下去。请你决定谁应该活下去,谁只能面对死亡,为什么?并请排出先后顺序。全体成员听完给定的情况后,认真思考,做出自己的选择。有的人会用排除法,先选出死亡者,有的人会先选出生存者。

附件:

小组成员决定统计表

小组成员 人物	1	2	3	4	5	6	7	8	小组决定
1									
2									
3									
4									
5									
6									
7									
8									
9									
10									

1. 小学老师
2. 小学老师怀孕的妻子
3. 职业棒球运动员
4. 12岁的少女
5. 外国游客
6. 优秀的警官
7. 年长的僧侣
8. 流行男歌手
9. 著名的小说家
10. 慢性病住院患者

每位成员将自己的选择及理由记入统计表，并在小组内交流。为了获得小组一致的意见，全体充分讨论，各抒己见，每个人可以在讨论后修改自己的意见，然后每个小组派代表在整个团体中介绍小组的决定及讨论情况。小组成员可保留自己的意见，到团体中再阐明。

此项练习包含丰富的寓意，充分体现了每个成员的价值观，及对未来社会的憧憬或理想，讨论并不要求得出一致的结论，真正的目的在于讨论过程中了解自己的价值观及他人的价值观，并通过他人的启发，调整自己的认识，认清生活中最重要、最有意义的是什么。

工作价值观探索

目的： 澄清个人工作价值观，探讨工作对个人的影响。

时间： 约60分钟。

准备： 《工作价值观探索表》（见附件）。

操作： 发放探索表，请成员填写，然后小组交流，从中可以看到与自己相似的内容，也可以看到与自己不同的内容。从而了解工作给自己带来了什么，重新审视和决定自己的生活和工作。同时，可以集思广益，探讨成员共有的困扰将如何解决。

附件：

工作价值观探索表

工作的名称：
抉择的原因：
满足与喜悦的来源：
烦恼与压力的来源：

价值拍卖

目的： 澄清工作价值观。

时间： 约60分钟。

准备： 《拍卖项目单》和《工作价值衡量表》每人各一张（见附件），拍卖锤子。

操作： 指导者发给成员《拍卖项目单》并说明规则：每个人手上有十万元，每件东西最低价值为一千元，每次加价不得低于一千元，并举例示范。填写《工作价值衡量表》，成员根据兴趣、人格特质及工作价值等内容，写下四种最想从事的工作，并评价其价值。帮助成员整理出最想从事之工作及未来可能有的生活状态。

第二编 优化内部管理

附件:

拍卖项目单

项目	顺序	预估价格	竞标人	成效价格
1. 学到一技之长（专业、地位、成就）				
2. 当一个有名的人（名声）				
3. 指挥一百人的老板（领导）				
4. 与你喜欢的人朝夕相处（情感）				
5. 环游世界（休闲）				
6. 书、录音带（知识）				
7. 帮助残障人士（社会服务）				
8. 身心健康（健康）				
9. 拥有早出晚归的工作（生活状态）				
10. 拥有相处和谐的工作伙伴（人际）				

工作价值衡量表

吸引你的原因		重要性			我未来想从事的职业			
		3	2	1	1	2	3	4
工作报酬	社会地位							
	权力							
	待遇好							
	福利制度健全							
	升迁快							
工作内容	工作分量少，压力小							
	富变化							
	挑战性							
	有创造机会							
	能独立创业							
	社会服务							
	领导性							
	流动性（常出差）							
	常需进修							
工作环境	室内							
	室外							
	跟人接触							
	跟机器接触							
	舒适							

（续表）

吸引你的原因		重要性			我未来想从事的职业			
		3	2	1	1	2	3	4
休闲时间	工作时间不固定							
	工作时间正常（不常加班）							
人际关系	工作伙伴相处融洽							
	与上司相处融洽							
工作地点	离家较近（可常回家）							
	离家较远（需住宿舍）							

5.加强成员互动沟通的游戏：金鱼钵、脑力激荡、热座、镜中人等

金鱼钵

目的：协助他人了解自己。

时间：约40分钟。

准备：折叠椅（数量同人数）。

操作：指导者把团体成员分成两组，每组4~6人，一组围圈坐下，二组坐外圈。一组是讨论组，二组是观察组，观察组成员坐在被观察者的对面，便于观察。练习开始时，指导者让一组讨论一个问题，可以是参加团体后的感受，也可以是大家共同关心的问题。一组成员可以自由地讨论，发表意见，二组以观察者的身份从倾听方式、说话方式、谈话内容、视线、声音等多方面去观察一组。等一组讨论结束，二组成员对各自的观察对象谈自己的观察结果。因为任何人都有自己的盲点，即自己不了解的地方，别人不指出就不知道，不注意。对一组做整体观察时，注意讨论是否跑题、是否平等发言、互动沟通状况等。通过一一对应的交流和总体观察，被观察者能够更深刻地了解自己，在今后的人际互动中有意识地改变。随后，一组和二组交换，一组观察二组成员。

脑力激荡

目的：了解别人的意见，扩展自己的思考，培养团体合作精神，发挥集体力量，找到多种解决问题的方法和途径。

时间：约50分钟。

注意事项：暂缓批评，不立即做任何优缺点的评价；越多越好，办法多多益善，以量制质；越奇越好，自由联想，不要怕跟别人的不一样；联合与改进，鼓励巧妙地利用并改善他人的构想。

操作：确定主题，说明规则，鼓励发言，记录所提出的意见，归纳这里所提出的意见，共同决定评估标准，根据评估标准共同选取最好的意见。

6~12人一组，每组在指导者给定的时间内就某个题目发表意见。应遵守三条规则：一是不评论他人意见正确与否；二是尽可能多地出主意；三是争取超过

别的小组。练习本身带有竞赛性质，每个题目限时15~20分钟，题目可根据团体成员的特点或团体咨询的目标而定，要求具体、可操作，如"怎样减轻生活和学习的压力""愉快度过大学生活的方法""改善人际关系的方法""生活中的自信表现""消除紧张焦虑的方法"等。当指导者宣布开始，每个小组派一人记录，其他人出主意，相互启发，集思广益，列举各种可能的方法。当指导者喊"停"，每个小组把自己的意见贴在墙上，选一位代表解释这些方法。全体成员一起评论，哪个小组的办法最多，可以获优胜奖，哪种方法最幽默、最有想象力，可以评为幽默奖、实用奖、有趣奖、认真奖、好主意奖等不同奖项。通过评比，帮助成员选择在生活中最适合运用的方法，按原定思路，群策群力，依靠集体的力量，获得解决问题的方法。

热座

目的： 提供意见，协助成员解决个人面临的困惑。

时间： 约60分钟。

准备： 每人一个信封，若干张纸条（比人数少一张）。若人数多，每组可6~10人。

操作： 给每个成员发几张纸条、一个信封。成员在信封上写上自己的名字，然后，将自己目前最困扰、最需帮助解决的问题写在纸条上，每张纸条写同样的问题，如"你对我的印象如何""怎样才能找到意中人""怎样才能成为一个出色的咨询师""我怎样做才能获得真正的友谊""睡不着怎么办"等，并留有足够的回答问题的空间，每张纸条上写上姓名。接着，把写好的纸条发给每一位小组成员，请他们回答。每位成员拿到他人的问题时，认真思考，根据自己的经验及体会，怀着真诚助人的心情，以自己独特的方式回答，没有什么对与不对之分，把自己对某一问题的真实看法写出来，不用署名。信封放在小组中央的地上或桌子上。回答完毕，把每个人的问题纸条放到他的信封上，装进信封内。每个成员取回自己的信封，抽出回条，一一阅读。最后，全组集中，每人谈自己阅读完他人意见后的感想。由于得到多个人的帮助，丰富了个人有限的经验，常常使受益者感动不已。

镜中人

目的： 培养成员对他人的敏感性，相互沟通，相互接纳。

时间： 约15分钟。

操作： 团体成员两人一组，一人自由做动作，另一个人模仿，模仿两分钟后互换角色，不可说话，用心体会双方用意。结束后互相交流，看看自己对他人的理解是否正确。然后，仍然两人一组，一人说话，一人照原话重复叙述，两分钟后互换角色。结束后两人交流思想，全身心地观察和理解他人，讨论今后生活中如何应用各种感受。

6. 适合团体后期结束的游戏：真情告白、把心留住、化装舞会、大团圆合唱等

真情告白

目的： 处理离别情绪，给予彼此祝福。

时间： 约50分钟。

准备： 每人一张白纸，双面胶。

操作： 每人在背后贴上一张白纸，请小组内其他成员每人写一句祝福的话或建议，小组内写完，可以找其他自己认为重要的团体内成员，请他们写。写完后，坐下想一想成员会给自己写些什么，期待他们写些什么。然后取下纸仔细看，分享读后的感想，感谢成员的真诚。

把心留住

目的： 结束团体，对未来生活适当地预告。

时间： 约60~70分钟。

准备： 笔、心形小卡片、录音机、录音带。

操作： 播放轻柔的音乐，指导者给每个成员发若干张心形卡片（根据团体人数），请成员在每张卡片上写出自己所拥有的、所想要的好的特质或东西，一张卡片写一种。这些卡片就是成员的一颗心，请成员衡量自己及其他人的需要，送给其他成员自己的一点儿心意。全部送完后，围圈坐下，请每个人谈谈送礼物的心情，送这些"心"的原因，接受礼物的心情，你认为送礼物的人的用意是什么，带着这么多成员送的"心"离开团体后你打算怎样生活。心形卡代表成员的心愿与期盼，当一个团体成员捧着其他人的"心"，更能体验到人间的温情、亲情，不过，指导者要注意把握团体气氛，不要过分依恋、伤感，而应该尽兴、充满活力。

化装舞会

目的： 发挥个人的想象力与创造力，以化装形式，将参与团体后个人的新面目具体表现出来，以喻示走向新生活。

时间： 约60分钟。

准备： 布置可以跳舞的场地，准备录音机、录音带、化妆品，自备道具。

操作： 事先，指导者通知大家将举行舞会，请每位成员先思考团体对自己的影响，然后以化装的方式表现出来。练习开始时，先放轻松的音乐，每个成员化装。然后与其他人互相握手，自由交谈。接着每个成员轮流站到中央，听取其他成员对自己化装后的印象和感受，然后自己介绍为什么这样装扮，含义是什么。每个成员轮流到中央接受大家的评价。待全部评价和介绍结束时，可以参考他人的意见重新装扮，然后随舞曲翩翩起舞。练习进程中特别要强调自我反省以及对别人的观察。此舞会不同于别的舞会之处在于通过团体咨询，建立新的自我形象，打扮出新生的自我，面向新的生活。

大团圆合唱

目的： 处理离别情绪，励志鼓劲，彼此支持，圆满结束，对未来充满信心。

要求： 根据不同的团体主题、不同的团体阶段以及不同的团体对象而精心选择相应的歌曲。

准备： 录音机，磁带或光盘，歌词，宽敞的场地。

操作： 一般在每次团体聚会结束或整个团体解散时，全体成员围圈，手搭在别人肩上，随着音乐自由地有节奏地慢慢摇动，并跟着磁带一起唱，边唱边品味歌词内容。歌词必须配合团体的内容。结束时常用的歌曲有：《明天会更好》《友谊地久天长》《感恩的心》《真心英雄》《爱的奉献》《同一首歌》《祝福》《让世界充满爱》《难忘今宵》《永远是朋友》《明天我们还做伴》等。

参考文献：

杨志新.实施民主管理提高幼儿园整体水平[J].学前教育研究，1999（02）

第三编　调适外部环境

一、调适外部环境的释义

外部环境是指对一个单位或组织机构的质量和发展具有重要影响的外部因素。包括政策环境、社会需求、经济环境、科技环境、文化环境、社区环境、同行表现等。所谓调适，就是通过调整举措，使人际关系和事务之间相对适应并呈现恰当和谐的状态，达到最大程度的良性运转。从当前学前教育的整个发展看，幼儿园调适外部环境的内容主要包括政府、家长、社区、其他教育机构和媒体等。从某种程度说，相对于优化内部管理，调适外部环境是幼儿园发展的制约力量，也是保证幼儿园生存的重要条件。

二、幼儿园调适外部环境的意义

借鉴海尔集团总裁张瑞敏的"三只眼"理论，幼儿园园长应将一只"眼"盯住儿童，关注儿童的成长与发展；另一只"眼"盯住教师，促进教师的职业道德和专业素养不断提升；第三只"眼"应盯住外部环境，努力争取政府、家长、社区、教育机构和媒体等对幼儿园的支持和配合。因为，调适外部环境对幼儿园发展意义重大。

（一）有助于争取各方面的关注和支持，提升幼儿园的地位

幼儿园是社会组成的有机体，作为一个独立存在的机构，它的诞生和发展受到国家政策的调控、政府的支持、公众的关注、社会的认同、同行的竞争等诸多因素的影响。调适外部环境的过程是在与外界相互磨合过程中建立联系、强化沟通、密切关系的过程，让幼儿园能在社会中存续，确定稳固的地位。

另一方面，受行业性质、规模、从业人群、服务对象、产品效益等影响，幼儿园在社会上所受的持久性关注和社会地位等处于比较弱势的地位。因此，调适外部环境的过程也是展示和宣传自我，赢得政府和相关部门的关注，争取社会广泛重视和支持，扩大幼儿园影响力的过程。提升了行业工作水准，自然推动了幼儿园地位的提升。

（二）有利于挖掘资源，促进幼儿的全面发展

外部环境是幼儿园存在的依托，其中蕴含着大量的重要资源，甚至决定着幼儿园的生死命脉。这些资源包括国家的政策红利、学前教育的专业性和指导性文件，保护、规范并引领着幼儿园的良性运转。政府的行业督导，一方面用监督的手段确保幼儿园正确的办园方向，另一方面能保护幼儿园享受红利，排除干扰。

家长的关注和支持,不但能形成教育合力,还会集结家长职业和社交资源优势,助推幼儿园的科学管理,借助家长扩大舆论影响。社区的联系配合能有效调动多种行业资源,巩固幼儿园在地域上和群体中的地位。园所同行和相关教科研等会有幼教专业的实时资讯和动态,便于专业引领和解决幼儿园专业领域的突出问题。幼儿园的这些外部资源纵向影响力大,横向涵盖范围广,而且许多资源会随着幼儿的成长和幼儿园的发展而逐渐深入久远,不但为幼儿园带来教育的启示和资源,更能直接或间接地集成教育资源,开阔幼儿的视野,丰富幼儿园的教育形式,促进幼儿的全面发展。

(三)有利于拓宽视野,提升园长的综合素质

幼儿园不是孤立的存在,它对外部环境的依存度越来越高。随着幼儿园公益服务属性的强化,幼儿园的生存和发展对外界的依赖性越来越强,这也对园长提出了更加严峻的考验。实现被动适应到主动影响调适的转变,对幼儿园的管理至关重要,也给园长提出了新的命题。

作为一项专业性较强的工作,园长既要担任教育专家,又要做社会活动家。受专业、习惯思维和园内事务工作的困扰,极易导致园长倾注于内部管理,忽视外部调适,闭门造车,孤立无援,使园所与社会的距离不断拉大,导致园长工作思维僵化,视野狭窄,格局变小。为了适应幼儿教育事业发展的需要,园长要树立终身学习的理念,加强与外界沟通,在实践中丰富自己,不断拓宽自己的眼界,用更广博的胸怀规划幼儿园的未来发展,让事业保持勃勃的生机和活力。同时,拓宽幼儿园与外界联系的渠道,让教职员工能不断接受新的信息,开放办园,培养更多视野宽广、思维灵活、理念先进、有良好适应性的教学和管理人才。这不但是未来人才发展的需要,更是园长职业素养的要求。

三、调适外部环境的原则

(一)幼儿权益至上的原则

幼儿是幼儿园工作的主体,一切工作应遵循儿童身心发展特点,以保护儿童权益,促进儿童发展为目标。《园长标准》的办园理念中强调"幼儿为本",这也是调适外部环境的基本出发点和最终落脚点。因此,应建立儿童权益至上的思维习惯,一切调试工作皆可以从儿童的需要出发,在孩子需求问题上做文章,即符合儿童需要的就是幼儿园要努力争取的,凡是伤害儿童利益的,一定是幼儿园坚持抵制的。调适外部环境的目的不但要结合当下教育所面临的问题,更要着眼于儿童的未来。

(二)优化内部管理为先的原则

在调适外部环境中,园长要树立"内求提升,外求发展"的意识,严格按照国家教育政策和相关规范科学合理办学,不断探索规范、科学、优质的办学道路,提高依法办学水平。这样才能为外部调适奠定基础,同时确定正确的发展道路,

以浓厚的正能量舆论氛围和不断提升的品质口碑建立社会影响力,将外部的开拓和内部管理结合起来,以汇聚和感召更强大的社会支持。

(三)长期坚持、主动作为的原则

外部环境作为长期存在且不断变化的影响因素,需要园长将调适工作作为幼儿园的一项重要的常规工作长期坚持,建立健全制度化管理模式。同时,应不断调整调适外部环境工作在幼儿园整体工作中的地位,确保能与时俱进。园长还要主动作为,维护和保持外部环境渠道的畅通和连贯,经常进行审视和调节,以实现幼儿园与外界的平衡、融合和友好依存。

四、幼儿园调适外部环境的内容和实施策略

(一)幼儿园与家长

与其他学段不同,幼儿园作为具有公益服务属性的机构,工作职能一方面是立足专业,用科学优质的教育促进儿童的发展。另一方面是周到服务,以满足家长的教育和照料子女的要求,提高家长科学育儿水平。与义务教育不同的是,家长既是儿童的监护人,又是教育的受益者。同时,家长又是某种意义上的消费者,需要从幼儿园得到细致的人性化服务。因此,协调家长工作,对幼儿园的发展将起到事半功倍的作用。

《纲要》指出:"家庭是幼儿园重要的合作伙伴。应本着尊重、平等、合作的原则,争取家长的理解、支持和主动参与,并积极支持、帮助家长提高教育能力。"受儿童身心发展水平的限制,幼儿园工作的一个渠道是直接作用给儿童,另一个是作用给家长,通过家长的配合,提高家长育儿能力,间接地发挥教育的作用。

做好家长工作应坚持这样的原则:儿童为主,换位思考,情感沟通,合作共赢。具体可以通过以下方式达成:

1. 建立家园合作组织。如家长学校、家长委员会等,依托有组织的载体,吸引家长参与幼儿园决策和事务,实现有效合作。

2. 畅通交流渠道。如开展主题家长会、家长约谈、家长沙龙等,通过建立双方友好的对话机制达到相互沟通了解、相互支持配合的目的。

3. 举办参与式活动。如亲子游艺、家长进课堂、家长志愿者、妈妈读书会等活动,让家长走进幼儿园,体验生活,交换角色,增进感情,促进交流。

4. 建立申诉机制。如家长问卷调查、专题意见征求等,倾听家长的意见,将投诉变成建议,化解隐性矛盾,将问题在萌芽状态下解决。

5. 设立跟踪办法。如儿童发展跟踪、校友联系制度等,建立与毕业生的长期联系互动,以深层次了解和分析儿童的发展,检验幼儿园的办学质量。

(二)幼儿园与政府

政府是国家的权力机构,是制定和执行政策的权威部门,也是行业监管、政

策监督和资金拨付的管理部门。幼儿园的所有办学行为都需要在政府的监管下运行，因此，调适与当地政府的关系是园长的重要职责。在调适与政府的关系中，园长要坚定认识，勇于担当，主动协调，及时汇报相关工作，主动接受监督、指导、帮助和评估。

1. 加强信息沟通。园长应保持敏感的职业嗅觉和习惯，经常查阅政府官方网站，及时掌握政策发布实施等行业动态，调整幼儿园的工作方针。同时要经常向行政领导和行业主管部门汇报幼儿园的发展变化，促进信息的双向反馈。

2. 积极响应号召。政府部门的工作成果离不开基层单位的支持和配合，幼儿园也会在这些参与和辅助工作中获得锻炼和展示。因此，园长要端正态度，积极响应政府号召，热情投身于公益宣传、党团活动、行业竞赛等展示活动中，通过活动加深对彼此的了解和认同，形成工作思路方向和步骤的统一，赢得领导的信任和支持。

3. 建立沟通机制。幼儿园的主管部门覆盖范围广，包括教育、卫生、公安、食药监、人社等多个部门，因此，园长应统一部署协调，按分工分领域负责的原则，建立统一的机制，监督分管人落实，提升全园管理者在调适外部环境中的能力。

（三）幼儿园与社区

社区是指从事一定的社会活动，具有某种互动关系和共同文化的人类群体及其活动区域。如果从地理区位看，社区是与幼儿园空间关系最密切的外部环境因素。调适与社区的关系，就是要与社区的规范和文化相适应，与社区人群的利益和情感相融合，借助社区资源，扩展幼儿园的教育范畴，取得社区的广泛支持，实现园内园外共同办教育。

《纲要》指出："幼儿园应与家庭、社区密切合作，与小学相互衔接，综合利用各种教育资源，共同为幼儿的发展创造良好的条件。"社区环境应被视为可以利用的教育资源，应引导幼儿参与社会活动，丰富生活经验。充分利用自然环境和社区的教育资源，扩展幼儿生活和学习的空间。幼儿园同时应为社区的早期教育提供服务。调适幼儿园与社区的工作，应做好以下工作：

1. 为社区提供资源和服务。如优先解决社区儿童就近入园问题、为社区儿童开设早教、为社区开展父母课堂等活动，充分发挥幼儿园自身行业和资源优势，送专业与便利给社区。

2. 参与社会活动。幼儿园不要把自己与社区割裂开，广泛参与社区活动是对社区最大的支持。如春节团拜会活动、重阳节慰问活动等，让儿童在真实的情境中感受节日文化和邻里的友善关系，让社区活动通过幼儿园的参与而变得有声有色。

3. 建立社区生活课堂。充分利用社区里的教育资源和场馆设施，引导儿童走进社区，将生活教育的大课堂延伸进社区，拓展教育范围。

（四）幼儿园与其他教育机构

其他教育机构包括地方教科研组织和部门，附近小学和其他幼儿园，以及周边民间教育机构等。具有同样的教育机构性质，幼儿园与这些教育机构既存在合作关系，又存在一定的冲突。因此，有效地调适与教育机构的关系，可以提升幼儿园的专业工作水平，激励办园水平的提高。

1. 勇于开放办园，建立文化自信。如建立区域幼儿园共同体等，在类似的教育机构间，园长要勇于冲破壁垒，本着开放、共享、共发展的思想，放大格局，不保守经验，不回避问题，促进行业发展。

2. 勇于尝试探索，以科研带教研。园长要树立科学兴教的专业发展意识，积极取得地方教科研部门的帮助和指导，通过开展不同层次的科研研究，提高办学实力，促进与教育机构的相互借鉴和学习。

（五）幼儿园与媒体

在互联网社会的今天，自媒体已经大行其道，人人手持智能手机，每个人似乎也都变成了媒体人，和其他行业一样，幼儿园的工作时时处处展示在社会的舆论监督中。不可忽视的是，传统媒体以其特殊的地位、壮大的团队和广泛的受众依然有着极其重要的地位。幼儿园不是世外桃源，工作中各类危机事件随时可能发生，掌握必要的沟通策略和危机处理方法，有效地调适和媒体的关系，可以化风险为机遇，增强幼儿园的整体实力。

1. 树立危机管理意识。加强学习，掌握必要的危机公关常识，园长可在日常生活中以舆论焦点和典型事件的处理为参照，借鉴经验教训，提高危机处理能力。

2. 尝试建立与媒体的和谐关系。正确看待媒体的工作性质和职业习惯，积极配合媒体的相关节目制作邀请，掌握沟通技巧，用幼儿园的办学品质和真诚友善的交流，建立与媒体沟通的良好基础。

3. 建立幼儿园危机处置预案。园长应将危机管理作为幼儿园的必要工作项目，逐步建立幼儿园危机管理方案。有条件的幼儿园可设立新闻发言人制度，将调适媒体的工作向专业化方向发展。

除了上述内容外，幼儿园调适外部环境还可能包括与举办者和投资人的调适、与老员工和老校友的调适等。在实际工作中，园长要充分重视这些内容，采取适当的调适策略和方法，只要坚持以诚相待，从儿童利益出发，积极沟通交流，没有解决不了的问题。

五、调适外部环境对园长的工作要求

（一）要有担当的勇气和顽强的意志

《园长标准》的办学理念中强调要"以德为先、引领发展"。幼儿园的工作千头万绪，遭遇形形色色的个性化要求和各种各样的棘手问题是必然的。作为园长，一定要具备担当的勇气，敢于直面问题，勇于承担责任，敢于坚持原则。要

身先士卒，积极营造促进幼儿园发展的良好外部环境。

（二）有终身学习的意识和习惯

《园长标准》的办学理念中强调要"终身学习"。作为园长，首先要加强认识，明确调适外部环境对幼儿园工作的重要作用及自己的使命责任，明确学习、实践、再学习是解决问题的重要途径。其次要善于学习，要保持旺盛的求知欲望，对新鲜事物和发达资讯保持高度的敏感和兴趣，有目的地涉猎相关领域知识，善于跳出幼教看幼教。最后，要持之以恒，将学习当成自己工作和生活中的一部分，在幼儿园树立善于学习的榜样，推动幼儿园不断创新发展。

（三）不断提升自己的沟通和交往能力

《园长标准》的办学理念中强调"能力为重"。调适外部环境主要通过沟通交流等方式实现。因此，园长要不断提升自己的专业能力。要有系统而灵活的思维能力，知道自己沟通的目的是什么。要有敏锐的观察和灵活的变通能力，及时采取有效的方式调整交流话题和过程。要有清晰流畅的表达能力，善于把握分寸，采用得体的表达技巧。要有深刻的判断和思辨能力，善于审时度势，把握问题的核心，搭建多种平台，实现有效沟通。

一位外婆的来信

【案例描述】

2015年一个冬天的下午，保安送来一个来自本市的带着邮戳的牛皮纸信封，信是一位新小班小朋友的外婆写的。内容摘要如下：

尊敬的园长：

您好！

我是一名今年新入园幼儿的外婆，说实话，当我拿起笔来准备给您写这封信的时候，心里不免有些忐忑……然而，为了外孙，我还是决定给您写这封信。

入冬以来，我想您和我一样都感觉到了今冬的寒冷，尤其是这几天……说真的，对于入园不久的3岁幼儿，每天上午一次、下午一次的户外活动的确是不小的"考验"。作为孩子的外婆，看到孩子感冒了，痊愈了，又感冒了，又痊愈了，反反复复；看到孩子发烧、流鼻涕、流眼泪、咳嗽不止，我真的很心疼。这绝不仅仅是我家孩子这样。"敢"问园长您知道这些吗？您知道那些穿戴像熊猫一样，迈不开腿的孩子们在寒风中是怎样的感受吗？您知道陪着孩子们在户外冻得瑟瑟发抖的老师们又是怎样的感受吗？恕我直言，户外活动固然好，可是在这寒冷的冬天，孩子们就像刚出土的幼苗，怎能经得起"风吹雨打"？真的有必要吗？

园长，我无心责怪您，我只是替很多家长说出了想说却又不敢说的话。对于幼儿园，因为相信，因为喜欢，我们选择了这里；因为爱，我们不愿离开。我想您也一定会因为爱这些孩子而有新的考虑，不是吗？

一个不想留下名字的外婆
于 2015 年 11 月 25 日

【思考与行动】
一、分析与思考

这封家长来信，饱含着祖辈对孙辈的关爱之情，也饱含着对幼儿园在冬季开展幼儿户外活动的不理解与"控诉"。可是，新入园的 3~4 岁幼儿真的像家长信中说的那样，是"刚出土的幼苗"，不适宜在冬季参加户外活动吗？

《规程》中规定：在幼儿园，儿童每日户外活动的时间不少于 2 小时，寄宿制幼儿园不得少于 3 小时，高寒地区在冬季可酌情减少。幼儿在冬季参加户外游戏活动，可以经常接受空气的温度、湿度、气流的刺激和阳光的照射，呼吸新鲜空气，增强身体对外界环境的适应能力，加强机体的新陈代谢，促进生长发育。

老话说得好，"冬天动一动，少闹一场病；冬天懒一懒，多喝药一碗。"冬季幼儿在室外接受阳光的照射与锻炼，体温调节能力就会增强，御寒能力及身体的免疫力均会得到提高。幼儿本身的适应能力和抵抗能力比成人差，如果在冬季幼儿能每天都到户外运动，身体就会持续地受到寒冷的刺激，肌肉、血管不停地收缩，能够使心脏跳动加快，呼吸加深，体内新陈代谢加强，身体产生的热量增加。同时，由于大脑皮质兴奋性增强，有利于灵敏、准确地调节体温，因此幼儿的抗寒能力可明显增强。而且，幼儿在冬季适当到户外接受阳光的照射，阳光中的紫外线可促进人体的造血机能，对治疗和预防贫血有积极作用。这种紫外线还能杀死人体皮肤、衣服上的病毒和病菌，起到很好的消毒作用；阳光还能使皮下的脱氢胆固醇变成维生素 D，促使身体对钙、磷的吸收，有助于幼儿骨骼的生长发育。

既然幼儿在冬季坚持户外活动有这么多的好处，那么家长为何还要投诉呢？

（一）家长对孩子身体健康的重视与误区

很多爸爸妈妈忙于工作，孩子便交由祖父母照看监管，祖父母对孩子的保育往往大于教育，对孩子的呵护无微不至，同时也剥夺了孩子很多自由发展的机会。老人对孩子的呵护更多体现在吃好穿暖上，寒冷的冬天，无论给孩子穿着多厚的衣服，都担心孩子无法适应室外温度，怕冻感冒。"天冷多穿点儿，小心着凉"永远是老人对子女最多的叮咛，而大部分老人让孙辈度过严寒冬天的制胜法宝则

是"屋里暖和，少上外面去"。长此以往，孩子变成了"温室中的花朵"，天冷时，孩子到外面活动就容易生病，如此恶性循环，导致了孩子体质弱，免疫力差，严重影响了孩子的身体健康。

（二）家园共育的力度和角度需要加强

"家园共育"一直是幼儿园工作的重点之一。《园长标准》中指出："充分认识家庭是幼儿园重要的合作伙伴，积极争取家长的理解、支持和主动参与，促进家园共育。"幼儿园家长工作的开展，出发点往往在于充分利用家长资源，实现家园互动合作共育。但在家园合作中，教师、家长的地位不平等，表现为以幼儿园教育为中心，要求家长配合幼儿园工作，对家长的需要和想法考虑不够，难免使得家长处于服从的位置上。就像这封家长来信，这位外婆不了解孩子在幼儿园进行冬季户外活动的意义和目标，也不了解老师是如何科学地开展户外运动的，难免会有这样抵触和不满的情绪与诉求。

二、行动与策略

（一）组织教师召开研讨会

园长应具备较强的管理能力和团队研讨能力，这种能力体现在积极应对所遇到的问题之中。依据《指南》健康领域中"身心状况"目标3的"教育建议"——保证幼儿的户外活动时间，提高幼儿适应季节变化的能力。幼儿每天的户外活动时间一般不少于2小时，其中体育活动时间不少于1小时，季节交替时要坚持。不同地区在不同季节中应因地制宜，选择温度适当的时间段开展户外活动，也可根据气温的变化和幼儿的个体差异，适当减少活动的时间。结合家长来信，针对幼儿参加冬季户外活动的利与弊，教师们进行了"该不该""如何做"等方面的研讨，并最终达成了共识：冬季幼儿户外活动利大于弊，应该坚持；幼儿年龄段不同，户外活动的时间等应有所不同；科学带领幼儿开展冬季户外活动的同时，也要让家长知情知因，安心放心。

（二）制定具体的冬季幼儿户外活动要求

经过组织教师研讨，园领导班子补充完善，幼儿园制定了涵盖幼儿冬季户外活动前、活动中及活动后的准备工作、时间流程、人员配合等科学健康的《幼儿冬季户外活动一览表》。

（三）加大家园沟通力度，争取家长的理解与支持

1. 不定期将幼儿的户外活动照片和微视频上传到班级的家长微信群，让家长们直观了解幼儿在户外活动中的表现，了解教师如何科学组织幼儿进行户外活动的开展。

2. 在幼儿来园、离园时，与个别家长深入沟通幼儿在户外活动时的快乐表现及良好状态。

3. 在班级开展教师与每位家长"一对一"约谈时，将幼儿园开展冬季户外活

动的科学性及需要家长坚持、配合的方面与家长进行沟通。

4. 在班级召开家长会之际，向家长介绍幼儿园冬季开展户外活动的必要性和重要性，倡导家长用科学的方法、理念养育孩子。

5. 利用幼儿园微信平台介绍冬季幼儿户外运动的好处及我园如何科学开展冬季户外运动。

6. 不断提升家长科学健康的育儿理念，倡导家长对幼儿的呵护要有理有度，在"爱在育才"家长学校第十八讲，请来沈阳医科大学的儿科主任来园为家长们讲座。

❀【成长心语】

> 家园共育，即家长与幼儿园共同完成孩子的教育，而非家庭或幼儿园单方面进行的教育工作。幼儿园作为专业的早期教育机构，有责任和义务引领家长用科学的方法保育教育幼儿。尽管家长需求不同，众口难调，但所有家长需求的目的只有一个——对孩子好。所以，面对有些家长的不理解和质疑，我们唯有秉持科学的育儿理念，继续以"对孩子有好处"为出发点，对相关工作进行提升和完善，并加深加宽家园沟通的途径，让家长对幼儿园开展的工作知情知因，从而放心把孩子交给幼儿园，而且能够家园携手共育，为孩子们的健康成长保驾护航。
>
> （辽宁省人民政府机关幼儿园 姜 玲）

从"反对者"到"同盟军"

❀【案例描述】

家长是幼儿园教育的有力支撑和宝贵资源，合理的调动和整合会使园所教育更加丰富和多元。中国儿童体质下降已成为一项令中国社会共同堪忧的问题，我们分析家长过度保护是主要原因，于是我们幼儿园本着"让孩子玩真游戏"的理念，想把游戏的权利真正还给孩子，以开放式的运动环境，让每名幼儿都有机会自主选择玩伴、自主选择运动材料、自主设计运动场景、自主探索运动方式。我们深知，要想付诸行动，可谓是困难重重，首先过不了的就是家长这一关，他们不能赞同孩子进行这样具有挑战性、冒险性的活动。开展活动前我们发放了调查问卷，征求家长的意见，调查结果是73%的家长不同意开展，甚至有些班级的家长连名表示反对。这一次，家长彻底成了我们的"反对者"，为了让这种有利于幼儿体能发展、心智发展的运动形式得以实施，我们开展了一系列保障和助推性的活动。

第三编 调适外部环境

【思考与行动】

一、分析与思考

幼儿园是专业的学前教育机构，但幼儿园遵循幼儿学习和发展规律开展的专业课程和活动常常受到家长的左右和质疑，原因是家长缺少专业理念和知识。《园长标准》提出，应充分认识家庭是幼儿园重要的合作伙伴，积极争取家长的理解、支持和主动参与，促进家园共育。这一要求提醒我们，要想形成教育的合力，就要通过我们专业的力量把家长变成我们的"同盟军"，与我们并肩学习、共同成长，成为幼儿园各项工作的参与者、合作者和支持者。

（一）价值认同才能心手相牵

经过对家长问卷进行统计分析，我们认为家长对活动的反对首先来源于不了解活动本身对幼儿发展蕴含的意义和价值，不相信园所的安全保障能力，不相信孩子面对挑战有自己的应急、判断和自我保护能力；其次，家长觉得传统运动方式也很好，没必要尝试新的户外活动模式。为了让家长和我们站在一起，让家长了解活动的重要价值是关键，只有家长对游戏价值认同了，才能保证在园内顺利开展各项活动。

（二）领会理念才能专业融入

思想决定行动，理念对了，行动才能不偏离正确的轨道。为了让家长了解跟进我们的活动，必须带上家长一起学习，刷新家长的固有理念，输入新的理念，让家长以专业的视角做出判断，这些将为家长全程参与做铺垫。家长理念的刷新，也将让家长成为我们专业的"同盟军"，确保家长参与设计时提供方案的专业性、可行性、科学性、实用性等。

（三）参与活动才能持续关注

任何事情，参与其中才有情感的投入，才有深入的思考，为了让家长能持续地关注、支持自主式户外活动，邀请家长一起打造户外环境，把打造环境、投放材料工作信任地交给他们，会培养他们对这项活动的情感，让活动筹备变成幼儿园、家长共同的事，这种参与也将保证家长在活动前参与、活动中关注、活动后推进，让家长一直和幼儿园在一起。

（四）跟进安全才能放心放手

对安全不放心的家长不可能因为前期的一些工作而放弃全部质疑，对于个别家长，还应把他们的思想工作提到工作日程上来，通过我们坦诚开放的工作作风，对家长毫无保留地开放活动，允许随时随地的观摩，赢得每一位家长的信任、支持和主动参与，把家长当朋友、当伙伴，让他们成为教育的一分子，协助活动的同时，他们也就看见了、明白了、印证了、了解了，最终也就肯定和支持了。

二、行动策略

（一）邀请家长，参与户外游戏活动的筹划

1. 审视活动，达成共识

我们提出的户外游戏放手、放权的设想让家长感到震撼、惊讶、难以置信，谈到要在园内推进尝试时家长质疑重重。由于安全问题在幼儿园是最敏感的话题，家长已经习惯以警惕的眼光关注孩子，瞻前顾后地保护孩子，以免发生意外，这是家长们最为小心谨慎的区域。让孩子自主游戏，搬运搭建，登高爬低，简直是家长想都不敢想的事。针对这一情况，我们首先组织家长召开户外游戏座谈会，让大家畅所欲言，针对自主式户外游戏，谈好处、论风险，以科学的分析、客观的评价，引领家长捕捉游戏价值，消除担心顾虑，最后大家达成共识：自主式户外游戏活动，能为幼儿提供自发、自主、自由的挑战性运动环境，给幼儿创造发展运动能力的机会，让幼儿体验自由感、胜任感、成就感，有利于发展幼儿的创造力、想象力、交往合作的能力，促进幼儿情感、个性健康的发展。此外，幼儿还会根据自身能力自主选择、量力而为，按照自己的发展节奏递进前行，同时自我保护能力和安全意识会随着时间和运动能力的不断提升而逐渐提高，能兼顾幼儿的个体差异，是一种非常值得尝试的游戏模式。统一思想后，家长朋友们觉得利大于弊，得大于失，愿意尝试。

2. 学习《指南》，内化理念

为每个家庭发放《指南》家长读本，先让家长自学了解《指南》理念的各领域目标、典型特征、教育建议等，重点了解健康领域，再邀请家长参加园所组织的《指南》解读培训、专家讲座，让家长带着问题与专家交流，寻找答案；组织家长研讨幼儿的学习特点，促进家长间的互学交流。系列活动让家长理解了《指南》中阐述的幼儿学习的方式和特点，知道了幼儿的学习是以直接经验为基础的，在游戏和日常生活中进行的；知道了幼儿经验的获得，是通过直接感知、实际操作和亲身体验实现的。家长对幼儿园即将开展的自主式户外游戏活动有了更深层次的理解和认同，知道了幼儿园要为孩子创造更多的实践学习的机会，为幼儿的终身学习和发展奠基铺路。我们引领家长深入地学习《指南》、领会《指南》的行动，有效促进了家长观念的转变，使家长参与环境设计时更有理论依据。

3. 开展动员，征集方案

鼓励全园教师、家长参与到户外环境规划中来，设立"金点子奖"，在户外环境打造、户外活动材料投放上，遵循幼儿、教师、家长同构的原则，营造安全环境的原则，再组织上交方案、分享方案。在众多方案中筛选出优秀方案，与家长一起结合《指南》健康领域的目标以及园区内场地的特点，将方案与场地对接，进行合理布局，为实际施工做好设计准备。这既是家园智慧的凝聚，也是家园思

想的凝聚，更是集体行动的凝聚，通过参与，为下一步全体步调一致地开展户外健康活动打牢基础。

（二）引领家长，参与户外游戏环境的打造

1. 整合施工，群策群力

打造方案整合敲定后，本着节约、增效的原则，我们调动全体教职工和有条件的家长参与环境打造。有买材料的，有组织施工的，有出技术的。我们后勤副园长、保安、厨师、家长周末齐上阵，其中一项外包3.6万元的项目，我们仅用7000元就完成了，充分发扬了家园同心、艰苦奋斗的精神。整个园区的环境设计、现场施工、材料的开发均由家园共同体完成，这样的参与，不仅实现了节约，更实现了每名参与者对环境的持续关注、对活动的持续热情和深度思考。

2. 联动社区，共享资源

幼儿园身处军营之中，沐浴着得天独厚的军营文化，借助军人家长资源带着幼儿深入军营，开展学军、拥军活动，如参观机场、汽车连、打靶场、训练场等。解放军坚强、勇敢、积极训练、严谨生活的精神品质深深影响着孩子们，军营游戏也自然成了孩子们的最爱。我们与军人家长共同商榷环境创设，精心创设了适合孩子的投弹区、登山区、迷宫区、越野区、钻爬区、滑索区、驾驶模拟区等，打造了充满野趣、回归自然、回归原生态、充满挑战的野战训练营，实现了孩子们的梦想。在这些设计中，我们精心融合了走、跑、跳、平衡、钻、爬、投掷、攀、悬等多种运动元素，让幼儿在与逼真而富有挑战性的区域环境互动中得到综合的体能发展。

3. 发动家长，投放材料

低结构材料是支持幼儿自主游戏的最好载体。我们通过海报向家长征集材料，有了前期的参与，家长支持的行动跟进迅速，他们为幼儿拿来了生活中常见的大小油桶、木梯、竹梯、箱子、轮胎、木板等。当放手把这些东西给孩子的时候，家长们惊喜地发现孩子们兴致盎然、富有创意、坚强勇敢、具有合作意识，一切浑然天成，无须雕琢。他们完全驾驭着环境和材料，在快乐的尝试和探索中自由选择、自主游戏。孩子快乐地游戏激励着家长进一步参与。

（三）号召家长，参与户外游戏安全的维护

1. 强化安全，园所先行

利用家长会、家长开放日、亲子运动会向家长宣传健康对于幼儿成长的意义，展示我园自主性户外游戏的成果和理念，让家长了解幼儿户外活动情况；介绍我们的户外安全保障措施；以严谨、踏实的作风赢得家长的理解、信任和支持。

2. 家长担当，轮流履任

招募志愿者，成立家长户外器械安全隐患排查小组，划片、轮流排班对全园的户外设备进行安全检查和维护，采取一看、二查、三检修的方法。"一看"，即每日查看运动器械是否有破损;"二查",即运动材料是否出现松动现象;"三检修",即对破损、松动器材设备及时修理,保障幼儿的安全使用。

3. 家长融入,体会教育

安排对自主式户外游戏活动安全有顾虑的家长担任户外活动安全员,负责幼儿户外活动的安全保护,顺便体会园所的安全教育策略:

(1)幼儿安全意识的培养。开展自主性户外游戏活动前首先要做好运动准备,其次与幼儿一起熟悉材料、分析安全隐患;活动中时时提醒、刻刻关注;活动后总结安全经验,集体分享,提升安全意识。

(2)教师安全判断能力的提升。在组织户外游戏活动中,幼儿在前,教师在后;而活动开展前,是教师在前,幼儿在后,即做好充分的前期准备,包括教研组在活动前组织教师开展对材料、器械潜在危险的评估研讨,教师先进行材料运动、拼搭尝试,做到对材料安全隐患心中有数,以便更好地帮助幼儿积累安全运动经验,屏蔽安全风险。每次户外游戏前,教师都要先检查设备、材料和场地,并且采取小幅递进式发展策略,对材料进行合理的投放规划,由单项到多项、由简单到复杂。

(3)全员安全责任的强化。开展《安全与责任》的全员培训,组织全员进行安全经验分享,对教职工进行生命教育,培养教职工尊重生命、敬畏生命、呵护儿童的情怀,帮助教职工树立大爱意识,提升安全防范能力。

(四)携手家长,积极评价幼儿经验的获得

1."学习故事"搭桥,积极评价成长

通过组织"学习故事"培训,阅读《发现儿童的力量》《儿童发展的另一种评价》,让教师了解"学习故事"这种评价方式对促进幼儿发展的意义。教师将活动中随处可见的"哇时刻"记录下来,给孩子们写成学习故事,通过积极回应,鼓励支持幼儿的进一步发展。教师把学习故事交给家长并指导家长在家中继续回应、支持幼儿,通过与家长共同书写学习故事、一起回应幼儿的方式,建立良好的家园互动氛围,形成教育合力,共促幼儿发展。

2. 分析价值趋向,梳理发展经验

有了自主式户外游戏活动,幼儿的天性可以自然流露,内在需求得到充分的满足,自由和创造在游戏中得到统一,幼儿有对自己活动的驾驭感、胜任感,从而获得自信、幸福和满足。家长开放日,我们向家长开放户外活动,并发放《家长观察记录表》,让家长结合《指南》健康领域的目标,看"门道",找"发展",共同梳理出户外自主活动本身促进幼儿发展的几个方面。

(1)身心状况方面:幼儿自主性活动让幼儿能在自己身体承受的能力范围内达到合理的运动量,身体的免疫力逐渐提升。幼儿变得更善于交往、合作了,遇到冲突能自己寻求解决的办法,提升了幼儿的社会适应能力、沟通能力、语言表达能力。

（2）动作发展方面：幼儿的动作更灵敏了，力量和耐力更持久了。通过户外自主活动，幼儿更爱运动了，身体更灵活协调了。

（3）生活习惯和生活能力方面：幼儿的自理能力更强了。户外游戏中的收拾和整理材料环节既是快乐、有益的游戏，幼儿从中学会了分类、排序等数概念和技术，同时也锻炼了自理、互助、公共责任等良好的社会适应品质。

（4）学习品质方面：幼儿在自主式户外活动中的参与状态是积极的、主动的，从他们的脸上我们能看到安静和专注、兴趣和坚持。在游戏中幼儿学会了自主，感受到自己的力量，充分发展了感知，获得了大量的感性经验，包括自我管理，获得自尊、自信、社会性发展等。

【成长心语】

家长从"反对者"到"同盟军"的成功转变让我认识到家长工作的重要性。家庭因素、家长资源是幼儿园工作的大后方，充分重视这一资源并有效利用会使幼儿园的工作事半功倍。我们和家长有着共同的奋斗目标，那就是让孩子得到更好的发展。以此为契机，我们完全可以把家长角色定位为同伴（一起商讨）、同事（一起行动）和同学（一起成长）。工作中我们还应用真诚打动家长，用智慧引领家长，争取家长的理解、支持和主动参与，让家长成为我们重要的合作者，才能形成教育合力，共促幼儿的发展，最终保证教育的一致性、系统性和连贯性。

（北部战区空军直属机关幼儿园 芦宁）

幼儿园开放日活动引发的思考

【案例描述】

在幼儿园开展家长开放日活动时，我看到了几个场景：

场景一： 某小班的开放日活动，老师组织了一次体育游戏"小蚂蚁运粮食"，幼儿在老师的组织下积极参与游戏，在老师设置的情境中大家齐心合力运粮食，整个游戏活动进行得很顺利。当结束游戏后，老师组织小朋友如厕、喝水的时候，一个小男孩的奶奶从兜里拿出了一瓶果汁给他，小男孩接过果汁喝了两口，之后的行为表现让我很吃惊，小男孩竟然故意将瓶子里的果汁倒在了教室的地板上，当班级老师发现刚想说话的时候，这位奶奶连忙满脸堆笑地说："我孙子不是故意的，没事，老师我给擦干净啊。"说完，奶奶就去找拖把，将地板擦干净。明明是孩子故意做的，可是奶奶还在众人面前偏袒他。

场景二： 午餐时间，我走进中班的一个活动室，孩子们都在津津有味地吃着午餐，家长们在一边笑呵呵地看着自己的宝贝大口吃饭。我发现在活动室的一角，一位看起来很贤惠的女士正端着孩子的小餐盘，拿着小勺子喂着自己家的孩子，口里还不停地说着："妈妈的大宝贝，来，吃一小口白白的大米饭。"这位妈妈的话语瞬间吸引了我，我发现"妈妈的大宝贝"一点儿进餐的想法都没有，坐在小椅子上动来动去，看看这，摸摸那，一刻不停歇。

场景三： 一次某大班的开放日活动对家长开放的是区域游戏"小吃一条街"，主要目标是让幼儿在扮演服务员和顾客的游戏中发展社会性交往能力。活动前，该班教师对幼儿提出在活动后要评选"最佳服务员"和"最佳顾客"的要求，让每个幼儿都自觉地、耐心地做好自己的"本职工作"。孩子们忙着包饺子、做烧卖、制作烧烤食品等，大家分工明确，各负其责，情绪高涨，玩得不亦乐乎。幼儿的社会性交往能力得到了很大的提高，我对活动效果十分满意。但是我对家长的表现很不理解，因为在幼儿区域游戏开始没多久，有的家长便开始闲聊起来。活动后在和家长的交流中，我们征询家长对开放日活动的感受时，不少家长反映幼儿玩得挺热闹，但是感觉没有学到什么知识。

【思考与行动】

一、分析与思考

幼儿园家长开放日是幼儿园与家庭合作共育的重要形式之一，是幼儿、家长、教师共同参与的集体活动，它对幼儿园、教师、家长和幼儿都有着深远而积极的意义。开展丰富多彩的家长开放日活动有利于家长更好地教育孩子。通过家长开放日活动，家长可以进一步了解孩子在幼儿园这个小社会中的种种表现和各方面的发展水平，看清孩子的优缺点，从而有助于对孩子进行针对性的教育。通过组织家长开放日活动，观摩老师的教育方法，能增进家长对幼儿园教育工作的感性认识，了解教育内容，掌握教育方法，体会教师工作的辛苦，更加尊重老师，从而增进双方的了解和信任，并能积极地配合幼儿园工作，达到家园同步教育孩子的效果。家长开放日活动能促进教师把压力转为动力，不断地加强学习，提高自己的教育水平和指导能力。

在幼儿园家长开放日活动中，园长扮演着观察者、指导者和评价者的角色。作为园长，我每次都要有目的地对家长开放日活动内容进行仔细观察。从中我也发现了以上几个典型的小案例，针对这些案例做了以下分析与思考：

（一）过分溺爱呵护，不懂科学育儿

溺爱就是非理性地过度宠爱、迁就、姑息孩子的态度。法国教育家卢梭说过："你知道运用什么方法，一定可以使你的孩子成为不幸的人吗？这个方法就是对他百依百顺。"这就是溺爱。

前些年，我国提倡"一对夫妇只生一个孩子"。由于家里只有一个孩子，出

第三编 调适外部环境

现"四二一"的现象,即四个老人、两个年轻的父母、一个小宝宝。到现在的"二孩儿时代",家里的小王子、小公主们都成了祖、父辈们的宝贝。

孩子成了家庭的中心,家长对孩子过度保护;对孩子的任性、骄横采取百依百顺的态度;生活上让孩子吃独食,家长对孩子的事情包办代替;对孩子的缺点错误"护短"等。即使明知孩子的要求是不恰当的,也会满足他。明知孩子在做错事,也不阻止他。这样的现象,在现代家庭中真是见多不怪了。有很多家长,特别是长辈们总是很心疼隔辈人会受苦,总是不肯让孩子学会在地上走,怕孩子摔跟头,将孙子孙女都宠坏了,孩子们出现了衣来伸手、饭来张口的情况。有些孩子完全不会做家务,处处依靠成人。

就像场景一里的小朋友,喝剩下的果汁怎么能倒在地板上呢?奶奶明知道孩子这样不对,还替孩子解释,找借口。场景二里吃饭本应该是孩子自己掌握的最基本的生活自理能力,都已经是中班的孩子了,这位妈妈还在包办代替,柔声细语。孔子说:"少成若天性,习惯如自然",就是说对孩子的教育应该从小培养,我们现在的父母,从孩子幼小时起,就对他千依百顺、过分溺爱,很容易使孩子变得骄傲、任性、自私、虚荣、孤僻,不仅会加重孩子的心理负担,同时,还剥夺了孩子遭受适当挫折、困难和学习独立的机会,甚至产生反社会的不良行为,给家庭带来不幸。家长只有认识了溺爱的危害,才能彻底反省自己的教育方式。

(二)盲目重视知识学习,忽视非智力因素的培养

在家长开放日活动中,家长是活动的参与者、引导者、评价者。他们是开放日活动的积极参与者和主力军,很多时候,家长还在开放日活动中积极地发挥助教作用。场景三中描述的几位家长,他们只关注幼儿的智力发展,忽视非智力因素。家长缺乏正确的儿童发展观,缺少正确的教育理念和教育方法,对于幼儿在游戏中的学习与发展认识不到位,没有认真观察,没有给予足够的关注和评价。甚至,还有相当一部分家长认为"孩子在幼儿园里不应该玩耍,而是好好学习各种知识"。为了不让孩子"输在起跑线"上,他们对幼儿教师的要求是多教孩子几首儿歌,多让孩子算一些算术题,多认识几个字,为幼儿升小学进行知识储备,相对忽视了对幼儿性格、气质、兴趣、意志力等非智力因素的培养。家长这样的观点和态度,直接影响家长开放日活动的成效,也阻碍了幼儿身心发展的规律,违背了家园共育的宗旨。

二、行动与策略

《指南》强调:"亲切地对待幼儿,关心幼儿,让他感到长辈是可亲、可近、可信赖的,家庭和幼儿园是温暖的。"因此,幼儿教育中家园共育是必然的,家长参与幼儿园的教育活动也是必然的,幼儿的成长需要家庭和幼儿园的同步协调,形成教育合力,才能真正担负起教育人的任务。

教育家苏霍姆林斯基有句名言:"没有教育的学校教育和没有学校教育的家

庭教育，都不可能完成培养人这样一个极其细微的任务。"在各类教育中，幼儿教育则更需要家长的配合。家长工作是幼儿园工作的重要组成部分，是幼儿园完成教育任务、提高保教质量不容忽视的一项工作。

作为园长，要有发现问题、分析问题、解决问题的能力。针对以上三则案例，我及时组织教师进行教研活动。在会议上大家各抒己见，针对家长缺乏育儿经验、教育方法不正确的实际情况展开了热烈的讨论：作为一线教师，我们应该如何与家长进行有效沟通？用什么途径来做好家园共育？会议结束，我们针对讨论的内容总结如下：

（一）注重沟通，建立平等和谐、信任支持的伙伴关系

老师们充分认识到，加强与幼儿家长的沟通，建立良好的合作关系，是家园共育的前提条件。只有与家长互相尊重、彼此信任，建立良好的感情基础，情感交流的渠道畅通了，才能谈得上相互了解、相互交流、相互合作，共同教育幼儿。因此，在与家长的沟通中，我们要做到：

1. 以尊重平等为前提。在与家长的交谈时，应从实际出发，用最浅显的话语说明一些道理，让家长明白我们教师的观点。要耐心地听取家长的建议，尊重家长提出的一些看法，改正工作中的不足，以求在尊重、平等的基础上达成共识。

2. 以真心理解为关键。现在的幼儿都是家里的"小皇帝""小公主"，几个大人守着，百般呵护，甚至有些娇惯，这些都是可以理解的。俗话说：谁的孩子谁不爱呢？

3. 以讲究技巧为钥匙。不是有"一句话十种说"的说法吗？同样的一个意思，可以用不同的措辞来表达，会得出不一样的结果。我们教师在与家长的接触交谈中，要特别注意沟通的语言技巧。如：场景一中的孩子，他把果汁倒在地板上的行为不对，作为教师，我们不是直接告诉家长，而是在与家长沟通时，先说孩子平时的情况以及优点和进步，再对孩子"倒果汁"这一问题提出要求和希望家长配合共同教育的建议，让家长知道，老师和家长的心思一样，是盼望孩子健康成长的。

与家长沟通的途径有很多，除坚持以上原则外，还可以利用多种形式。如：利用"宝宝信箱"汇报幼儿的点滴进步；利用家长专栏让家长了解我们的工作；利用电话、微信与家长交谈，联络感情；利用家访沟通思想等。通过与家长的沟通，家长明白了我们教育的特点，也了解了老师的辛苦和对幼儿的关怀，家长对我们老师也更尊重体贴了，配合教育幼儿上也更加主动了，使家园共育成为可能。

（二）加强指导，提升家长科学育儿水平

现在，家庭教育中存在的问题比较多，如家长偏重知识技能的培养，忽视了思想品德和良好行为习惯的培养、溺爱娇惯、包办代替、过度保护等。《规程》指出，教师要为家长提供科学育儿宣传指导，帮助家长创设良好的家庭教育环境，

共同担负教育幼儿的任务。可见,作为幼教工作者,支持和帮助家长改善家庭教育的状况,提高家长的科学育儿水平,是教师义不容辞的责任,是家长工作中不可缺少的一部分,也是实现家园共育、提高幼儿素质的需要。

1. 召开家长会。为了帮助家长提高科学育儿水平,我们园里定期召开家长会,为家长讲解育儿过程中存在的问题。

2. 举办家长学校。请幼教专家为家长做家庭教育、营养膳食的知识讲座。

3. 家长预约谈话。以谈话的方式,就孩子的阶段性成长情况与家长进行沟通,达成一致,有利于孩子的健康成长。

(三)参与互动,真正实现家园共育

著名幼教专家方明说过:"家庭教育与幼儿园教育就如一车两轮,必须同方向、同步调前进,才能促进幼儿健康发展。"在家园共育中,我们充分发挥家园两种教育的优势,做好家长工作,利用家庭教育的便利之处,取得了较好的效果。如:

1. 家庭教育专栏。在组织教育活动之前,让家长通过专栏了解幼儿园的工作计划、教学目标以及活动安排等,请家长带孩子提前做好活动准备;在家园专栏内开辟了家教知识小专栏,把一些好的育儿经验、国内外的幼教动态、最新的幼教成果及时展示给家长,让家长从中学到一些家教知识和具体指导方法,引导家长更新教育观念,进一步体会对孩子进行良好习惯培养的重要性。

2. 家园联系板、宝宝信箱。为了更好地调动家长参与活动的积极性,幼儿园在各班门口设置了"家园联系板""宝宝信箱",把需要家长配合的和家长需要老师做的写在这里,互相反馈信息。这样,既让老师了解了孩子在家的情况,也让家长看到了孩子在园的表现,家园教育保持一致性。

3. 开放日活动。在征得家长同意的基础上,设计不同的亲子开放内容,让家长参与到活动中来。活动后,耐心听取家长的反馈意见,用以改进以后的工作,真正做到家园互动。

4. 家长进课堂。邀请不同职业、不同特长的家长走进各班活动室,和孩子们一起学习、探索、认识不同的职业和不一样的专业,让幼儿感受和爸爸妈妈一起学习的快乐。

5. 家长委员会。在资源共享、家园共育活动中,幼儿园要向所有的家长和幼儿敞开大门,进行开放活动,并建立家长委员会,让家长参与管理幼儿园的一些事务。

通过老师和家长的共同努力,幼儿园的家园共育工作有了很大提高,在开放日里发现的典型案例获得了有效的解决办法,家长的教育理念有了突飞猛进的转变,家长更能认识、理解、支持和积极参与到活动中来,有效促进了孩子在幼儿园和家庭共同缔造的和谐环境中健康成长。

【成长心语】

"家园共育，家园合作"，是古老而永恒的话题。"重视家长工作，开展形式多样的家园合作、家园沟通活动"这一要求在我国许多政策性文件中均有所体现，其中家长开放日是家园合作共育的重要形式。它对教师、家长、幼儿，甚至是幼儿园都有深远而积极的意义。它不仅为家长深度了解幼儿园教育教学活动，为观察幼儿在园的一日生活活动打开了一扇大门，也为教师引导家长积极参与幼儿园活动，指导其家庭教育行为提供了很好的契机，真正实现了家园沟通，形成共同促进幼儿健康快乐成长的合力。

（沈阳市大东区教育局幼儿园 郭红伟）

树根与地砖的斗争

【案例描述】

幼儿园的院子里有一棵老榆树，树干直径40多厘米，树冠郁郁葱葱。每当夏日，孩子们总在树下纳凉、嬉戏。随着树龄的增长，树根越来越粗壮。榆树的主根较深，侧根根系浅而发达。遒劲的根系渐渐顶起地面的方砖，使平整的路面出现一条条裂痕，鼓起一道道小山丘。踏着凹凸不平的路面，老师们向后勤园长呼吁："请抓紧处理一下树根和路面，防止小朋友外出活动时崴脚。"

处理障碍的方法很简单。要么修理一下树根，将部分侧根铲平。要么处理方砖，重新找平，重新铺设。但随着时间的推移，树根生长的巨大力量会再次顶破坚硬的路面。老师反映的情况，是否该马上处理呢？

【思考与行动】

记得网上曾经发表过一张图片，标题是《树根与地砖的斗争》。报道的是深圳的某条街道上的数十棵大榕树树根在地砖缝隙里延伸生长，直至长成了地砖的形状，构成了该街道上的一道风景线。网友们纷纷评论说："榕树是一种风景，树根与地砖的斗争也是一种风景。"有人戏谑地说："树都这个样子了，我还有什么理由不努力呢？"

植物生长的力量如此巨大，而且生生不息，顽强地与自然和人类抗衡，不断寻找自身的生存空间和可能。网络上的图片场景展现的这种奇妙的现象即将在北方的现实中发生了，为什么不让小朋友们近距离地感受呢？

我们知道,《指南》中关于科学教育的部分阐述为:幼儿科学学习的核心是激发探究兴趣,体验探究过程,发展初步的探究能力。成人要善于发现和保护幼儿的好奇心,充分利用自然和实际生活机会,引导幼儿通过观察、比较、操作、实验等方法,学习发现问题、分析问题和解决问题;帮助幼儿不断积累经验,并运用于新的学习活动,形成受益终身的学习态度和能力。可见,充分利用幼儿园内外的环境资源,利用自然条件和可能,为幼儿创设更多的发现、观察、探索的机会,对他们的发展极其重要。因此,我们抓住"树根与地砖的斗争",开展了以下工作:

一、专业鉴定,确保幼儿活动的安全

幼儿园请来园艺专家,对榆树的生长和根系等进行了鉴定,从树龄、土壤、病虫害和周围生长环境等方面进行分析,确保老榆树的根系稳定,特别是在大风和暴雨天气里,不会倒伏或折断等。然后由庭院养护人员对枯枝进行了修剪,防止高空坠物的伤害。

二、顺势而为,为幼儿开辟充分观察的区域

幼儿园请来了施工人员,本着因地制宜,既能利用有限的场地空间,又能发挥自然教育作用的原则,后勤园长亲自指挥,围绕着榆树根系圈出大概10平方米的扇形区域。然后在区域的边缘用防腐木为幼儿打造了可坐可趴的观景台。再让工人进入到扇形区域内,将原来的地砖区域以树根为圆心,沿直径去掉一部分,让一半侧根系完全裸露在外,另一半被拱起的地砖保留原来凸凹不平的状态。这样,自然地把有覆盖和没有覆盖的树根对比直观地呈现在孩子们面前。通过改造,有意地引导教师和幼儿近距离观察。

三、延伸改进,让教育融入幼儿的日常生活

老榆树四周的景观平台使用后,幼儿园领导留心观察了场地的后续使用情况和幼儿的活动需求。大家发现,创设了相应的观赏体验区域后,相关的问题也逐渐暴露出来,给大家的工作提出了改进要求。一是由于观景平台是固定在地面上的,随着树根的继续生长和风雨的侵蚀,防腐木出现了严重的变形和裂缝,需要经常进行保养维修。二是由于观景平台具有一定高度,虽便于幼儿坐立观赏,但无形中变成了一个屏障,阻碍了他们与环境随意自由的交流。跨越的障碍使区域变成了单纯的欣赏空间,无法调动幼儿多种感官参与认知体验,摸一摸、踩一踩、挖一挖的探索需求变成了奢望。三是由于创设区域的工程很小,园里也没有将相关教育提示传达给教师,因此,教师们对环境教育的内涵把握和拓展不够,没有达到预期的效果。

反思了这些问题后,幼儿园对场地进行了进一步改进,将自然的面貌完全还原给儿童。园里拆除了观赏平台,将树根根系处理范围扩大,简单地围挡出体验区域,给区域正式命名为"老榆树根与地面的斗争区",并将名称做成提示标牌,

引发教师的注意和相应的教育举措。让区域充分面向幼儿开放，使之成为幼儿园环境和教育的有机整体，让人为的教育因素与自然有机融合，化有形为无形。

四、提升理念，打造有文化内涵的幼儿园

围着一个老树根，在方圆十平方米的场地上，反反复复做了这么多文章。拆了改，改了拆，为了一件小事，大动干戈。其目的远不仅仅是为了保证幼儿的安全，而是追求环境教育的意义。围绕着这件事，幼儿园领导班子重新思考了幼儿园的户外庭院建设理念，提出了"生态+童趣"的指导思想，即尊重自然环境，打造优质的生态环境。尊重幼儿的天性，让生态与教育融合，让环境支持幼儿的发展需要。在学期工作计划中，园长把这样的理念传达给每一个员工，进而鼓励大家站在幼儿的角度为幼儿园的环境建设出谋划策。幼儿园产生了户外的"抠土区"。夏日里，孩子们可在树荫下，握着树棍抠土找虫。产生了户外的"敲打区"。孩子们可以随手敲击一根根不同材质的管材，倾听"叮叮咚咚"的声响。树枝上吊起的一串串风铃，仿佛在召唤孩子们驻足观察。

可见，围绕着幼儿园的工作理念，每一个细微的环境里都有可以用心挖掘的教育故事，这就是教育的内涵。幼儿园的目标就是不断提升有内涵的教育品质。

【成长心语】

《园长标准》第52条指出："重视利用自然环境和社会（社区）的教育资源，扩展幼儿生活和学习的空间。"自然环境和社会（社区）的教育资源是幼儿园教育内容的源泉。培养幼儿对各种环境的适应能力，并从与环境的交互作用中获得快乐的体验和成功的自信也是我们的教育目的之一。因此，幼儿园应充分利用各种环境资源，扩展幼儿生活、学习的空间和机会，增加他们与自然对话沟通的机会，增进他们与社会接触和体验的愿望和情感，激发幼儿的好奇心和探究的欲望。

喜欢户外活动是幼儿的天性之一。相对于幼儿园的园内教育活动，广阔绚烂的自然和丰富多彩的社会是最迎合幼儿天性的教育空间。因此，园长应充分认识环境资源的教育价值。敢于决策，大胆设计，缜密构思，精心组织，勇敢地把幼儿带出幼儿园，让教育延伸到幼儿园以外的空间。

作为一园之长，管理的过程就是整合园内各种资源，形成教育合力，支持幼儿成长的过程。幼儿园的工作繁杂琐碎，其中涵盖了学前教育、卫生保健、膳食营养、建设维修等多个专业领域。在协调这些工作的过程中，"以幼儿为本"是基本原则。以幼儿为本，不但是保护幼儿的生命安全，保证幼儿的成长发育，更要尊重幼儿的各种身心发展需求。因此，在管理过程中，园长要积极倡导以幼儿的视角和需要为工作导向，在园内积极弘扬这样的工作习惯：凡事首先要问一问孩子怎么看、怎么想，使幼儿园的各项工作都能有基本的理念支撑。凡是对幼儿发展有价值的

工作，都要勇于尝试。正如上述案例中，一项简单的工程，当指向幼儿的需求时，平淡的工作立刻注入了童趣和活力，拉近了人与自然的距离。

作为幼儿园的领导核心，园长是园所文化的代表，其品行修养、行为习惯、兴趣爱好会在教师和幼儿中产生深远的影响。向自然和社会学习，扩展自身学习空间，首先要求园长要培育自己对生活的无限热爱和高尚的情趣，培养自己善于观察、学习和反思的习惯，提高自己对周围环境变化和信息更新的敏锐感知能力。特别是在日新月异的互联网时代，我们的教育挑战将更多地来自虚拟与现实的碰撞。因此，珍惜广阔的自然和社会，挖掘、利用、拓展教育资源是提高教育品质的有效途径。

（辽宁省人民政府机关幼儿园 姜 玲）

社会中的真学习

【案例描述】

在教学活动中，老师们为了更直观地向孩子们呈现教学内容，活动前会花很多的时间和精力搜集大量的相关图片、视频，但在这些经过精心准备的活动中，我们发现了这样一些现象：

现象一：一次关于认识农场的教学活动中，孩子们通过观察老师提前准备好的大量关于农场的图片，来了解农场。孩子们已经通过观察，了解到农场里有很多的家畜、家禽。这时，有孩子问道："老师，农场里有多少只鸡？""老师，鸡和鸭子是不是邻居？""老师，小鸡、小鸭、小鹅、小羊、小牛都住在一起，它们不挤吗？"……接下来，教室里的气氛活跃起来，孩子们对农场充满了好奇，老师提供的图片却无法给予准确的提示，而老师们对于孩子们提出的问题回应的答案也略显苍白。活动结束后老师反思，图片有局限性，不能让孩子对空间、布局有准确的了解。

现象二：一次认识交通工具的教学活动中，老师废寝忘食地为孩子们搜集了大量的交通工具图片，也提供了丰富的交通工具模型，孩子们在认真地观察图片和兴奋地摆弄过模型后，向老师提出问题："飞机和汽车比，谁大？""飞机飞得有多快？""为什么我在电视里看到的飞机和这个不一样？"……老师对孩子们提出的问题一一进行解答，但语言描绘出来的"飞机"明显不能满足孩子们的认知要求。老师陷入了思考中……

现象三：间点时间到了，孩子们一边品尝香浓的牛奶一边讨论："牛奶是牛的奶吗？""奶牛妈妈是怎么把牛奶给我们的？""幼儿园也养头大奶牛吧，这样就不用买牛奶了。"老师听到了孩子们的讨论，跟孩子们解释挤出的牛奶要经过消毒才能喝。孩子们马上要求老师说一说牛奶怎样消毒。老师在讲解牛奶厂里的牛奶加工过程中，对各种机器以及机器间的关系感觉力不从心……

现象四：在一次"神秘的超级市场"的教学活动中，老师为孩子们精心准备了一段介绍超市的视频，在观看后请大家模仿视频中的内容来搭建班级的小小超市。在游戏中，由于空间和材料的限制，孩子们总觉得货架、货物、收银台不是自己认识的，玩起来不尽兴……

【思考与行动】

一、分析与思考

幼儿期是人的社会性发展的关键期，他们对社会、自然以及周围的一切都没有全面、系统的了解，但同时又对它们有着浓厚的兴趣，喜欢亲自去体验社会、感受社会，从而去适应社会。因而，社会教育是幼儿全面发展的重要组成部分。《纲要》提出：引导幼儿认识、体验并理解基本的社会行为规则；引导幼儿了解自己的亲人以及与自己生活有关的各行各业人们的劳动；引导幼儿实际感受祖国文化的丰富与优秀，感受家乡的变化与发展。可见，孩子的社会性发展在幼儿期是至关重要的。如何让幼儿走进自然，走向社会，接受多元化的教育？如何结合实际，充分利用周边资源，开展园本课程，拓展主题内容，生成多项活动，培养幼儿的多种能力？结合幼儿园的实际情况，让幼儿走进大自然和大社会，开展幼儿社会实践活动的探索、研究和实践，使幼儿的社会实践活动成为幼儿园课程的一部分。

（一）社会中蕴含着广阔的教育资源

在孩子眼中，世界是多姿多彩的。社会、自然给孩子们提供了无限的学习环境。来到农场，孩子们不光认识了一些农作物，同时还看见了许多平时看不见的动物，如牛、羊等；当去超市购物时，孩子们不光知道了超市里的食品是按其自身特点分类的，还知道了物品上条码的作用，以及货架摆放的规律……在这些走入社会的活动中，孩子们充满兴趣，亲自用眼、用手、用心、用身去获得最直接的感受。大自然、社会中所蕴含的教育价值是多元的、广博的，不是在活动室里让孩子看几幅图片所能替代的。

（二）社会实践活动可以发展幼儿的交往能力、独立能力

社会实践活动能为孩子们提供充分表达自己交往意愿的机会，让孩子在实践过程中尝试沟通、学会理解别人、满足自我的需要。

（三）社会实践活动可以发展幼儿良好的情感

利用社会实践活动中丰富多元的教育资源，可以培养幼儿良好的情感，让孩

子体验关心、照顾以及帮助他人的幸福，享受爱他人与被爱的幸福。

二、行动与策略

将幼儿的社会实践活动融入课程，成为园本课程的一部分。在具体的实施中，我们重点从以下几方面进行实践和探索：

（一）选择适宜的实践地点和内容

1. 符合幼儿特点

选择实践活动的地点和内容首先要符合幼儿的年龄特点、学习特点和身心发展规律。

（1）贴近主题活动，有利于幼儿理解主题活动。如我爱家乡——参观蒲河生态廊道。

（2）贴近幼儿生活，幼儿对实践内容具有一定的生活经验。如三八妇女节——"小鬼当家"主题活动中的"超市购物"。

（3）把握幼儿的兴趣点。如"牛奶从哪里来"——参观伊利牛奶厂。

除此之外，还要考虑实践地点的安全性和距离的远近。

2. 挖掘本土化资源

皮亚杰曾经说过：人是在与周围环境的相互作用下发展的。人是社会中的人，人的生存脱离不了真实的生活环境。因此，选择实践活动的地点和内容必须结合本地和本园的实际情况。

我们利用沈阳周边农村的资源，带领孩子们走进农场认识各种农作物、家禽与家畜，体验劳动的快乐；利用社区资源，开展超市购物、参观银行和邮局等活动，了解各行各业的工作人员；利用著名企业，参观伊利牛奶厂、克拉古斯食品制车间。最大化地挖掘这些资源的教育价值，为孩子们提供更大的活动和学习空间，提供更多的机会了解社会、走进社会，培养他们爱社会、爱生活的情感。

3. 关注社会焦点

实践地点和内容的选择还应结合当前社会的焦点和大事迹，才能让幼儿园的实践活动贴近生活，具有动态性的发展。如：在世界读书日组织幼儿参观少年儿童图书馆。

（二）遵循科学的实践原则

1. 科学化

幼儿的身心发展是循序渐进的，所以，组织实践活动也要遵照循序渐进的原则，讲究连续性。可从实践地点、距离、时间、实践方法等方面体现出来。

（1）在选择实践活动的地点上，我们因地制宜地利用社区及周边环境的资源。考虑活动地点的安全性，尽量远离河边、有污染的环境。

（2）在确定实践活动的距离和时间上，宜由近及远，由短及长。刚开始组织实践活动时，我们根据班级幼儿的身体状况先从就近的小区和幼儿园周边环境

入手组织活动，如超市购物、参观银行、"环保小卫士"等，然后逐渐扩展到附近的公园和沈阳周边的农村，这样可以让幼儿由步行过渡到远足活动。

2. 多元化

我们将实践活动逐渐发展到多元化的综合实践。将社会实践活动与主题活动相结合。如："我爱家乡"参观蒲河生态廊道社会实践活动与亲子活动相结合，与幼儿园教学活动相结合，让孩子利用谈话、绘画等形式将在活动中的所看、所想、所做记录下来，表现出来。以此达到将幼儿园教育、社会教育及家庭教育三位合一的目的。

3. 园本化

社会实践活动要和本园的实际相结合，符合本园乃至本班幼儿的实际情况及幼儿学习水平。我们对实践活动进行了周密的部署，定期开展实践活动，并把它纳入了我园的课程体系。让实践活动内容安排得充分，不流于形式，力求做到实践活动经常化和园本化。

附件：

诺贝尔幼教年度社会实践活动计划表

幼儿园上学期：

月份	社会实践内容
九月	1. 带弟弟妹妹参观幼儿园 2. 参观古生物博物馆
十月	1. 我们的果园（远足农场） 2. 重阳节敬老院与爷爷奶奶同乐活动
十一月	参观消防队
十二月	超市购物

幼儿园下学期：

月份	社会实践内容
三月	参观航空博览园
四月	1. 参观图书馆 2. 寻找春天——走进蒲河生态廊道
五月	1. 参观伊利牛奶厂 2. 宝贝军校——亲子拓展训练营
六月	走进小学

（三）实施科学的组织策略

以《指南》精神为指导，以幼儿为主体，通过多元化的社会实践活动，锻炼幼儿的意志力，增强幼儿的体质，培养幼儿的记忆力、想象力、观察力、思维力、口语表达能力及陶冶幼儿的情操等。

1. 确定活动目标

每次活动前，预设相应的活动目标，并在活动过程中抓住幼儿的兴趣和随机可取的资源，及时调整活动目标，让幼儿得到更多的启示和发展。如参观牛奶厂活动，预设目标是让幼儿了解牛奶消毒、加工、包装的整个制作流程，认识各种不同的奶产品。实际参观过程中，孩子对牛奶厂的各种东西都非常感兴趣，他们好奇地看着各种传送、装箱的工具，对它们产生了浓厚的兴趣。我们及时抓住孩子的这些兴趣，生成如下活动目标：

（1）观察、了解轮子转动的奥秘。

（2）认识各种分货、运输工具。

随着活动的继续延伸，孩子的探索欲望更加强烈。可见，把握好目标的预设和生成，可收到出乎意料的活动效果。

2. 关注活动中的体验与实践

（1）情感体验

《纲要》中明确要求，在对幼儿进行教育时，不仅要关心幼儿能否学到知识，更应关注幼儿能否获得体验，体验到了什么，应追求什么样的体验，如何来表达自己的体验等。

幼儿的学习与其亲身体验密不可分。因此，在教育活动中幼儿的体验是至关重要的。只有来源于幼儿的生活，并服务于幼儿的生活的教育体验，才能真正体现教育的真谛。通过实践活动，引领幼儿走进生活、走进自然、走进社会，在情感体验式的活动实践中，感受生活、自然、社会的丰富多彩、快乐有趣。如社会实践活动"参观敬老院"，走进敬老院，孩子们纷纷给爷爷奶奶送去自己的礼物——前一天在超市给爷爷奶奶买的食品；给老人们表演节目，给爷爷奶奶捶背、梳头等。所到之处到处都有孩子们阳光般灿烂的微笑，孩子们的一切举动带给这些老人们更多的是温暖和笑声。在活动前，我们教师就结合重阳节，给孩子们布置小任务，调查爷爷奶奶喜欢吃的食品。孩子们总结出老人喜欢吃软的、有营养、甜的食品，并把调查的结果自然而然地用到看望敬老院的爷爷奶奶身上。孩子们再一次用自己的行动诠释着感动和关爱。

（2）自主探究

社会实践活动给幼儿创造了一个适宜的学习环境，让幼儿在这个环境中自主探究，主动建构知识，获得发展。如在参观农场——挖花生的活动中，由于孩子缺少动手经验，有的孩子虽然能把花生完整地挖出来，但挖出来的花生是破的。

面对孩子遇到的困难,教师让他们发挥同伴的作用,小组进行自主探究,如花生长在哪里、是什么样子的、怎样可以把花生完整地挖出来。最后,孩子们通过自主探究,掌握了花生的特征和挖花生的技巧。

(3)社会实践

让幼儿学会学习方法,提升生存能力,懂得做人的道理,是我们当前教育的重要任务。社会实践中,幼儿亲临社会、参与实践的过程会使其认识社会规范、掌握社会行为、体验社会情感,也是幼儿从自然人走向社会人的有效手段。如世界地球日——环保小卫士拾垃圾活动。我们组织幼儿开展了走进社区、拾起乱丢的垃圾的社会实践活动。孩子们戴上草帽和手套,行走在小区的道路上,告诉人们乱丢垃圾的危害,拾起乱丢的垃圾。通过这样的社会实践活动,孩子感受到自己是社会的一员,可以为社会出一份力。同时也了解了一些社会规范,知道保护环境的重要性。

3. 注重活动后的交流与总结

每次社会实践活动结束,我们都会和孩子坐下来一起说说活动中的所见、所闻、所想,通过师幼、幼幼的交流,帮助孩子梳理活动中的经验和认知,为下一次实践活动或延伸活动做铺垫。如:说一说,你在活动中遇到了什么困难?是怎么解决的?你有什么问题吗?……这样的小结既培养了幼儿的语言表达能力,又方便教师把握孩子的兴趣点,也为下一步的活动搭建了更好的学习平台。

【成长心语】

"实践出真知",社会实践活动是一种特殊的教育活动,更是孩子们学习中最有效的教育活动。让幼儿走出园门,在广泛接触社会的同时,开阔了视野,增长了见识,获得了体验,使幼儿的综合能力得到了更全面的发展。我们的所作所为仅是管豹一斑,但作为教育者,我们有责任让我们的孩子以自己独特的方式接触自然和社会,在五彩缤纷的世界中寻找、发现、记录、体验、感受生活的美,让孩子们感受社会中的真学习。

总之,社会实践活动是幼儿园教学活动中不可缺少的环节与步骤,也是幼儿巩固所学知识、吸收新知识、发展智能的重要途径。让幼儿走入社会,不仅可以展现幼儿的自我风采,也可以培养和锻炼幼儿的综合能力。社会实践活动充实了幼儿园内的教学内容,活跃了教学气氛,拓宽了幼儿的社会视野,使幼儿学到了许多书本上学不到的知识,掌握了在幼儿园中学不到的技能。今后我园会持续开展社会实践活动,放开手脚给孩子一片天地,让他们在大社会、大自然中学会做人、学会做事,在磨砺中成长,去迎接未来社会的挑战。

(沈阳市诺贝尔幼教集团 李艳艳)

"有毒"的小木床

◉【案例描述】

39岁的小李从事幼教工作近二十年,现担任一所民办园的园长。她被聘到这所新开办的幼儿园两年时间,兢兢业业地打理各项工作。该园建筑面积仅1500平方米,幼儿数量迅速饱和。随着入园需求的继续增加,小李决定逐步更换原有的儿童小床。于是,三月份开学伊始,她便安排主任在一个小厂家订制了50张木床。四月中旬,新床到货,由于担心新家具对室内空气造成污染,她特意叮嘱把床放在通风处放置了半个月,劳动节过后投放到了幼儿园的两个小班。

2017年5月4日晚,小一班老师紧急给园长打来电话,反映班级家长群闹开了锅。大家对幼儿园给班级更换新床有很大意见,其中有几个家长说孩子回家后出现了打喷嚏、咳嗽、发热等不同症状,甚至有一个家长说孩子回家后连续两天鼻子出血。家长认为新床给孩子身体造成了极大伤害,要求第二天幼儿园组织孩子到医院进行检查,并给全体家长一个说法。否则,家长们会联系媒体,对事件进行曝光。

◉【思考与行动】

突如其来的事件让小李心惊胆战。电话那头,年轻教师惶恐不安的语气和明显畏难的情绪让她意识到了事件的严重性。

一、变被动为主动,紧急应对事件的发生

表明态度。考虑到小一班两位老师都很年轻且工作经验有限,5月5日一上班,小李园长便叮嘱两位老师,把昨晚家长群中反应较大的几位家长留下来,请他们到园长室单独会谈。同时,她还起草了一份书面文字,请两位老师仔细阅读,并依据文字适当对其他过问此事的家长进行解释。书面文字的内容是这样的:为了改善孩子的生活活动条件,幼儿园于4月15日从家具厂购进了50张儿童松木床。为了避免新家具对室内空气造成污染,幼儿园特意在通风良好且儿童不进入的区域敞开存放了18天,于5月4日投放到小班。仅仅使用一天,个别家长反映此床气味较大,甚至听说个别孩子身体受到影响。此事园里非常重视,园长已经召集个别家长谈话征求意见。同时,园长让教师转告本班其他关心此事的家长朋友:一、本次更新家具没有事先与家长沟通,致使家长对事件经过不了解而带来种种质疑,幼儿园特此致歉。二、幼儿园将暂时停止新床的使用,在此期间,小班幼儿继续使用旧床。三、如果经过鉴定,的确因新床对本班幼儿的身体造成了伤害,幼儿园会负责到底。四、园长愿意针对此事和家长做进一步的沟通交流,幼儿园欢迎广大家长监督工作。园长再三嘱咐老师一定要按部就班地做好班级工作,关注家长的动态,掌握好交流的分寸,不问不说。

积极行动。对班级教师的交代意味着对家长的承诺。当天上午,小李安排主任将新木床搬到幼儿园闲置的房间,趁旧床没有处理,她们重新摆床,晾晒铺设

床品，午睡前恢复了班级的原貌。小李叮嘱，新床、旧床的放置地点都要加强通风。同时，一定抓紧联系生产厂家，索要产品质检合格证。

关注幼儿。安排好相关工作，小李到了小一班。原本在册26名幼儿的班级，当天仅仅出勤了8名，其中还有两名表示午睡前要接走。由于园里没有配备专职的保健医，小李请园里一位有多年工作经验的老教师陪同她观察了班级幼儿的状况，确认没有任何异常。之后，考虑到班里一位老师是新入职人员，小李让她负责带好孩子，另一位年长老师协助小李处理家长工作。她叮嘱，逐一给未出勤的孩子家长打电话，一是关心询问情况，二是说明园里的态度和行动，三是打探分析家长的情绪和可能行为。她要求，边打电话边记录，把联系时间、幼儿姓名、通话时长、家长回话内容等都记录清楚，便于园里掌握情况。

追踪问题。通过联系，知道班里有四名家长正带孩子在医院进行化验检查。园长详细了解了四位家长的反馈情况和在班级的登记信息，然后嘱咐老师在幼儿检查结果出来后再次联系家长，主要意图是关心、了解孩子的状况。当晚，老师反馈，就诊的家长没有说明孩子病情，但表示第二天要集体约见园长并已经向某新闻媒体反映了此事。

二、以事实为依据，冷静处理事态的发展

第二天，园长室外五位怒气冲冲的家长一大早就集结在门口。小李心里五味杂陈，忐忑不已。她告诫自己：不急不慌，只要没有孩子受到伤害，事情总会解决的。小李笑意盈盈地坐在家长们面前，她诚恳地向几位家长表达了歉意并说明了园里采取的措施，然后她请家长将孩子就诊的医院、检查结果以及就诊病历提供给幼儿园。交谈的场景自然极其不融洽，期间两位情绪激动的家长几次打断了她的陈述。谈话自然不欢而散，结论是：一、关于赔偿。家长认为孩子出现了症状，虽然诊断为上呼吸道感染等，但可能与幼儿园使用新床有关，索要赔偿。幼儿园认为，呼吸道感染与新床的短暂使用有无必然联系应以医院诊断和相关鉴定为准，没有鉴定就不能谈及赔偿。为了掌握孩子的情况，小李要求当场复印孩子的就诊病历，并表示幼儿园会对此事坚决负责。二、关于今后的可能性伤害。家长认为，对于今后孩子因此出现的可能伤害，幼儿园要以书面形式做出负责的承诺。幼儿园认为，一切以科学为准，有则改之无则加勉。

正如家长所说，第二天下午，电视台记者如约而至。面对着摄像机镜头和咄咄逼人的质问，小李动情地说："我们是一所具有完整资质的普惠性民办幼儿园，这件事给家长带来影响和不安，我们深表歉意。我们愿意和家长一起积极解决此事。事情发生以来，幼儿园已经尽了最大的努力。如果事实上造成了幼儿的身体伤害，幼儿园会负责到底。"然后，她诚恳地将事态原委、两天以来开展工作的各项记录、照片都如实地呈现给记者。小李还特别将上午来园约谈的几名孩子的具体情况进行了说明。包括孩子的姓名、家长的陈述、医院对其诊断等。让小李意外的是，当天的采访并没有出现在媒体上，据说，记者答复家长说："如果你们有这样的鉴定，可以继续联系我们。"

三、以幼儿需求为本，积极整改园所工作

此后的一个月时间让小李真正体会到了身心俱疲的感受。曾经反应激烈的五位家长中有三人迅速和园里达成了和解协议，幼儿园报销了孩子检查化验的费用，孩子恢复后正常来园。但另外两位家长不依不饶，隔三岔五地到幼儿园讨说法。双方僵持近两个月，最后幼儿园退还了孩子最后一个月在园的托费，以幼儿退园宣告此事结束。

两个月的时间，小李经历了一次痛彻心扉的历练和洗礼，痛苦之余，她认真地反思了幼儿园的工作。发生问题的小一班由于此前频繁更换老师，引起家长的极大不满，而园里没有加强家园沟通，更没有对家长进行深入的说明和全面的引导，致使家长把更换新床当成一次宣泄不满的机会。考虑到小班幼儿对成人的依恋和班级的稳定，小李为两个小班各安排了一位流动教师，负责组织开展绘本和美术教学活动等，充实班级的师资力量，丰富幼儿在园的活动内容。同时，她加强了对全园教师的引导，一方面缓解在事件中教师产生的精神压力，另一方面和大家共同分析整个事件，在教师中深化园所科学管理和施教的理念。幼儿园又恢复了以往的宁静。

【成长心语】

《园长标准》第54条指出："掌握幼儿园与家长、相关社会机构及部门有效沟通的策略与方法。"

著名组织管理学家巴纳德认为："沟通是把一个组织中的成员联系在一起，以实现共同目标的手段。"可以说，没有沟通，就没有管理。在幼儿园的管理工作中，沟通尤其重要，有效沟通直接影响着幼儿园与社区、机构、家长的合作协调水平，影响着教师间的思想理念、交流文化和儿童教育的水平。作为园长，实施并提高园所有效沟通的目的在于统一文化理念，整合各项资源，以促进幼儿园良性有序运转，提升园所科学管理水平和保教质量。

在上述案例中，看似一件小事，却引发了幼儿园一起危机事件。事件中牵扯到幼儿的健康、教师的家长工作、园所的采购管理、家长的投诉处理和新闻媒体应对等因素。值得肯定的是，小李的处理能把握根本，即幼儿的利益和需求，坚持诚恳谦逊、不卑不亢的工作态度和节奏，用事实说话，积极应对，稳妥地解决了突发事件，并在解决问题中成功地将危险转化为机遇。

实现幼儿园与家长、相关社会机构及部门的有效沟通应把握好这样几个原则：一是儿童利益第一。一切以儿童的生命、健康、安全和身心的全面和谐发展为本。二是从实际出发。要从实际需要、事件原貌和现

实依据出发，摆事实，讲道理，以理服人。三是真诚沟通原则。以积极的态度诚恳地解决问题，善于换位思考，体会对方的感受，达到相互之间的理解和共鸣。四是专业科学支撑。要从幼儿园专业需求出发，坚持科学施教，做规范的教育。五是深化园所文化。沟通是思想与文化的碰撞和交流，因此，园长应将园所文化建设作为幼儿园管理的核心，不断深化办园理念，统一思想和行动，让幼儿园时时、处处和人人都能浸润在文化的氛围里。

（辽宁省人民政府机关幼儿园　姜　玲）

养老主题园区里的幼儿园

【案例描述】

小白园长今年39岁。三年前，她从一家规模较小的幼儿园来到了这座占地面积两万多平方米的幼儿园。幼儿园的创办者是一位颇具经济实力和社会影响力的房地产开发商，其在六年前开发了这个颐养式的高端养老地产项目。项目占地面积近二十万平方米，主体为家居地产和老年公寓。小区配套设施完备，老年医院、幼儿园、中学、小学、老年大学、图书馆、多功能剧场、健身中心、养生会馆等一应俱全。为了促进销售，提高入住率，幼儿园一落成，开发商马上招聘园长，筹备开园，招收幼儿。考虑到孩子入学、园所规模条件和薪酬待遇等，小白和家人商量后，毅然辞掉了原民办幼儿园园长的职务，学前教育科班出身、精明强干的她在新园走马上任。

开园第一年，小白平均每天工作近十三个小时。从装修布置、办理手续、申购材料、组建团队、培训员工到制定课程，她几乎全部亲力亲为。一年下来，幼儿园招收了120名幼儿，尽管数量不足幼儿园容量的20%，但大、中、小班各年龄段基本齐备，幼儿园基本框架和工作格局已具备雏形，接下来的工作应该是幼儿园内涵建设，一个新的课题摆在小白面前。

【思考与行动】

一、分析现状，寻求突破

根据几年来从事园长工作的经验，小白清醒地认识到：要寻求当前工作的突破，一定要客观全面地对园所当前发展形势进行分析。知己知彼，方能百战不殆。她召集了园里的管理团队和资深员工，对幼儿园的当前发展困境进行了讨论，大

家认为幼儿园存在以下劣势：一是园所为新建园，投资人为地产商，没有任何开办幼儿园的经验。因此，幼儿园的起步基本从零开始，没有任何历史文化沿袭和底蕴。二是教师队伍完全是园所落成之初组建的团队，教师平均年龄23岁，几乎没有工作经验，至于名师和骨干教师等更无从谈及。保育员是从园区周围招聘的，绝大多数为农户主妇，教师团队的培养和队伍建设亟待解决。三是幼儿园坐落于市区比较偏远的地段，园区周围动迁户多，大部分家长文化程度较低，孩子进到幼儿园的目的就是学知识。园区商品房定价不高，入住率低，生源的数量和质量不容乐观。四是幼儿园没有系统的课程体系，家长教育需求注重知识灌输，忽略和轻视幼儿园游戏化的教学地位，幼儿园教育和课程理念的建构面对着严峻的挑战。

即使困难重重，乐观积极的小白带领她的团队还是看到了园所发展的四大潜力和优势：一是虽然幼儿园是外行人投资，但老板具有充足的经济实力，经营思路活跃，企业管理才能突出，对学前教育事业没有急功近利的思想，对幼儿园园长给予了高度的信任和支持，小白和她的管理团队能够在专业管理上轻装上阵，大胆地创立属于本园的文化和理念。二是虽然幼儿园园区外住户稀少，但园区内住户在不断增加。由于是养老主题地产，因此，园区各项服务养老的公共机构场馆非常齐全。特别是健身中心、图书馆、剧场、食品加工间、娱乐演出中心等一应俱全，基本可以实现不出园区就能尽享文化消费的需求，园区基本是个浓缩的服务型小社会。三是尽管教师青涩，但新教师面临种种工作挑战没有任何教育行为陋习，无须重新纠正和调整，只需从头构建，幼儿园的专业培训和管理能快速见效，便于风格统一。四是虽然没有成型课程，一切从零开始，但在培训教师的过程中，只需挖掘资料构建自身课程体系，特别是切实挖掘自身各项优势，对园本课程的建立具有诸多益处。

二、利用资源，丰富活动

分析了办园的挑战和机遇，小白暗自提醒自己不能心急，要做好当前的每项工作，逐步摸索总结办园特色。于是，她在建立幼儿园一日保教常规的同时，充分利用园区的资源优势，不间断地开展了一系列活动。一年时间里，幼儿园组织孩子们参观了正在施工的建设工地，伴随着轰隆隆的机器声，身临其境地感受到挖掘机、搅拌机、起重机等联合工作的壮观场面；春播时节，孩子们和爸爸妈妈走进园区的蔬菜基地，共同播种，一起劳动；重阳节，孩子们走进老年活动中心，一对一、面对面地为爷爷奶奶表演他们精心排练的节目；世界读书日，孩子们无须走出园区，因为园区的阅览室已经为小朋友们准备了大量的绘本读物；"六一"儿童节，全体小朋友登上了演出厅里灯光炫丽的舞台，参与了童话剧的表演。一年时间里，孩子们的小小身影几乎穿梭了园区的各个场馆，所到之处一片欢声笑语。随着入住率的提升，幼儿园在园区的影响力大大提高，幼儿园一天天热闹起来。

三、反思总结，完善课程

一年下来，幼儿园的社区活动积累了厚厚的素材，在园区里产生了积极的反响。为了进一步挖掘这些活动的教育价值，构建课程的科学架构，小白在幼儿园成立了一个课程研究小组，系统地将历次活动进行分析，按照主题名称、活动目标、活动流程、指导要点、分工合作、活动反思、活动延伸和活动准备等几个环节进行重新梳理。她们以"迎新春"活动为范例，开展了专题教研。通过几次研讨，大家达成了这样的共识：社区的资源蕴含着丰富而浑厚的教育契机和文化；让孩子们投入社区活动中，可以打破课堂的时间和空间限制，使教育更加贴近生活；幼儿园坐落在养老主题园区中，可以使孩子和老人情感融合，相互体恤关心，让孩子们体会生命的意义和人群之间和谐共生的乐趣；幼儿园开发园本课程并不难，只要挖掘特色资源，专注内涵研究，没有历史的幼儿园一样可以具有文化内涵。

活动的全情投入和教育理念的快速提升，促使大家迅速进行了三项后续工作：一是生成园内统一的社区活动记录表，规范了相关档案的框架和构成。二是确定专题教研小组，专注于研究社区活动的计划、组织和活动细化分解。三是广泛查阅资料，寻找活动灵感的同时，寻求活动评价方案。

四、打造特色，稳步发展

经历了这些尝试和思考，小白把幼儿园的办园理念锁定在"社区融合"这个关键词上。她认为，幼儿园应该打破地域的限制，将园内课程与社区教育相融合；增进代际亲子之间的沟通，将亲情代际教育与师生传统教育相融合；通过社会和社区活动，丰富课程形式，将幼儿教育的知识、技能和情感目标相融合。这个融合课程不同于国际上流行的倾向特殊群体的融合课程，而是从本园实际出发，落实到孩子发展的园本课程雏形。

构建园本课程，打造园所理念不是一蹴而就的，而是持久的系统工程。小白进行了这样的规划，在开园第四年，当幼儿园送走第一批毕业生的时候，她将坚定地把自己的办园理念向大家宣布和阐述，因为办园理念是落实在园所的每个人、每时每刻当中，文化是浸润在幼儿园的每个环节和细节里的，大家探索的过程就是理念培育的过程。

【成长心语】

《园长标准》中第55条指出：园长应熟悉社会（社区）教育资源的功能与特点。

社区是若干社会群体或社会组织聚集在某一个领域里所形成的一个生活上相互关联的大集体，是社会有机体最基本的内容，是宏观社会的缩影。可以说，社区是一个"聚居在一定地域范围内的人们所组成的社会生活共同体"。

第三编 调适外部环境

因此,对于幼儿园,特别是小区配套幼儿园,社区教育有着极其重要的意义。第一,学前教育可以充分利用社区资源,包括当地自然资源与人文资源,广泛动员并组织协调各方面力量,发展幼教事业,为更多幼儿提供受教育的机会;第二,社区教育有益于使学前教育从封闭走向开放,注重家庭教育、机构教育与社区中多种教育因素的有机联系,发挥整体性教育影响,提高教育质量;第三,发展社区教育可加强地方的自主性,使学前教育更好地立足当地实际,形成各自特色;第四,社区教育可以扩大学前教育的社会职能,有益于发挥教育对社会和社区发展的作用,更好地实现教育服务社会的职能。

在上述案例中,园长小白充分挖掘了幼儿园在养老主题小区的教育资源,在对新建园所的发展进行客观分析后,通过开展一系列丰富多彩的活动,逐步探索出以"社区融合"为办园理念的探索方向,是利用和发挥社区教育资源功能的典范。

(辽宁省人民政府机关幼儿园 姜玲)

面对问题儿童

【案例描述】

幼儿园的小小班有一名新入园的小男孩,名叫小慧,刚满两周岁,长得瘦瘦小小,孩子始终被妈妈紧紧抱在怀里。办理入园的老师试图了解一下孩子的情况,让孩子自己随意走走,妈妈说:"孩子淘气,放到地上会到处跑。"老师刚和孩子说几句话,孩子就拱到妈妈臂弯里,妈妈说:"孩子小,刚刚会说话,见到生人不好意思。"从填写的入园登记表里了解到,孩子的爸爸妈妈都已经年过四十,两人学历很高,爸爸是大学老师,妈妈是企业的财务总监,孩子的爷爷奶奶也是高级知识分子。考虑到中年得子,父母对其宠爱有加,加之孩子到了陌生的环境里胆小怕人,园里顺利地为孩子办理了手续,并提示家长孩子的表现和别的小朋友有点儿不同,接下来的工作请家长密切配合,共同做好孩子的家园衔接适应工作。

入园一周,班里的王老师发现了孩子的问题。小慧适应很慢,送进幼儿园后会嘶吼般的哭闹,任何转移注意力的哄抱、玩具、活动似乎都不奏效。一次,孩子坐在椅子上哭,哭累了不小心滑倒,摔到地上,孩子保持着摔落的姿势继续哭,似乎没感受到惊吓、疼痛,更没有下意识的保护举动。小慧不会说话,老师提示他大小便和给他喂饭等都得不到回应,偶尔"嗷嗷"地回应一下老师。有些奇怪

的是，孩子连续三天午睡时把大便便在裤子里，自己却丝毫没有反应。

王老师是一位长年在低龄班级工作的老教师，她敏锐地意识到孩子存在的问题。从与家长的交流中可以看出，爸爸妈妈觉得孩子聪明伶俐，因家人太溺爱孩子，才导致孩子的习惯不好。家长愿意好好配合幼儿园，相信孩子会很快适应幼儿园的生活。

【思考与行动】

面对着整日撕心裂肺地哭闹，一周以来没有任何变化的小慧，王老师把孩子的情况和自己的担忧如实反映到园里。听着王老师的描述，园长提出了如下建议：加倍呵护孩子，继续观察行为，审慎分析可能，慎重进行沟通。

一、直面问题，深入了解孩子的情况

按照园里的建议，王老师单独约见了孩子的父母。谈话以老师汇报孩子入园一周的表现情况开头。在描述孩子的种种表现后，王老师忧心忡忡地说："看到孩子一个劲儿地哭，怎么也哄不好，活动更不能吸引他，我们也很着急，也非常心疼孩子。这几天，孩子嗓子都哑了，饭也吃不进去，我们特别需要父母给我们一些建议。"孩子妈妈的眼圈红了。她说："我和爱人四十多岁才当爹妈，孩子的爷爷奶奶都七十多岁了。孩子从出生到现在一直都很难带，我们也没经验，处处小心翼翼，全家人被他累得筋疲力尽。感觉这孩子和谁都不亲，从不跟楼下的小朋友一起玩。我们全家都是大学毕业，但即使这样，也没能教会一个小孩子说话。他脾气不好，常常无缘无故地大哭，好像对什么新奇的玩具都不感兴趣。孩子食欲差，饱了饿了都不说。老师说的这些情况我们都能想象得到，给你们添麻烦了。但我想，他只是被我们惯坏了，慢慢会变好。"王老师说："我工作近30年，第一次碰到像小慧这种情况。我会努力帮助孩子，但作为家长，你们一定要重视孩子现在的问题。孩子现在刚刚两岁，不管什么原因阻碍孩子发展，我们都要分析、克服，不然会错过许多发现偏差和矫正问题的机会，我们不能贻误好时机。"

经过简短的交流，老师进一步了解了孩子的情况和家长的态度，从妈妈很低落的情绪和反馈里，王老师迅速梳理出了孩子的问题：语言发育迟缓、缺乏情感依赖、不会和他人交流、兴趣和反应淡漠等。

二、查找资料，寻求解决问题的方法和对策

了解了孩子的情况，王老师召开了一次班会，叮嘱班里同事对小慧多加照料。依据自己的大致判断，王老师和历任小小班的几位老教师进行了交流，倾听大家的意见。同时，她通过网络查找资料，寻求适宜有效的教养方法，进一步了解阻碍孩子发展的可能因素。细心的王老师还特意找到了大班一位患有轻度自闭症的小朋友妈妈。经过周密的调查分析后，王老师初步认为：小慧可能是个自闭症儿童，因为孩子发育迟缓，可能伴随其他问题。对于这种情况，应建议家长尽早带孩子到专科医院诊查，并进行专业的治疗和矫正。对于这样的问题，家长会出于

各种原因拒绝建议，因此教师要充分站在家长自尊和情感需求的角度上，用事实说话，一对一交流，循序渐进地引导。

三、观察记录，描述记录孩子的行为表现

如何用事实说话？受幼儿园教师工作内容繁杂琐碎的影响，幼儿教师的职业含金量并不高，无法等同于医生或其他学段的教育工作者。正是这样，幼儿教师的一些口头意见或建议在家长眼里常常无关紧要，对于孩子存在问题的解释和干预，家长往往认为老师是不了解孩子的。

鉴于这些情况，王老师暗下决心，再一次和家长交谈前，一定要掌握和积累更鲜活生动的纪实材料。于是，王老师开始对小慧进行书面观察记录。几年前，手机摄像功能还没有大面积普及和应用，王老师上下午各安排20分钟进行观察，每天完成两篇日记。日记中清楚地记录着观察的日期、时段和孩子的客观表现。这些观察日记朴素、平淡，没有丰富的修辞和华丽的辞藻，只是用白描的手法记录孩子的表现，虽然篇幅不到300字，但如同一本文字版小人书，真实地记录孩子在每一精确时段的举止、动作、表情等。

四、利用资源，将专家家长请进幼儿园

十多天的观察记录完成了，小慧的表现似乎没有明显的改观和进步，虽然每日哭闹的时间缩短了，但孩子经常蹲在椅子前面，偶尔趴在椅子上，情形很让人牵挂。园长思考，能否借助家长资源，寻求科学而专业的医生进行帮助。翻遍了幼儿园的家长档案，大家喜出望外地找到一位刚刚从日本留学回来、现就任于某大型医院精神心理科的主任医师。第二天，园长亲自拨通了该家长的联系电话，这位精神心理医生欣然接受了幼儿园的邀请。坐在幼儿园的会议室里，园长把问题、用意和顾虑等交代清楚，然后请王老师结合观察日记细致描述了小慧入园三周的行为表现。翻着一张张字迹并不工整的观察日记，这位医生连连赞叹："这些记录太珍贵了，从这些内容里我基本可以做出判断。你们不是医生，但你们提供了医生最需要的素材，你们挽救了这个孩子和这个家庭！我知道这些孩子父母的心结很难打开，不愿接受现实，拒绝就诊。请你们把我的联系方式给家长，我愿意无条件地帮助孩子。"

五、牵线搭桥，让家长和医生单独约见

当晚，幼儿园园长和王老师一同约见了小慧妈妈。园长把这次谈话的基调确定为"三个妈妈之间的沟通"。谈话的核心有三点：一是孩子的异常必须引起家长的足够重视，幼儿园所做的工作是希望能够及时帮助孩子。二是两岁是自闭症儿童发现矫正的最好时机，专业诊疗会事半功倍。三是当前带孩子去治疗是最重要的，幼儿园不会抛弃孩子，愿意遵循医嘱配合治疗。

谈话的气氛很温暖，但话题却无比沉重。第四周，小慧没有来园，我们也联系不上他的父母。第五周，小慧爸爸来园办理退园手续，爸爸很沮丧，嘴里反反

复复地说:"谢谢幼儿园,真的非常感谢!"

后来,从医生家长那里得知,小慧全家带孩子去了医院,不但在沈阳,北京、上海都去了。孩子已经被确诊为自闭症,需要进行长期的专业治疗,妈妈已经申请了长期休假,决定陪伴孩子在北京某机构进行治疗。

六、教育培训,提升全体教师的职业素养

经历了小慧的事件,幼儿园通过专题教研,重新思考教育的责任和工作策略。在倾听了王老师的讲解后,大家达成了这样的共识:1.所谓的问题儿童或有问题倾向的儿童,只是与常态的差异大小。对于这样的个体需要我们早发现、早干预,而耐心细致的观察是基本的前提。2.教师不能为任何一个孩子贴标签或下定义,记录过程和行为比判定结果更适用于教师。3.每个家庭、每个孩子都应该被尊重,被呵护,教师要有同理心,这样才能更好地实现换位思考。4.解决孩子问题的办法有很多,要珍惜和发掘身边的各种学习渠道和资源,请家长帮助家长是很便捷的方式。

【成长心语】

《园长标准》第56条指出:(园长要)指导教师了解幼儿家庭教育的基本情况,掌握家园共育的知识与方法。

上述案例中,自闭症儿童小慧的个案虽然是偶发情况,但也反映了家长工作中的几条基本原则:

一、幼儿为本:儿童是家园联系的纽带,是教师和家长关注的核心,因此一切问题的发起和解决应以幼儿为本,聚焦于儿童的发展。

二、实事求是:教育工作容不得半点虚假,这是教育的原则,也是为人师表的基本准则。因此,家园共育应立足于当前的实际问题和现状,避免主观臆断和推测。通过双方真诚的沟通,达成共识,形成合力。

三、积极应对:尽管围绕着儿童的工作,家园双方会存在分歧或差异,个性化要求会越来越多。但要相信办法总比问题多,任何问题不回避、不猜忌,问题一定会迎刃而解。

四、持之以恒:孩子的发展不是一蹴而就的,孩子的成长也是系统工程,家园共育工作也要有水滴石穿的耐力,只要秉承责任至上,家长一定会成为幼儿园工作最有力的支持者和参与者。

(辽宁省人民政府机关幼儿园 姜 玲)

师友互助　快乐成长

【案例描述】

案例一： 五月初的一个下午，门卫打来电话说大三班玲玲的爸爸要求见园长，园长放下手头工作，请这位家长到办公室。看见进门的玲玲爸爸满脸不满意的表情，园长笑脸相迎，请他坐下并给他倒了杯水，希望让其情绪稳定一下，玲玲爸爸见园长的态度亲和，他似乎缓和了些。接下来园长亲切地问询他有什么事情。玲玲爸爸缓缓道来：因自己工作繁忙无法和玲玲在一起生活，玲玲平日跟姥姥和姥爷生活。近日，他回来看孩子，听说老人要给孩子转园，原因是孩子被王老师批评了，不爱来园，也不像以前那样高兴，性格都转变了。他很着急，给王老师打电话质问为什么经常批评孩子，孩子的性格转变就是老师的责任……王老师在电话里说明了批评孩子的原因，希望家长理解，并认为孩子属于内向的性格。爸爸一听更急了，认为是老师没有正确评价孩子，他认为玲玲是活泼开朗的性格，是老师对孩子有偏见，老师教育方法不当，应对孩子性格的变化负责任……

园长详细了解情况后，知道玲玲爸爸没有接送过玲玲，也没见过王老师，妈妈偶尔接送，玲玲长期和老人在一起生活，老人家很娇惯玲玲，和玲玲的交流方式也存在问题，认为老师不可以批评玲玲，经常误导性地问询孩子在园的情况，给孩子带来负面情绪。

案例二： 仲夏夜深八点四十分，付老师收到了家长的微信，发来的照片上小玉的腰背部有红色抓挠印迹，说是在给孩子洗澡时发现的，问孩子在幼儿园发生了什么事情，老师是否知道。因老师白天给孩子抹了痱子粉，心想一定是孩子瘙痒挠的，便和家长说明了情况，但家长质疑，连夜带孩子去了医院，并打了破伤风针……第二天家长看了录像，录像中显示孩子的一切活动都很正常。家长这才放心，对老师给予的回应才算接受了……

案例三： 清晨，小一班门前站着情绪激动的明明奶奶，走班的园长看到了此场景，便上前与其交流："明明奶奶，这几天总见您在班级窗前观望，请问有什么事情吗？"奶奶说道："李老师在班级里偏向莹莹，每天都喂莹莹吃饭，从来没喂过我孙子。"园长继续与明明奶奶交流："明明能独立吃饭，吃得好，说明明明自理能力很强，动作发展也很好。积极地自主进餐和填鸭式地喂饭，哪个更有利于孩子的健康呢？被动和主动消化酶的分泌都是不同的……"奶奶在园长的说服下，情绪好转了许多。

园长事后了解情况得知，莹莹做了个小手术，最近情绪不好，老师一直在关注她，这种关注引起了明明奶奶的不满意。班级老师也将此事和明明奶奶说明了，最终化解了误会。

【思考与行动】

一、分析与思考

（一）家园合作认识不够造成消极情绪

近年来，幼儿园实际工作中家园纠纷事件越来越多。家长将一切责任归到幼儿园身上，认为自己交钱了，把孩子送到了幼儿园，幼儿园就要按照自己的要求做，孩子教育得如何幼儿园负直接责任。从实际状况看，当今社会的家庭收入、家庭特征、家庭结构、家教方式和解决家庭矛盾的能力等各有不同，都会对孩子造成影响。家长不能理解教育的多种因素都会影响到孩子，消极地将责任推向幼儿园，会造成不和谐，更会对孩子的教育产生不良影响。如：在幼儿园里孩子不能磕磕碰碰；教师不能批评自己的孩子；不能接受孩子的情绪波动；不能接受孩子之间的小纠纷；要求自己的孩子是老师最重视的等。

教育本应是幼儿园、家庭、社会三方一同为儿童的身心发展而共同努力，幼儿园并不是单一的承担者。教育的责任直接归到幼儿园单方，孩子只要出了问题就是幼儿园的全责，是违背教育要求的，只有家园合作优势互补，形成合力促进幼儿发展，才能使教育更有效地作用于儿童。

（二）家长对于学前教育认知和理解存在问题

每个家庭因价值观不同，对教育的理解自然不同。家长对子女教育重视的同时又不知如何重视，家庭教育存在问题较多，并对问题存在抵触心理，不能积极面对。家庭成员的教养态度和方式的不一致，会导致幼儿的两面性。如：隔代教育问题，娇惯成性，过分呵护；独生子女爸妈带独生子女问题，处理问题时极端、不冷静、不计后果；家庭自身变故问题等。这些都影响家庭教育与幼儿园教育间的不和谐，会对幼儿的发展产生不良影响。

（三）部分年轻教师对家长工作的认知不足

其实，在幼儿园工作中，家长工作是幼儿教师整体工作的重要组成部分，这项工作对于教师的要求也较高，需要教师掌握心理学、教育学等知识及其诠释能力，能将工作中遇到的问题及时总结，再合理运用到工作中，这对于年轻教师的确是难事。由于教师面对问题的经验欠缺，方法不当，遇事难免苦于面对家长，胆小被动地处理问题，进而使工作被动，激化矛盾，造成不信任的情形。

面对这样的问题，更应引起幼儿园管理者对家园工作的重视，看到其对幼儿园总体工作的影响，对幼儿教育的影响。

二、行动与策略

学习领会纲领—认知理解维度—探讨三者关系—实施多层合作。

（一）领会家园合作的重要性，找到行动的指南

组织教师学习领会法规政策中对家园共育的要求。纲领与政策的出台，均提出家园共育的重要性，体现了政府对幼儿园、家庭携手做好学前教育的重视。《纲要》指出："家庭是幼儿园重要的合作伙伴。应本着尊重、平等、合作的原则，争取家长的理解、支持和主动参与,并积极支持、帮助家长提高教育能力。"《纲要》中十多处提到家园合作为幼儿发展创造良好的条件,促进幼儿良好的发展。新《规程》第一章第三条指出,幼儿园的任务是贯彻国家的教育方针……幼儿园同时面向幼儿家长提供科学育儿指导。相关政策和纲领的出台为幼儿园家园共育工作指明了方向。教师们在学习与交流中,充分认识到家园共育是幼儿园做好教育工作的基础,需要幼儿园与家庭建立合作关系,形成合力,齐心协力为每位幼儿健康成长和富有个性的可持续发展做出努力。

(二)找到符合时代发展的家园共育维度

在有了认识的基础上,组织教师们从共育维度上,分析理解家园共育工作,为开展工作打下基础。

当今教育提倡多维度教育资源的分享,开放性的家园互动,会多视角、多方式、多线索地将幼儿园与家庭二者形成丰富多面的关系,在开放的状态下,会调动各自的积极因素,从双方每个过程的参与中获得满足感,可以广泛吸纳多维度的教育资源,让教育的有益信息和有效资源积极投入到教育实践中,在最短的时间、最少的投入下获得教育最大的受益,促进良性的教育合作。

有了对多维度的理解,在家园互动的实践活动中,就要树立多主体的观念。如成立尚品师友团,师友团的每位成员均来自不同领域,有学前教育的热衷者,有教师,有家长,有各行业的专业人士等,每个人都发挥着自己的能力。我们通过共同的认知活动获得比较充分的把握,让参与的每个主体都能与其他主体交流、互动,多层面、多角度地在认识上互动,自主地建构起具有时代特征的认知结构,充分地发挥每个主体的认知能力,共同的认知实现共同的目标。

(三)探讨家园互动三者关系

幼儿、教师、家长是对幼儿实施全面发展教育的主体。首先,三者之间要建立一个平等的关系,建立三个主体的互动网,就是要在三个主体之间建立平等、互帮、互助、相互尊重的关系。三者虽各为一点,但需要各自学会走向他人,学会观念分享,学会沟通、对话,克服偏见,求同存异,共融为一体。

其次,明确目标,形成合力。明确教育理念与育人目标和主体,三者围绕着共同的目标而努力,发挥各自的能力,在相互合作中助力发展,期间三者共同获利,不断地改善和发展其认知水平,共同实现教育的良性运作。

再有,共同认知教育的责任。幼儿的教育是家园共同的责任,家长和幼儿园都有着不可推卸的责任。需建立责任意识,使得双向主体主动性加强,尽其所能主动参与,让教育形成积极参与的状态,家园相互促进,推进共同发展。

(四)追求实施多层面的家园合作

家园合作的前提是信息畅通,了解实情,进而相互理解,相互信任,相互支持,相互合作。建立沟通平台,选择合适的方式、恰当的时间,都很重要。

1. 沟通方法形式多样

大家经讨论一致认为，获得信息的最好渠道就是沟通，采取多种方式加强与家长的沟通，如网络沟通、微信平台、电话访谈、家长会、开放日、小型座谈会、预约个别交流、亲子郊游和尚品师友团基地活动等方式。根据不同家长的需要，采取相应的方式解决不同的问题，既注重全体家长的沟通，也体现了对个别家长的关注。

2. 沟通时间多样

统一时间会造成家长的不便,选择时间多样是保证沟通质量的一个重要条件。根据家长的工作时间及一些事件交流的需要，选择恰当的时间，如早送时小块的时间、晚接时、休息日、午休时间、下午接孩子之前早来园交流，也可采取填表格的方式预约交流时间，由于时间的提前安排，让交流更从容，效果更好。

3. 合作层面多样

提供多层次的交流平台，探索多种家园合作的关系，推动家园合作的有效开展。多层面地开展活动，可以适合不同层面的家长及不同类型教师的需要，采取满足需求的活动模式。幼儿看护与教养人的层次各不相同，有祖辈家长、父辈家长、保姆家长等，他们的学历、经历、年龄等各不相同，同一形式并不适合。因此采取一对一、一对多、多对一、多对多等多样化的沟通方式，找到最好的切入点，建立多种沟通合作的平台。

列举举措之一：成立"尚品师友团"。

尚品家园合作不是传统意义上的家长工作，也不是一方面的主动"配合"，而是同样肩负着人生启蒙教育重任的社会组织与其家庭成员之间的携手。

成立尚品师友团——尚品师友成长学院

阶段一：成立尚品师友团

尚品在同为"第一任老师"的理念下，成立"尚品师友团"。家长是孩子来到世上的第一任教师,幼儿教师是孩子走入社会的第一任老师，同为第一任老师，建立共同责任，一同携手，助力幼儿健康成长。

尚品师友团誓词：

我们志愿加入尚品师友团。倾注爱心,付出努力,乐于奉献,团结协作,共同为孩子创造优质教育资源；用热情浇灌心田、用行动构筑桥梁、用爱心传播力量，为每个孩子打造最亮丽的人生底色,竭尽全力,贡献力量！

成员组成：

师友团成员由自愿报名的家长、教师及热心幼教人士等组成。团长由成员推选产生。

誓词产生：

各团在团长的带领下，自拟誓词，表达决心及心愿。

各团成员誓词

团名称	誓词
爱无限	我们志愿加入尚品"爱无限"师友团，做一名真诚、友爱、宽容、睿智的师友！用自己的言行去播种爱、培养爱、传播爱，用自己的善心去发现爱、感受爱、传递爱！我们将为孩子们拥有七彩未来而不懈努力！
师爱阳光	我们志愿加入尚品"师爱阳光"师友团，做一名真诚、博爱、睿智的师友！用热情去浇灌每株尚品小树，用真爱去打造一个快乐的尚品大家庭，在通向未来的路上架起一座友爱的桥梁，共同成长，一起进步！
吾尚荣耀	我们志愿加入尚品"吾尚荣耀"师友团，无私忘我，乐于奉献。陪伴中悉数宝贝的点滴，尊重个性，鼓励包容；理解中倾注师友的信赖，同心协力，家园共育。让孩子的成长感动你我，让他们的童年因你我的融入而变得更加璀璨。我们为之骄傲，为之荣耀。
爱尚实验	我们志愿加入"爱尚实验"师友团，精诚合作，正确关爱，客观面对，乐于奉献，构筑家园桥梁，共同为孩子创造一个健康、快乐的童年，让我们共同努力，让我们"爱尚实验"。
FAMILY	我们志愿加入皇姑尚品国际幼儿园师友团，与幼儿园一同搭建一个沟通交流的平台，尽我的力量，爱心手拉手，成长心连心，共同打造孩子们的家，用心守护孩子们一生唯一的童年，凝聚爱的力量，宣誓爱的诺言。
尚品煦阳	我们志愿加入"尚品煦阳"师友团，用双手撑起一片爱的天空，如和煦的阳光普照每一个有爱的家庭，倾注爱心，投身孩子一生的教育中，成就孩子终身有品位的生活。

阶段二："尚品'师友'成长学院"成立

师友团成立两年后，根据整体工作需要，在此基础上成立"尚品师友成长学院"，将针对家长教养能力的提升，教师专业化成长，重点开展相应活动，助力师友成长。

"尚品'师友'成长学院"成立，扩大队伍，人人参与。

尚品"师友"成长学院：

宗旨：

借助尚品专家团队，师友不断学习、互助成长。致力于幼儿园、家庭和社会一起合作与努力，实现立足孩子一生的教育，成就孩子终身有品位的生活。

成员：

1. 专家团队——领域专家的引领
2. 师友团队——热心幼教，有温度地参与

尚品"师友"成长学院——家教倡导

尚品亲子家教"四个自然"：

亲情自然流露

交流自然接纳

情绪自然宣泄

习惯自然养成

"爱的温度"教育做到每天：

亲子问候（语言）

亲子拥抱（动作）

亲子晨跑（习惯）

亲子桌餐（团聚）

亲子倾听（心理）

亲子共读（情感）

自师友团成立以来，我们转换了家长的角色，转变了教师的观念，师友们主动参与，家长成为主角。各类家长社团成立，社团活动丰富，每名师友都将个人优势发挥出来，积极为社团活动效力。在"尚品师友团"的带动下，家园工作的开展出现了崭新的局面。

第三编 调适外部环境

【成长心语】

　　家园共育工作是一门艺术，幼儿园和家长的教育目标是一致的，他们具有的共同性决定了两者间的相互协作、紧密配合。只有双方有共同的对教育目标和教育要求的认知，才能让教育更有效地实施，才能最终实现最初的宗旨。我们不能忽视幼儿园及家庭任何一方在幼儿成长阶段的重要作用。面对家园合作工作的开展，我们应在凸显专业引领的同时，更关注对家长育儿科学的指导，让每位家长知道教育行为的正确与否，知其然和所以然。我们做教育的，一人向前跑不可以，需要带动我们的教育合作伙伴一起努力，一起学习，一同奔跑。我们都要懂得在幼儿时期教育需要三方合作——家庭、幼儿园、社会，只有共同认知，共同努力，共同参与到对幼儿的教育中，才能真正让教育形成合力，才能真正助力于孩子成长，这也是家园共育努力的终极目标。

（沈阳市大东尚品幼儿园 贾洪杨）

共享型幼儿园的应用探索和路径设计

【案例描述】

　　我园是一所新建的公办幼儿园，位于市区最南侧的城乡接合部，地理位置较偏。该地区居住的人群层次不一，家长个体素质也参差不齐，家庭之间的教育理念存在很大差异，幼儿园家长工作的难度较大。另外，刚开园时由于时间短的原因，幼儿园的文化和理念还没有渗透到家长层面，也给家长工作带来一定的困难。

　　镜头一：离园时，蓝蓝妈妈冲进园长室，状告老师对待孩子不公平。我一边安抚她的情绪，一边耐心地听她叙述事情的经过。原来今天美工活动时，配班教师录制了微信小视频发到群里，录到蓝蓝时，视频时间到了，没有录到蓝蓝的全部作品，家长看到后直接在群里表达了自己的不满，教师试图解释一下当时的情况，不料蓝蓝家长非常激动，认为老师没有录到自家孩子就是对其他孩子有所偏爱。

　　镜头二：2015年夏天，我园遭遇了开园以来第一次传染病高峰。当保健医带回儿保所的会议精神后，幼儿园马上启动了"传染病流行期间应急预案"，加强晨检、午检和卫生消毒工作。晨检时，若发现疑似病例，则要求家长将孩子带到医院确诊或带回家进行观察。此做法给部分家长增添了麻烦，很多家长表示不满。

镜头三：程程和欣欣的家庭结构一样，都是三代同住，平时父母工作较忙，由爷爷奶奶、外公外婆负责照料孩子。这种情况在我们幼儿园比较常见，接送的人群中爷爷奶奶的比例较大。老人们时间充裕，送完孩子后经常聚集在幼儿园附近闲聊，聊天的话题也多以幼儿园和老师为主。

镜头四：我园坐落于沈阳市的新兴城区——浑南区，区内园所较多，其中私营的小规模幼儿园占全区园所总数的一半以上。各园互为竞争对手，相互挖生源、挖教师的情况经常出现。

【思考与行动】

一、分析与思考——共享型幼儿园的提出

以上四个镜头只是众多家园矛盾中的几个缩影。在刚开园的很长一段时间里，解决家长层面的问题似乎成了我们的工作重点，占用了我和老师们很多的精力。经过反思，我们认识到自己在与家长、家庭的沟通上存在着不透明、不及时、不到位等问题，不知不觉将家长推到与幼儿园对立的位置上。其实，由于教育目标的一致性，家庭应该成为幼儿园的合作伙伴，成为幼儿园教育的补充，我们更应该把家长和家庭当作一种资源，最大化地发挥资源的可利用性。带着这个思考，我们先后成立了家委会、伙委会、家长学校、家长社团、家长义工队等组织，希望用开放化的办园理念，调动家长参与园务工作的积极性，群策群力做好各项工作。另外，受全球"共享经济"浪潮的影响，"共享"已经成为我们新的生活方式，作为幼教人我们也应该深入思考，如何凝聚整合以幼儿园为核心的各方面要素资源，使园所建设与社会发展、家庭诉求相衔接、相统筹、相一致。鉴于以上几方面因素，我们提出了"共享型"幼儿园的概念。

那么，什么是共享型幼儿园呢？当我们试图为它赋予一个全面、准确的概念时，发现似乎找不到任何可以借鉴的东西。《现代汉语词典》将"共享"一词解释为共同享有，共同享用。我们在这个定义的基础上衍生出共享型幼儿园的定义，即以幼儿园为建设核心，以促进幼儿身心和谐发展为宗旨，本着互利共赢的原则，以开放化的经营理念，将家庭、社会、同业、信息等领域的可利用资源高度整合利用，并充分挖掘资源持有方的优势资源和潜在资源，科学适度地与幼儿园课程和管理相互融合，从而促进园所优质高效发展的运作模式。和传统幼儿园相比，它具有开放化、创新化、功能化、示范化、体系化等特征。

二、行动与策略——共享型幼儿园的路径

共享型幼儿园是一项系统工程，"系统"二字决定了单项措施、单一领域不足以推动综合性改革，必须建立多措并举、多路推进的发展体系。经过切身实践，我们优选以下五条路径，期望为塑造共享型幼儿园的基本雏形提供参考。

（一）搭建功能各异的信息化平台

"互联网+"战略正在推动幼儿园建设从封闭走向开放，促进幼儿园教育发

生着革命性的转变。将信息平台作为优良载体,可为共享型幼儿园建设提供高效便捷的物质保障和技术支撑。在实践探索过程中,我们积极借助智能化、数字化、信息化平台,实现幼儿园智慧化管理运营。幼儿园与软件开发公司合作,委托研发三套信息平台:"管理平台"的开发,推进了安监、学籍、人事、档案、课程资源等园务管理向智慧化过渡,通过技术升级减少了人为管理错失率;"互动平台"的建设,推出了实时动态可视、家园交互、课程研磨、园费收缴等信息系统,建立家园沟通便利渠道;"共享平台"的应用,便利了社会资源采集、线上直播、线上课程、园际交流等,实现了园所与社会、同行的密切对接和资源共享,并打开了面向社会扩大宣传的窗口和途径。如:去年我园有两次大型活动进行了在线直播,我们提前将直播的通知发布出去,事后统计,两次活动到场的家长累计八百多人,但线上收视人数总计超过了6700人,有效地提高了社会对幼儿园的关注度,取得了良好的宣传效果和社会效应。

这三大信息平台极大地优化了幼儿园办园品质,使幼儿园与外界从背靠背变成面对面、手拉手。因此,高效快捷的信息平台,是建设共享型幼儿园的关键前提。

(二)打造互信互融的家园共同体

家庭是幼儿园最好的合作伙伴,不能缺位于幼儿园建设和发展。我们将幼儿、教师、家长定位为幼儿园的三大主体人群,以"真诚、透明、互信"的态度对待家长,坚持全面、公开、及时向家长发布信息,诚恳邀请家长共同营建新型家园关系。同时,我们也深刻认识到,深化家园关系的前提是杜绝有所保留、有所护短,甚至有所隐瞒。为此,我们与家庭建立起四项公开机制:一是标准公开机制,就行风、师德、安全等红线问题与家长坦诚相待,全面公开幼儿园软硬件方面可以做到的最好预期和最低保障标准,推进园务公开及信息透明,不但增进了家长对幼儿园的信任,而且为家长量化评价幼儿园提供了参考标准;二是家园共建机制,我们不仅要打开园门,更要请进家长参议园务,将家长被动参与变为家委会主导、幼儿园配合的新模式,通过家委会、伙委会、家长社团等核心组织的运作,充分调动发挥家长的群体智慧,为园所发展建言献策,共同做好园所建设;三是家园共教机制,发挥各家所长助教助育,成为幼儿园教育的重要补充力量。为展示家长们的特长,挖掘家长的潜能,我们设计了以孩子培养为核心目标的一系列形式各异的家长活动来实现家长助教,如"美丽妈妈讲故事""半日讲师""亲子玩教具制作大赛""亲子阶梯阅读"等活动的开展,都得到了家长和孩子们的热烈欢迎;四是家园互信机制,我们还重视研究家长心理,主动解决家园互信的沟通问题,赋予家长们一定的监督权力,采取了"家园一线通"、实时动态可视界面、开放日、园长邮箱、走进家庭等多种方式,向家长彻底打开了信息传递、情感沟通的大门。接触中我们发现,其实家长最在意的还是每天都与孩子亲密接触的教师的师风师德问题,因此我们定期安排每位带班老师轮流举办"妈妈老师

面对面"活动，为家长和教师的相互了解创造机会。

以上这些活动已成为我园家园共享的新常态，不仅拉近了家园距离，活跃了家园氛围，而且将家长的关注点从仅关心自家子女，拓展到聚焦幼儿园的教育环境改善，潜移默化地引导和激发了家长支持园所发展的积极性和主动性，为园所发展贡献更多智慧、创造新的动能。

（三）对接丰富多元的社会化资源

幼儿园的社会属性及孩子们释放天性的需要，决定了幼教必须根植于社会土壤，融入社区，深接地气，办"没有围墙、不设温室的幼儿园"。因此，加强与社会对接共享，引导孩子走出园门，走进绚丽多彩的大自然，感知底蕴深厚的社会文明，接触日新月异的经济文化产业，充分发掘、积极培育有益于学前儿童的"园内外教育实践共同体"，是共享型幼儿园建设的重要途径。

我园将"体验教育"定性为课程实施的主渠道，前提就是基于对接多元化的社会资源设计课程和开展活动。花语幼儿园地处沈阳市一个新兴城区，毗邻南迁后的沈阳市委市政府，可以说是坐落在沈阳市政治、经济核心枢纽地带。由于整个地区都是最新规划设计的，在我们眼里全部都是可利用的教育资源。比如周边的各大场馆：辽宁省博物馆、科技馆、图书馆、档案馆、体育馆；还有企业、银行、军队、机场、火车站、农场、公园、中小学等，我们都与之建立了广泛的合作关系，也因此创办了农事体验、生态体验、工矿体验、红色教育基地、交通营地体验、文化营地体验、科技营地体验、军事教育体验等多样化的社会体验园地。体验教育与社会资源的结合，促进了我园课程结构均衡化、多样化，为全面提升素质教育增添了丰富内涵。

我们在共享利用社会资源的活动课程中，没有停留在简单参观的形式上，而是注重开发各类资源对孩子们观察、想象、记忆、思维等认知过程的作用和影响，由点及面地引发孩子的研究和探索欲望，同时更加注重幼儿规则意识、任务意识、合作意识等社会性发展。去年我们带小朋友去了沈阳的一家民营航天企业——中一航空。孩子们第一次近距离与直升机、小型客机、轻型作业飞机接触，表现出了极大的好奇心与兴趣。参观结束后，班级开展了"遨游太空"的主题活动，中国古时的飞天梦想、孔明灯的升空原理、现代飞机起源和飞行原理、飞机对社会进步的推动都成了孩子们探讨的话题。进而引申到我国在航空航天领域的巨大成就，孩子们搜集了运载火箭、神舟飞船、天宫一号、嫦娥探月器的资料，以及杨利伟、刘洋等航天英雄的事迹，活动开展了一个多月，孩子们的兴趣也持续了一个多月。通过这种形式，引导孩子们接受各种社会元素的影响和熏陶，客观地认识世界、感受社会、增长知识、理解生活，为树立正确的人生观和世界观奠定基础。

（四）开展互助共赢的联盟化合作

中国自古就有"合纵连横"的联盟意识，并不崇尚"单打独斗"的处世哲学。

虽然大家的竞争关系客观存在，但行业内"抱团取暖、互助共赢"的观念越来越得到认可和重视。相关园所建立联盟机制，促进长短板互济、各方优势共享，形成协同发展的优质载体和互助支点，已成为共享型幼儿园的另一个发展趋势。

在这种理念的指导下，2016年我园与周边18所幼儿园建立了区域幼教联盟，我们本着"共尽所能、共取所需、共展所长、共享所成"的十六字方针，陆续制定了联盟共建规则、协作机制、共性管理统筹、特色发展分享等一系列制度章程，通过开展交流培训、教学观摩、经验分享、设施互助、园长论坛等活动，切实提高办园质量。

这里和大家分享一下我们对建立联盟的一点经验：一是要互近互亲，相关园所要尽可能处于同一区域，方便日常往来及活动组织；二是要共商共议，相关活动要符合全体联盟会员的意愿，形成发展合力；三是机制保障，要建立适用性较强的合作机制，指导和约束联盟行为，避免组织体系松散化；四是要明确方案，要统一制定联盟工作方案，制度化地开展工作，不能过于随机，不能走一步看一步；五是要环境和谐，真正创造彼此间开放交流的环境，使各单位乐于展示、共享发展成果。做好以上几点，我们才能基本保障建立起真正的联盟组织，将各独立园所融入幼教体系，推动区域幼教资源的整合、集约、优化，通过示范引领互助共赢，提升区域幼教整体竞争力。

（五）实施品牌引领的连锁化战略

品牌化、连锁化发展是市场机制成熟的产物。幼儿园探索实施连锁化路径，同样应具备"公益化态度、市场化思维"，引入优质资源品牌，促进提质增效，从而迅速实现规模化、质量化、品牌化发展目标。这是共享型幼儿园建设的创新之举，在具体实践中能够发挥出将加法升级为乘法的倍增效果。

连锁化运营是"先做大、再做强"理念的最好体现，可以迅速扩大规模、增强影响力，如将对口共建与连锁经营有机结合，植入外来优质品牌，更可以缩短成熟期，打造强园名园。经过多方考察，我园与北京一所知名幼儿园确立合作关系，通过共享共建方式，在我们的一个连锁分园引进该园的品牌和模式，不仅推动幼儿园师资队伍的进一步优化，还帮助连锁新园在尚未开园前就明确发展理念、发展目标和运营方案，特别是在知名品牌的带动下，提前取得了较好的社会影响力，有效地缩短了连锁园的成长周期，加快助推园所品牌化进程。

品牌合作、连锁发展是共享型幼儿园建设的重要途径和有益组成，但其养成条件、建设模式、利益关系、实际操作也比较复杂。最重要的是要创造彼此间坦诚合作、全面开放的环境，务必打破体系内部的小循环意识，树立大开放观念，找准合作定位，明确合作方式，确定责任义务，理清利益分配，从而确保这种共享模式能够取得双赢、多赢成果。

【成长心语】

在共享型幼儿园建设过程中，两个要素不可或缺，即"取"和"予"。我们在刚开始有共享的思路之前，首先研究的话题是"我们可以给别人什么"，也就是说我们可以拿什么和别人共享。经过几轮讨论，我们确实拿出了很多可以共享的资源：公益性的早教中心；幼儿园场地、玩具向社会开放；园长、教师走进社区，用专业知识给家长提供指导和帮助；幼儿园的课程资源、管理经验与同行的幼儿园共享等。当我们给予别人的时候，也收到了别人向我们开放的资源。所以要想"取"，先要"予"，"予"是"取"的重要前提。另外，除了以上五个路径之外，还有很多的资源也是我们的共享对象，如与高校、培训机构共享，与幼教产品商家共享，与媒体资源共享，与机关、企事业单位共享等，今后还有更多的资源等待我们去开发，我们也坚信共享一定会为幼儿园的发展带来利好局面。

（沈阳市浑南区花语幼儿园　肯文）

走进消防队

【案例描述】

在幼儿园里，安全工作重于泰山。为了保证孩子们的安全，我们制定出完整的安全工作制度、方案、预案。但是，实际工作中仍然会偶发一些意外，让我们再次修订原有的工作制度。

意外一：托一班的宝贝们正在寝室午睡，负责照看宝宝午睡的刘老师突然发现活动室的门口冒出黑烟，连忙走过去查看。原来，活动室门口的饮水机突然自燃。同时赶来的孙老师马上跑过去切断饮水机电源，同时刘老师冷静拿起灭火器，按照以前消防知识讲座中教官培训的正确方法熄灭火焰，阻止了火势的蔓延。

意外二：一天早上，食堂厨师准备做早餐。开罐打火时，罐阀与软管突然分离，软管瞬间燃烧起来，食堂厨师果断拿起灭火器熄灭火焰，关上煤气罐阀门，避免了火势蔓延。

意外三：针对上次饮水机自燃与煤气罐连接软管燃烧事件，可以看出，尽管幼儿园教职工们接受过及时有效的消防培训，但孩子们也应该了解有关火灾自救和逃生技能方面的知识。于是我园再次聘请消防局的教官来到幼儿园，为孩子们培训火灾自救和逃生方法，同时开展一次火灾逃生模拟演习。演习当天，孩子们在高大帅气的消防员叔叔的细心指导下，学会了火灾自救和逃生方法。随着消防员叔叔拉开疏散演习专用的烟幕弹后,逃生模拟演习也正式开始。伴随着急促的警报声和浓烟,各班老师立即到达逃生路线的指定岗位,沉稳地指导孩子和家长快速撤离。孩子们在老师和家长的带领下,弯着腰,用湿毛巾捂住口鼻,沿着指定安全通道快速、有序地撤离到幼儿园操场的安全地带,教师随即清点各班人数并上报负责人,整个演练活动忙而不乱,紧张有序。

意外四: 有趣的消防系列主题教育活动给孩子们留下了深深的记忆,在小一班老师组织的一次体育游戏"消防队员救火"中,老师请小朋友帮助森林里的小动物救火,并为孩子们准备了消防队员救火装备。这时候孩子们拿起老师准备好的消防帽就往头上戴,只见一个小女孩拿起帽子来不及分辨前后就扣在了头上,帽带放在了帽子里面,拿起灭火器的喷管就跑,引得其他小朋友一阵大笑。老师告诉她,这个带子应该固定在下巴下,小女孩害羞地笑了,说:"老师,我有点儿着急,也不知道这个帽子应该这样戴,哈哈。"这是一个由于小班孩子对消防员的职业不熟悉引出的小笑话。

【思考与行动】

一、分析与思考

《纲要》明确要求:"幼儿园必须把保护幼儿的生命和促进幼儿的健康放在工作的首位。"可见,保护幼儿生命和促进幼儿健康是幼儿园工作的首要任务。在我们生活的环境中,到处充满着威胁孩子安全的因素,由于年龄的限制和生活经验的缺乏,他们不了解防火知识,不懂得如何逃脱火灾。幼儿园是幼儿学习和生活的主要场所,也是幼儿大量聚集的特殊场所。幼儿年龄小,活泼好动,个人表现欲强,自我约束能力差,辨明是非能力差,自我保护、救护能力差。因此,如何做好幼儿园的消防安全工作,不仅关系到幼儿园正常的教育教学秩序,关系到幼儿正常的学习和生活,更重要的是关系到幼儿能否健康成长,关系到千家万户的切身利益,关系到社会的安定团结,关系到祖国的未来和希望。虽然在教师讲解消防知识,邀请专家一起演练火灾发生的场景后,孩子们的消防安全意识有所提高,但还需继续学习,加深防范意识。

陈鹤琴先生早就指出:"大自然、大社会是我们的活教材。"教师和幼儿园不是幼儿获得信息的唯一或主要的源泉,社区是大社会环境中与幼儿园关系最密切的一部分,幼儿园周围的社区也是幼儿十分熟悉的地方。社区的自然环境和人文环境,在幼儿的成长过程中,特别是精神的成长中有着特殊的意义。为此,我园把社会影响与教育相连接,在了解和掌握社会信息影响的情况下,调整自身的教育内容和策略。使教育的积极影响,能通过社会积极面的配合而产生倍增效应。

社区作为一个生产功能、生活功能、文化功能兼备的社会小区,能为幼儿提供教育所需要的人力、物力、财力等多方面的支持,幼儿教育的事业发展需要广泛动员社会各方面的力量,幼儿园教育本身的发展也离不开社会力量的支持。有了社区的积极配合和支持，幼儿有了更好的学习环境，所接受的知识更丰富、更生动、更富有社会的时代气息。

幼儿园在与社区的合作中，可直接利用社区丰富的资源，让幼儿走进社会的大课堂，如利用社区的各种机构（敬老院、银行、医疗服务中心、邮局、消防队等）达到资源共享，节约教育经费。还可邀请社区内的劳动模范，如解放军战士、医务人员、警察等，听听他们的先进事迹，学习各种知识、小常识，开阔幼儿的视野和知识面。也可以利用社区的历史、风俗、革命传统，作为幼儿园的乡土教材，成为幼儿教育的宝贵资源。

把社区的各种活动和幼儿教育活动有机结合，让社区文化、社区的精神文明成果成为幼儿园培养幼儿德育的沃土和促进者。

二、行动与策略

（一）通过组织园本教研提高"安全教育"认识

通过对上面几个片段的分析，我园在园本教研活动中开展了一次"关于提高幼儿消防安全意识"的教研活动。教研中，老师们提出了两个问题：如何在火灾发生时对幼儿进行疏导？如何预防火灾？大家围绕如何提高孩子的消防意识，针对提出的问题进行了讨论，并制订了如下计划：

1. 幼儿园火灾常见隐患及火灾预防

（1）常见火灾隐患

（2）常见火灾预防

2. 火场逃生基本常识

一场火灾降临，在众多的被火势围困的人员中，有的人葬身火海，而有的人却能死里逃生，幸免于难，这固然与火势大小、起火时间、起火地点、建筑物、报警、排烟、灭火设施等因素有关，然而更重要的是要看被火围困的人员在灾难临头时有没有避难逃生的本领。

（1）火场逃生的原则

火场逃生的原则是安全撤离，救助结合。

（2）一般建筑火灾逃生方法

一般建筑是指非高层和地下建筑场所。发生火灾时的逃生方法：

①利用疏散通道逃生

②自制器材逃生

③利用建筑物现有设施逃生

④寻找避难处所逃生

消防事关生命和财产安全，我们要让孩子们知道，无论我们身处何方，无论我们是在工作中还是生活中，无论什么时候，都要严格遵守消防法规和管理制度，维护消防设施，及时消除火灾隐患，做好火灾的预防工作。

(二)制定可行的社区体验教育制度,在实施中灵活调整"安全教育"方案

《纲要》中提到,体验,既是一种活动,也是活动的结果。作为一种活动,是主体亲历某件事并在此过程中对事物产生真切感受,从而形成某种态度和认识的过程。

为了更好地加强幼儿自我保护意识,提高幼儿的消防意识,我园加强了与社区的联系,利用消防队的社会教育资源,开展幼儿园的消防安全主题教育活动。

1. 结合幼儿园教学主题,因地制宜,挖掘与运用幼儿园周边的社区资源

从幼儿园所处的社会环境中挖掘与开发社会资源,让幼儿园的社会实践活动具有长久的生命力。我园根据教学内容,结合社区资源,有目的地选择一些单位,建立一个"幼儿园社会实践活动基地",让幼儿园的社会实践活动在基地专业人员的协助和指导下有条不紊地开展,帮助幼儿和教师了解更多领域的专业知识与技能。如:商业、军事、交通等领域是幼儿园课程中经常涉及的内容,教师也经常会采用"社会实践"的方式,组织幼儿参观、学习。为了让此类社会实践活动更具有效性和持续性,我园领导与周边的超市、部队、交警中队、消防中队、社区服务中心等单位的负责人取得了联系,签订了"固定联系方案",建立了我园的"社会实践基地",并向其单位的相关人员颁发了《园外辅导员》聘书。如:联络沈阳市消防培训基地的消防中队,协助我园开展了"119"消防队参观活动,让幼儿掌握了更多火灾自救与逃生的知识和技能。

2. 根据幼儿园教学特点,因题而异,制定切实可行的活动方案

"走进社会"是幼儿园教学活动的一种特殊形式,因此,在开展活动之前,教师应该制定切实可行的活动方案,用来指导实际的操作活动。社会实践活动方案可包含活动目标,活动时间、地点、参与对象,活动准备,活动过程等内容。

(1)活动目标:活动目标在整个社会实践活动中处于核心位置,它决定着实践活动行为。教师在制定活动目标时应遵循"以幼儿为本"的原则,兼顾知识、技能、情感等方面的内容,让活动目标与活动内容匹配。

(2)活动时间、地点、参与对象:其明确的标注是为了便于教师和家长对活动意向有初步的了解,以便做相关的准备。

(3)活动准备:活动准备是教师成功组织和开展社会实践活动的基础与保证。活动准备在幼儿园社会实践活动中起着举足轻重的作用,幼儿教师在做活动准备时更应时刻谨记——"细节决定成败"。

社会实践活动的准备工作可分为三个方面:一是教师自身的准备,二是幼儿的准备,三是社会协助单位的准备(包括家长准备)。

教师的准备:包括教师自身的知识储备、专业能力和个人素质等方面的准备。

幼儿的准备:包括幼儿自身的知识与经验储备。

社会协助单位的准备:其主要内容就是与幼儿园密切配合,双方一起制定和调整活动方案，步调一致、有条不紊地配合和支持幼儿园的社会实践活动。

（4）活动过程：包括具体的活动内容和时间分配。整个流程需要遵循动静结合、循序渐进的原则，做到环环相扣。

附件：

诺贝尔幼儿园参观沈阳市消防教育训练基地活动方案

活动目的：

1. 进一步加强幼儿园教师和幼儿对火灾突发事故的灵活应变能力，使幼儿更好地掌握消防安全知识，从小培养消防意识，掌握更多的自救、逃生、自我保护的具体方法。
2. 帮助幼儿了解各种消防器具及消防员叔叔的训练、生活情况。
3. 激发幼儿对消防员叔叔的敬佩、热爱之情，增强防火意识。

活动准备：

1. 同消防队取得联系，确定参观时间和流程。——负责人：聂老师
2. 确定参加活动的小记者人选，对小记者进行培训。培训内容：文明礼貌行为、纪律、采访、报道等。——负责人：曲老师
3. 选用"家长志愿者"，负责参观活动的安保工作。——负责人：孙老师
4. 安排活动摄像人员。——负责人：王老师
5. 车辆的安排。——负责人：马老师
6. 各班教师加强看护安全意识，加强幼儿的安全教育。——负责人：各班老师
7. 向幼儿介绍活动流程，提出活动规则，使幼儿明确参观的内容和要求，鼓励幼儿在参观过程中主动提问。

活动要求：

1. 组织幼儿参观消防队，通过观察、互动等形式帮助幼儿了解各种消防器具及消防员叔叔的训练、生活情况。
2. 激发幼儿对消防员叔叔的敬佩、热爱之情，增强防火意识。

活动负责人：聂淼

活动时间：2015年11月4日上午9:00—11:00（突发情况另行通知）

出发时间：8:40

活动地点：沈阳市消防教育训练基地（鸭绿江街与文储路交叉岗，加油站西侧）

参加人员:诺贝尔幼儿园全体幼儿及教师

活动流程:

1. 各班级出发前进行安全事宜教育,帮助幼儿简短回忆参观消防队的要求和内容。

2. 到达训练基地后组织好幼儿照集体照,整队准备进营房参观。

3. 参观活动:

①神气的消防员叔叔——观摩队列、荣誉室、室外营救表演

指导重点:

学习消防员叔叔神气的样子,参观消防队活动方案。

②神勇的消防员叔叔——观摩高楼救火、救生训练

指导重点:

如果发生火灾,我们该怎么做?

③神秘的消防车——消防车大揭秘

指导重点:

鼓励幼儿大胆向消防员叔叔提问。

④消防员叔叔的生活——参观寝室、食堂、休闲室等

参观消防员的寝室,观看他们叠被子。

观察重点:

消防员叔叔的东西整理得怎么样?

观看消防队员穿消防服。

⑤神奇的灭火器——如何使用灭火器

到会议室听消防员叔叔讲解灭火器,观看视频。

观察重点:

如果发生火灾,我们该怎么做?

⑥观看警犬搜救表演

4. 向消防支队赠送锦旗。

5. 活动结束,返回幼儿园。

备注:

由于本次活动分三个场地按参观顺序进行,所以请各班在园长的带领下,于训练中心院里集合后,准时统一前往。进入参观区域后跟随讲解人员统一进行参观活动。此次参加活动的人员较多,为确保更好地完成此次活动,在观看演习和参观车辆器械时,注意安全。请全体老师一定维持好班级幼儿的秩序。

3. 遵循"以人为本"的原则，因情而变，灵活机智地进行多方位互动

社会实践活动必须"以幼儿为本"，使幼儿真正地参与到社会文化生活中去。作为教师，要关注幼儿的一举一动，充分发挥自己的教育机智，使社会实践活动更有生机。

（1）教师要善于捕捉幼儿的兴趣点，创造教育的新契机。

（2）教师要循循善诱，鼓励幼儿与社区人群和实践环境进行积极互动。

社会实践活动不同于课堂教学活动，它存在着很多不确定因素，它以幼儿的主动探究为主。因此，教师要努力做到让幼儿与同伴、教师、社区人群、社区环境产生积极有效的互动，从而拓展社会实践活动的探索空间和范围。

例如：

我园开展的"消防队参观活动"因有效运用了互动方式，使整个参观活动取得了令人满意的效果。第一个步骤：参观消防队展览厅。消防员生怕幼儿不能理解自己成人化的语言，就请教师带领幼儿观看展厅四周墙壁上的消防标记和消防宣传图片，并让教师根据下方的文字注释给幼儿做相关的解释。第二个步骤：消防员为幼儿介绍消防器材。开始的时候，我们采用了消防员讲解、幼儿倾听的方式。但是，幼儿的注意力很分散，这就给消防员增加了心理上的压力，讲解变得断断续续。于是，我就提议：由幼儿发问，消防员解答。经过调整之后，幼儿的注意力一下子集中起来，他们都主动向消防员叔叔请教自己好奇和关注的问题，消防员的讲解也就显得更具针对性，参观活动的气氛一下子轻松活跃起来，孩子和消防员之间的距离也拉近了很多。第三个步骤：参观消防装备。消防员按顺序将消防车内的装备向孩子一一进行讲解，当介绍到消防帽的时候，幼儿都流露出羡慕的眼神，于是消防员灵机一动，说："哪个小朋友愿意上来试试？"孩子们一个个举起了小手，有机会试戴消防帽的孩子显得特别兴奋，没有机会试戴的孩子也为同伴获得试戴机会而感到满足。当消防员从皮箱里拎起一件消防衣的时候，孩子们发出了惊叹声："好大的衣服呀！"仔细一看，原来黄色的消防衣是连体的，从靴子开始一直连着裤子、衣服、帽子。这样的衣服是怎么穿的呢？穿上去又是什么效果呢？我的脑子里立刻闪出了这样两个问题，相信孩子们也跟我一样，产生着好奇感。于是，我就提议：请另一名陪同的消防员叔叔试穿。当一个整体的消防员形象展现在我们面前时，孩子们忍不住鼓起了掌，不由自主地询问："叔叔，穿着这样的衣服是什么感觉呀？""救火前，你们什么时候开始穿消防衣呢？""哪位叔叔穿消防衣的速度最

快呀？"……有了彼此之间的互动，整个实践活动显得生机勃勃，孩子和教师都在互动中获得了更多更全面的知识与经验。

4. 走出活动情境，因果求源，进行客观完整的活动评价

每个社会实践活动结束，教师都要对活动进行评价，也就是我们通常所说的"活动反思"。社会实践活动的评价应从两个方面进行：一是教师对整个社会实践活动的过程进行评价，二是教师对幼儿在社会实践活动中的情况和活动后的成就进行价值判断。

【成长心语】

"完整儿童"是指一个全面发展、和谐平衡的儿童，是指幼儿在身体、认知、社会性、情感等方面的整合性发展。培养"完整儿童"的关键点在于对幼儿社会性发展的重视和关注。幼儿园社区教育是一门综合实践活动课程，是幼儿园教育与社会教育的有机结合，是培养幼儿社会性的重要手段和途径。我园充分利用社区的环境资源，指导幼儿参观博物馆、社区广场、动物园、医院、银行、邮局、发廊、消防大队、工厂、农场、超市、敬老院、小学等，提高幼儿社会性认知能力，萌发社会性情感，养成社会行为技能。培养"我是社区小主人"的意识，主动参与社区建设，做力所能及的事情，从小培养社会责任感。让孩子们学习关心、关注社区所在地人们的生活，通过和他人的接触、交流，在给予别人关心的同时，让幼儿体会收获。

总之，幼儿社会性发展要依靠多种教育的有机结合，家庭教育、幼儿园教育、社会教育等在幼儿社会性发展中都起着不可替代的作用，它们具有各自不同的特点，只有互相配合、相辅相成和有机结合才能发挥最大的效能。幼儿园社区教育是幼儿园教育与社会教育的有机结合，具有独特的特点，对于促进幼儿社会性发展具有重要的意义和作用。

（沈阳市诺贝尔幼教集团 聂淼）

皮影戏走进了幼儿园

【案例描述】

新学期的家长会上,小一班的王老师对家长说:"本学期,我们力争为小朋友组织更多的社会活动,以丰富孩子们的生活,开阔他们的视野。家长朋友如果有便利的资源或好的建议,欢迎提供给我们……"言者无意,听者有心。两个月后,小A小朋友的妈妈对老师说:"我的朋友在文化部门工作,她们有一些民间艺术普及推广活动,比如皮影戏,免费演出,不知道幼儿园需不需要。"老师说:"我需向园领导汇报一下。"

【思考与行动】

一、科学决策:将民间艺术请进幼儿园

王老师简单地向园里汇报了家长的提议,园长说:"请代表幼儿园向家长表示感谢,谢谢她惦记着我们的工作内容。同时细致了解一下民间艺术表演是团体组织还是个人,都有什么表演形式,有什么演出内容,什么时间可以到园演出,需要什么场地和设备,需要园里做什么配合等。"交代过这些问题,园长心想,让老师问明白,也不枉费家长的一番好意。再说,让正规且有组织的民间艺术走进幼儿园,让老师和小朋友们都开开眼界也不错。第二天一早,家长等候在幼儿园门口,她拿着一张打印得清清楚楚的节目单,上面写着"××市皮影戏团演出节目单",题目下方工工整整地罗列着"孙悟空三打白骨精"等传统剧目。节目单后面还附着几张A4纸,分别是民间艺术协会的情况和相关项目(如糖人制作、捏面人、民间剪纸)等介绍。面对着家长诚恳而热切的笑容,园长握着小朋友妈妈的手说:"非常感谢!以前我们只在电视里见过这些演出形式,而现在这些演出即将从我们这代人的记忆中消失了,更别提年轻直至更幼小的一代。我们应该好好利用您提供的资源,让小朋友近距离地感受一下,让民间艺术走进孩子们的生活。"

当天下午,园长主持召开了一个专题会议,研究策划"民间艺术演出周"活动。请大家在查阅资料的基础上集思广益,了解民间艺术的种类以及身边的相关现象和事物,力争最大限度地挖掘利用资源,为小朋友呈现异彩纷呈的民间艺术。还特别强调了这样几个原则:一要从儿童发展需求出发,正确认识民间艺术对儿童生活的丰富作用和教育意义,珍视民间艺术,珍视其教育价值;二要尊重民间艺术和艺人,既然请进来,就要组织好,做好场地、设备、道具、人员等的配合,让民间艺术也享有高雅庄重的氛围;三要积极与演出团体沟通,对时间、剧目、主题和情节等要心中有数,保证各类表演既有艺术的形式,又有教育的意义;四要做好儿童参与活动的组织和延伸。教育不仅是欣赏,更要强调尝试、体验、交流,艺术是生活的浓缩,要善于抓住教育契机,关注教育的全过程。

二、开展活动：让孩子们走进民间艺术

幼儿园老师的特点之一就是善于策划组织孩子们的演出活动，而且在活动中会展现出高度的热情。经过缜密的筹备，热闹的演出周在幼儿园拉开了序幕。第一场演出便是民间皮影戏表演。遵循园长提出的要求和原则，演出赢得了小朋友们的热烈欢迎和积极反响。演出前后，呈现了一幕幕感人的场景。场景一：几个老艺人在组装皮影戏人物。几个薄片构件，一穿一插，一个惟妙惟肖的孙悟空就组合好了。一群孩子蹲在周围目不转睛地观看，他们七嘴八舌地议论着："奶奶，奶奶，这是用什么做的？是小毛驴的皮吗？小毛驴疼不疼啊？用什么原料涂出颜色的？为什么有这么多线啊？我能试试吗？"场景二：演员谢幕了，孩子们还依依不舍地盯着幕布。几个孩子故意拖延着步伐，走在排尾，好奇地用手试探着抚摸和抓取幕布上零落的影子，蹲下去寻找光源。场景三：演出结束了，老师捧着鲜花献给演员。主持老师说："演员们演出辛苦了，让我们用鲜花和掌声向艺术家们表达深深的敬意和感谢。"孩子们掌声四起，一位老艺人眼里泛起了泪花。

接下来的几天，一场场民间艺术盛宴在幼儿园如火如荼地展开。时常会在幼儿园的大厅里看到家长和孩子们驻足观看或体验的画面。孩子们可以搬一把椅子坐在捏面人的奶奶身边，搓着面团给奶奶打下手。或让爸爸妈妈带着一起剪纸。由于安排了每次活动负责的老师，园里请她们把每组的简短总结和照片素材汇总起来，在幼儿园的微信公众号里进行了推送。文章的最后这样写道："感谢小A小朋友的妈妈，是您让我们感受到久违的民间艺术。在孩子们的一张张笑脸中，我们知道社会生活就是教材，教育蕴含在每一个活动的过程中，成长就在你我身边。"

三、课程延伸：让民间艺术融入课程

近半个月的活动给老师们留下了美好而深刻的记忆，也点燃了孩子们的热情和愿望。为了把民间艺术融入幼儿园的课程中，我们又开展了以下几个延伸活动：一是专题教研，总结本次艺术活动周的经验和问题，保证活动善始善终，提升活动总结能力；二是举一反三，建立与文化、交通、消防等部门的联系，定期开展专题活动，形成常规；三是延伸活动，通过活动区活动、集中教学活动和家长专题活动，将本次活动中幼儿意犹未尽的内容开展下去；四是课程融入，在现有课程中加入民间艺术活动的要素，丰富课程，弘扬文化；五是拓展教师视野，幼儿园可以通过团支部和工会等组织活动，在放松身心的同时，丰富教师的生活。

❀【成长心语】

《园长标准》第59条指出："加强幼儿园与社会（社区）的联系，利用文化、交通、消防等部门的社会教育资源，丰富幼儿园的教育活动。"

虞永平教授认为：感受民族的、民间的、现实生活中的艺术也是我国教育政策的一个基本指向。民间艺术应该融合和渗透在其他课程内容之中。

民间艺术的生活性和价值的综合性与幼儿园课程的特征是一致的；应该综合衡量民间艺术对幼儿发展的价值，从知识、能力、态度、情感及技能等多个方面综合考察。对幼儿而言，民间艺术就是动手、动身和动脑的艺术，民间艺术是与提取一定的生活经验联系在一起的艺术。

　　上述这个案例，也许是幼儿园工作的一次偶然，但对照《园长标准》，我们获得了这样的启发：一是园长要认识课程内容对儿童教育发展的重要意义，积极争取，主动作为。对于散落在民间或社区里的教育资源，一些园长往往会因为联络沟通、筹备请示、安全组织等烦琐过程而将其冷落。特别是现实生活中，个别园长对民间的艺术团体或带有推销色彩的教育活动不理不睬，一概拒之门外，也许错失了许多教育契机。园长应将贯彻落实《园长标准》为己任，从儿童发展需求出发，用开放、包容和积极接纳的态度办教育，善于捕捉有价值的教育机会，充分利用社会教育资源，丰富幼儿园课程。二是家长群体中蕴含着丰富的教育资源，要适时地给予他们挖掘和表现的机会。幼儿园的家长职业形形色色，有强大的资源优势，而幼儿园的活动需求往往成本较低，提供一次参观机会、邀请几个专业人士、开放一些公共环境等也许对于某些行业的管理者来说就是举手之劳。从教育宣传的角度出发，儿童的教育活动会得到社会的极大支持和配合。因此，要善于调动家长的力量，通过开放办园，争取教育支持，既让家长了解幼儿园的教育意图，又能有针对性施加辅助，弥补幼儿园的资源短缺问题，起到事半功倍的作用。三是教师是和家长密切接触的人，他们既是施教者，也是联系社会和服务对象的纽带。因此，园长要不断规范办园行为，深化办园理念，将幼儿园的宗旨、目标和原则等形成不断拓展的文化，并持久地影响教师。要充分调动教师的积极性，不断拓宽教师的视野，鼓励他们的奇思妙想，理性地加以规范支持，让教师的灵感和视野与儿童的教育发展联系起来，丰富幼儿园的课程。四是教育是系统而完整的工程。园长要善于跳出教育看教育，从儿童整体和长远发展需求出发，逐步构建本园的系统课程。要充分尊重儿童的天性，模仿、游戏、操作和户外活动等是最直接的教育影响。幼儿园开展的任何一项活动都不能因为教育而教育，要善于调动挖掘每一项社会（社区）活动的教育内涵。只有教育过程有趣，才能追求教育结果的丰硕。

（辽宁省人民政府机关幼儿园　姜玲）

突如其来的群体发热事件

◎【案例描述】

2013年7月初，沈阳连续三日下雨。7月4日，天气转晴，气温迅速升高至29度。7月5日，星期五，某幼儿园在幼儿早间晨检中，陆续有20名幼儿因疑似咽峡炎被劝阻入园，回家观察休息，其中两名幼儿伴有低热症状，这引起了幼儿园保健医的高度警觉。然而，这仅仅是一个开始。从当天九点半左右开始，陆陆续续有幼儿因发热被班级老师带到保健室诊查隔离，这些孩子普遍发热温度在38度以下，神志清醒，没有其他症状，年龄覆盖在全园2~6岁幼儿的各个区间，范围扩大到全园十几个班级，但小小班幼儿数量偏多。随着时间的推移，直至中午12点，到保健室就诊的发热患儿人数逐渐增加到32名。看着脑门上贴着退热贴被家长抱走的孩子背影，园长忧心忡忡，一场突如其来的群体事件即将到来。

◎【思考与行动】

随着夏季气温的升高，细菌、病毒等各种病原体更容易滋生、繁殖，同时这段时间气温波动较大，儿童对这种变化的适应能力较差，特别是婴幼儿，由于自身免疫功能尚未完善，对病原体的抵抗能力更差，且发生感染后容易引起肺炎、病毒血症等各种并发症，尤其要注意做好卫生保健工作。在幼儿园里，夏季是手足口病、猩红热、水痘、腮腺炎和细菌性痢疾的高发阶段。受儿童自身免疫特点影响，各类传染病的初发阶段基本表现为发热等症状，因此，群体性的发热情形是传染病发生的重要预判原则之一。

一、启动应急预案，采取紧急应对措施

建立完善的应急预案是幼儿园应对紧急问题的基础，而应急预案的效力检验恰恰是在紧急事件处理当中。园长要求，在确定为传染病发生之前，将幼儿园的事件发生过程向专业人员进行咨询请教。同时启动幼儿园传染病防范应急预案。在常规预案执行中，园长叮嘱最重要的三项工作：一要隔离患儿，做好患儿家长工作；二要强化全园消毒；三要根据患儿诊断病情，及时通报疫情。

按照园长的部署，患儿一一被家长带回家或到附近医院进行化验检查。保健医组织各班保育员对班级的床上用品、玩具、生活用品进行强化浸泡消毒，再拿到户外进行暴晒消毒。用含氯消毒剂对卫生间内的便池、水池、水龙头、墙围进行二次擦拭。同时对幼儿园多功能教室、公共区域、孩子能够碰及的物品、楼梯扶手等用含氯消毒剂进行强化消毒。为了防止可能疫情的发生，保健医与在医院工作的几位家长取得了联系，了解当前儿童流行病特点和症状等，以获得准确信息并得到专业的指导。与此同时，园长要求各班要密切监控在园儿童的状况，停止园内一切教研活动，不间断地对离园的患儿和在园的儿童进行健康检查，随时报告相关情况。

二、召集家长代表，共同商议问题解决策略

当幼儿园群体事件发生时，最核心的问题是保证儿童的安全和健康，坚守儿童权益第一的原则。而最艰难的工作是攻克家长的舆论，争取家长的理解和支持。园长决定，广泛地了解家长情况，召集每个班级从事卫生、医疗、疾控等部门的家长代表开会，通报幼儿园当天发生的问题，汇报幼儿园采取的各项措施，吸纳专业人士的意见和建议，征求下一步工作指导。当天下午四点半，由园长主持召开了恳谈会，来自医大一院、儿童医院、疾控中心等近20位家长代表亲临会场。园长首先向家长描述了幼儿园当日发生的事件经过以及幼儿园所做的应急措施，并诚恳地向在座的家长代表请教幼儿园接下来该做的工作。家长代表积极参与了讨论，大家达成了这样的共识：首先，幼儿园在可能问题发生时，紧急召集家长汇报情况，不遮不掩，数字准确，内容翔实，反映了幼儿园工作的负责与严谨，增加了家长对幼儿园的好感和信任。其次，根据当前气候和流行病特点，幼儿园集中出现儿童发热情形，很可能预示着传染病的发生。从当日幼儿园的处理措施看来，幼儿园采取的措施都是科学合理的，目前没有发现漏洞。再次，从医院儿科反馈的情况看，当前已经进入手足口病高发期，本市已有多家幼儿园出现疫情。因此，幼儿园要严密监控每位儿童的情况，如果出现传染病疫情，幼儿园要果断停课，不能含糊。最后，为了让每一位家长放心，建议幼儿园在本周日晚八点针对周末休息期间儿童的健康状况进行了解通报，以确保下周一幼儿园的正常工作和教学秩序。

走出会议室，园长心头的阴霾一扫而光。当幼儿园发生问题时，双方的以诚相待得到了最好的结果。对于家长，他们会站在业内专家和儿童父母的双重身份角度慎重地考虑问题，很好地兼顾了幼儿园的工作、家长的顾虑和儿童的利益三者之间的关系。所有的交流既严肃又轻松，既坦诚又温暖，关键时刻家长不是对立者，而是成为幼儿园工作强有力的监督者和推动者。

三、密切监控事态，加强后续工作的延伸和总结

为了客观有效地应对夏季传染病发生，幼儿园紧急印刷发放了"致家长的一封信"，真实地讲述了7月5日发生的儿童发热情况、幼儿园消毒工作的开展以及对家长的一些科普指导等。同时，利用7月6日周末的时间，聘请专业消杀公司对幼儿园进行全面消毒。并要求班级严密监控未来园儿童的情况，做到早发现，早汇报。

值得庆幸的是，本次发热事件并没有伴随各类传染病的发生。经历了整个过程的豆豆妈妈是一名医学博士，她向自己的导师请教了相关问题，并亲自带导师到幼儿园现场查看，最终给幼儿园提出了这样的建议：每年初夏，经历连雨天气温突然升高时，尽量不要带儿童到户外草坪或树林活动，因为这种气候条件下，

病毒特别容易在土壤中滋生。尤其是幼儿园绿化面积很大,这是造成儿童病毒感染的可能因素。

作为园长,管理方法之一就是放大每一个典型案例,总结规律,制定对策,防微杜渐。因此,幼儿园组织保健医和相关人员制定了一份《初夏传染病防控工作标准和细则》,切实将初夏季节传染病防控工作形成惯例。

【成长心语】

《园长标准》第60条指出:"引导家长委员会及社会有关人士参与幼儿园教育、管理工作,吸纳合理建议。"

从一定程度上看,家长是作为消费者参与到幼儿园的工作中,他们的态度、行为和言辞直接影响着幼儿园的形象和声誉。家长是幼儿园工作的有力配合者、宣传者,家长群体中蕴含着巨大的能量和资源,无论是职业、专业和视野都可以有利地补充和辅助幼儿园的工作。可以说,水可载舟亦可覆舟。

家长对教育的关注和对幼儿园的支持不仅仅是分享成果,更多的是分担责任,他们有着迫切的愿望协助幼儿园力所能及地解决问题。这就不难理解为什么幼儿园在大型活动中招募家长志愿者时,大家能趋之若鹜了。引导家长和社会有关人士参与幼儿园教育、管理工作应重点把握三点:一是坚持儿童利益第一,坚守保教质量。这是所有问题的核心,也是赢得家长基本的尊重、理解和支持的前提。二是坚持诚恳友善的工作态度。以实事求是的态度解决问题,真诚沟通,追求实效。把家长和其他参与者当成朋友,而不是对立者。交流汇报要诚恳坦率,而不是遮遮掩掩,相互防范。三是坚持开放办园。幼儿园虽然是专业性较强的机构,但发展需要立足专业,不断创新,增强开放和跨界意识,以适应不断发展的新形势和新变化。

(辽宁省人民政府机关幼儿园 姜 玲)

资源链接

《幼儿园教育指导纲要(试行)》中关于幼儿园与家长、社区的关系与调适内容

第一部分"总则"的第三条:幼儿园应与家庭、社会密切配合,共同为幼儿的发展创造良好的条件。

第三部分"组织与实施"的第八条第(五)款:充分利用自然环境和社区的教育资源,扩展幼儿生活和学习的空间。

第三部分 "组织与实施"中关于家长工作的论述：家庭是幼儿园重要的合作伙伴，应本着尊重、平等、合作的原则，争取家长的理解、支持和主动参与，并积极支持、帮助家长提高教育能力。

《国家中长期教育改革和发展规划纲要（2010—2020年）》中在学前教育中关于政府职责的阐述

第二部分 发展任务

第三章 学前教育

（六）明确政府职责。把发展学前教育纳入城镇、社会主义新农村建设规划。建立政府主导、社会参与、公办民办并举的办园体制。大力发展公办幼儿园，积极扶持民办幼儿园。加大政府投入，完善成本合理分担机制，对家庭经济困难幼儿入园给予补助。加强学前教育管理，规范办园行为。制定学前教育办园标准，建立幼儿园准入制度。完善幼儿园收费管理办法。严格执行幼儿教师资格标准，切实加强幼儿教师培养培训，提高幼儿教师队伍整体素质，依法落实幼儿教师地位和待遇。教育行政部门加强对学前教育的宏观指导和管理，相关部门履行各自职责，充分调动各方面力量发展学前教育。